西村純一・井上俊哉
Junichi Nishimura & Shunya Inoue

# これから心理学を学ぶ人のための
# 研究法と統計法

Current Research and Statistical Methods
for People Studying Psychology

ナカニシヤ出版

# まえがき

　心理学を専門に学ぶ学科では，たいてい大学の1年次ないし2年次に「心理学」「心理学史」「社会心理学」「発達心理学」など心理学の基礎的知識を学ぶための科目と並んで「心理学研究法」「心理統計法」など研究法や統計法を学ぶ科目が開設されています。また，実験やテストの実習それに伴うデータ処理や研究レポートの作成を通じて研究法や統計法を体験的に学ぶ科目もあります。そして，それらの科目は心理学を専門に学ぶ学科では多くの場合，必修となっています。このことは，これから心理学を学ぶ人たちにとっては，心理学の基礎的知識と同様に心理学に関する研究法や統計法が基礎的技法として重要視されていることを意味しています。また，たんに研究法や統計法を知ることが重要なのではなく，心理学に関する知識を理解するうえでも研究法や統計法の知識が必要であることを意味しています。

　しかし，これから心理学を学ぶ人たちの多くは，さまざまな心理事象を知り，それらを自分のまわりの生活に結びつけて理解することには興味を示しますが，そうした心理事象の謎を解明・分析していくための研究法や統計法には残念ながらあまり興味を示さないことが多いようです。大学院に進学し，将来，心理カウンセラーになりたいと考えている人が，「臨床心理学」や「教育心理学」，「産業組織心理学」など自分が目指すフィールドに関連のある科目にこそ興味を示しさえすれ，研究法や統計法は自分が目指すフィールドにあまり関連がないとして重要と考えていないのはいかがなものでしょうか。そうした人に限って，修士論文をまとめるときに泣きついてきたりするのですが，基礎ができておらず，指導に手を焼くことが少なくありません。たとえば，研究法がまったくわかっておらず研究計画や実施計画が立てられなかったり，統計法がまったくわかっておらずせっかくとったデータの分析がままならなかったりということが起きてきます。

　たしかに，研究法や統計法を学ぶということは，そのほかの心理学関係の科目を学ぶのに比べて興味がもてず，骨の折れることかもしれません。しかし，心理事象の謎解きをするためにはいろいろな道筋があること，それぞれに可能性と限界があることを知ることは，現在の学問の水準を知り，その知識の活用に慎重を期すうえで必要な学びです。また，多少苦労しながらも一歩一歩，研究法や統計法を学ぶことの最大のメリットは，積もり積もって科学的な批判的思考能力を養うことにつながっているという点にあると思われます。逆に，そうした努力を怠った人は，科学的論理的思考能力が育っておらず，論文作成においてもっとも指導のむずかしい人になります。こうした論理的思考能力は，心理学を専攻するかしないかにかかわらずいろいろな場面で求められる能力であり，苦労してでも鍛える価値はあると思います。

　研究法と統計法は，別の授業として行われることが多いようです。また，研究法と統計法の授業との連携も必ずしもうまくいっていないことが多いように思われます。本書を執筆している私たちも，同じ大学の同じ心理系の学科に勤務し，研究法と統計法との連携の重要性・必要性を認識しつつも，現実にはなかなかうまく連携がとれないという経験をしてきました。しかし，少なくとも研究法と統計法は一体のものとして教育することが重要であるという認識を共有しています。研究法はデータをとるだけ，統計法はとってきたデータを分析するだけとは考えておりません。どのようにデータをとってくるか，とってきたデータをどのように分析するかまで含めて研究法と考えています。そうした観点から，研究法と統計法を同じ本の中に一体

化させるというのが本書の作成の動機となっています。本書は，研究法と統計法の2部構成となっており，研究法と統計法を十分に有機的に連関させるところまでいっていませんが，読者の方でうまく関連させて活用していただきたいと願っています。

　本書では，研究法や統計法は初学者にとってはなかなか興味がわかず，とっつきにくいという点に配慮し，できるだけ平易な表現を用いること，できるだけ具体例を提示し，例を通しての理解を進めることができるようにしました。また，囲み記事では，本文では扱えなかった興味深い記事を取り上げるようにしました。このようにできるだけわかりやすく興味がもてるように配慮したつもりですが，大方の叱正を乞う次第です。本書が，これから心理学を学ぶ人たちに幅広く活用され，心理学の理解と心理学の研究に少しでも役に立てれば幸いです。また，本書の執筆の機会を与えていただき，大幅な執筆の遅れにもかかわらず常に温かく励ましていただいたナカニシヤ出版の宍倉由高編集長，そして度重なる校正作業に丁寧に対応していただいた山本あかね氏に，深甚の謝意を表する次第です。

2015年11月

西村純一・井上俊哉

# 目　次

まえがき　i

## 第Ⅰ部　研　究　法

### 1　研究法の基礎 …………………………………………………………… 3

 1.1.　研究設問と仮説　*3*
 1.2.　科学的研究の要件　*3*
 1.3.　研究倫理　*4*
 1.4.　科学的研究のステップ　*5*

### 2　データと統計処理 …………………………………………………… 9

 2.1.　データとは何か　*9*
 2.2.　尺度の種類と統計処理　*10*
 2.3.　測定の信頼性　*11*
 2.4.　測定の妥当性　*12*

### 3　実　験　法 …………………………………………………………… 15

 3.1.　実験法とは何か　*15*
 3.2.　実験法の要件　*15*
 3.3.　実験法の基本的プロセス　*20*
 3.4.　事前テスト-事後テスト法　*23*
 3.5.　2要因実験と交互作用　*27*
 3.6.　単一事例実験　*30*

### 4　観　察　法 …………………………………………………………… 35

 4.1.　観察法とは何か　*35*
 4.2.　自然観察法　*36*
 4.3.　実験的観察法　*37*
 4.4.　参加観察法　*39*
 4.5.　観察手法の種類　*42*

### 5　面　接　法 …………………………………………………………… 49

 5.1.　面接法とは何か　*49*
 5.2.　面接法の種類　*50*
 5.3.　調査的面接法の基本的プロセス　*52*
 5.4.　グループ・インタビュー　*56*

### 6　質問紙法 ……………………………………………………………… 63

 6.1.　質問紙法とは何か　*63*
 6.2.　質問紙法の種類　*64*
 6.3.　質問文と回答形式の種類　*66*

- 6.4. 質問項目の作成にあたっての留意点　*67*
- 6.5. 調査票の作成にあたっての留意点　*69*
- 6.6. 調査参加者のサンプリング　*70*
- 6.7. 調査データの分析のステップ　*71*

## 7　事例研究法　75

- 7.1. 事例研究法とは何か　*75*
- 7.2. 事例研究の要件　*76*
- 7.3. 人称による事例の分類　*76*
- 7.4. 事例研究の有効性　*77*
- 7.5. 事例研究における一般化　*79*

# 第Ⅱ部　統　計　法

## 8　変数とデータ　85

- 8.1. データにもとづくことの意義　*85*
- 8.2. 変　数　*86*
- 8.3. データ　*86*
- 8.4. 変数の種類　*88*

## 9　分　布　91

- 9.1. 質的変数の度数分布　*91*
- 9.2. 量的変数の度数分布　*91*

## 10　基本統計量とその利用　99

- 10.1. 分布の位置を示す値（代表値）　*99*
- 10.2. 分布の広がりを示す値（散布度）　*103*
- 10.3. 分布の歪み（歪度）と尖り（尖度）　*106*
- 10.4. 標準化　*106*

## 11　2つの変数の関係　113

- 11.1. 変数どうしの関係　*113*
- 11.2. 量的変数どうしの関係（相関）　*113*
- 11.3. 質的変数どうしの関係（連関）　*121*

## 12　検定の基礎　133

- 12.1. 母集団と標本という考え方　*133*
- 12.2. 標本分布　*133*
- 12.3. 検定について（2項分布を利用した検定を例として）　*135*
- 12.4. 平均値の検定　*140*

## 13　平均値差の検定　145

- 13.1. $t$ 検定　*145*
- 13.2. 分散分析　*150*

## 14　そのほかの検定　165

14.1. 相関係数の検定　*165*
　14.2. カイ 2 乗検定　*168*
　14.3. ノンパラメトリック検定　*170*

## 15　因子分析……………………………………………………………………… *173*
　15.1. 変数間の相関の理由　*173*
　15.2. 因子分析における「因子」について　*174*
　15.3. 因子分析の手順　*177*
　15.4. 尺度作成の流れ（因子分析の前と後）　*184*
　15.5. 探索的因子分析と確認的因子分析　*185*

## column 目次
　1　心理学研究・Japanese Psychological Research 投稿論文倫理チェックリスト　*6*
　2　妥当性の高い検査による判定の誤り　*14*
　3　心理療法の効果はプラシボ効果によるものである？　*33*
　4　参与観察によって認知発達を研究する　*47*
　5　KJ 法とは何か　*60*
　6　横断的調査と縦断的調査　*74*
　7　グラウンデッド・セオリー・アプローチとは何か　*80*
　8　母集団と標本　*88*
　9　確率分布　*94*
　10　シグマ記号　*100*
　11　不偏分散　*104*
　12　偏差値とパーセンタイル順位　*110*
　13　統計ソフトウェアの利用　*128*
　14　両側検定と片側検定　*139*
　15　効果量　*148*

事項索引　*186*
人名索引　*189*

# 第I部

# 研究法

1．研究法の基礎

2．データと統計処理

3．実験法

4．観察法

5．面接法

6．質問紙法

7．事例研究法

# 1 研究法の基礎

## 1.1. 研究設問と仮説

　研究とは，なんらかの現象に疑問を持ち続け，本当にそうなのか，本当にそうだとすれば，どうしてそうなのか，さらに謎を解明していく営みのことです。ある一つの研究は，ある一つの疑問から始まり，その疑問に対するなんらかの答えを出すことで一応の終結をみることになります。しかし，そもそも疑問が漠然としていてはっきりしないという場合には，答えの出しようがありません。そこで，研究の初期の段階で疑問が明確でない場合には，何が疑問なのかを問うことによって，疑問点を整理し，問題を明確にする作業が必要となります。この問題を明確化するための問いが，研究設問（research question）と呼ばれるものです。たとえば，「一人暮らしの高齢者についてみると，男性の方が女性よりも閉じこもる傾向があります」ということを何かの折に耳にして，はたしてそうなのか疑問を持ったとします。この疑問について解明しようとする場合，こうした現象は実際にどのように起きているのだろうか，この現象にはどのような要因が影響を及ぼしているのだろうか，なんらかの方法でその要因の影響を取り除くことができるのであろうか，といった問いを発して，問題の明確化を図ります。

　研究設問を立てることによって問題を明確にする過程で，その問題に関してどのような先行研究があるのか，また先行研究ではどのような研究方法がとられてきたのか，といったことを具体的に検討していきます。そこで，そうした先行研究をふまえて，先行研究について追試を行うのか，自分なりに新たに問題を設定してその問題の解明を目指すのか，研究の目的を決定します。また，同時に，これまでの研究結果や種々の手がかりから総合的に推論して，結果についての包括的な予測を立てます。こうした研究の初期段階で立てられる包括的な予測が仮説と呼ばれているものです。研究とは，こうした仮説を検証する営みであるということもできます。

## 1.2. 科学的研究の要件

　科学とは「ものごとのあり方・起こり方についての法則を，独自の合理的な方法によって明らかにしようとする営みと，その成果としての体系」です（森正，2004）。そして，研究によって得られた根拠のある知識の体系が科学的知識です。

　また，科学として認められるためには次のような要件が挙げられています。

　①**公共客観性**（public objectivity）　　『客観性とは，主観性に対置される概念で，個人の主観から独立して存在する外界の事物，もしくは当事者ではなく第三者の立場から観察し，考えることを意味しています』（大辞泉）。端的にいえば，誰にでもわかるものを客観といいます。そのことを明確に表わすため，あえて公共客観性と呼んでいます。

　②**追体験可能性**（follow up experience）　　同じ手続きをする限り誰でも同じことが体験で

きることが保証されていることを意味しています。言い換えると，再現性が担保されていなければなりません。

　③測定可能性（measurability）　追体験可能性が満たされるためには測定できなければなりません。

　④操作的定義（operationalism）　測定可能性が満たされるためには，操作的定義が必要です。たとえば，知能については，「新しい環境や状況に適応する能力」「学習する能力」「高次の抽象的思考力」など種々の定義がありますが，そうした定義の一つに「知能検査で測定されたもの」という定義があります。この最後の定義が知能の操作的定義と呼ばれるもので，知能の研究の多くが実はこの操作的定義にもとづく測定によって行われています。以上①から④は中瀬（2005）を参照しています。

　⑤理論的説明　個々のデータや事例から一般に通用するような（普遍性のある）原理や法則を導き出すことを帰納といいますが，それだけでは科学的解明としては不十分です。たとえば，初めて見るような文章を暗記させ，その後，よく睡眠をとった群とほとんど睡眠をとらなかった群に分けて，文章記憶に対する睡眠の効果を検証した結果，よく睡眠をとった群の方がほとんど睡眠をとらなかった群に比べて再生率がよいという結果が示されたとします。しかし，それだけでは，どうしてそのようになるのか，十分に説明されたとはいえません。そこに納得できるような理論的説明があれば，帰納された法則の信頼性は飛躍的に高まります。そのような説明の枠組みが理論であり，理論を構築し，理論から個々の経験的法則を説明し，裏づける試みが「理論的手続き」です（森正，2004）。

## 1.3.　研究倫理

　倫理的配慮を欠いた研究は，科学的研究として登場することを許されていません。科学的研究における倫理的問題の重要性が広く認識されるようになった契機として，第2次世界大戦中のナチによる医学実験があります。強制収容所への収容者は，ウィルスやバクテリアを注射され，その後，治療薬の有効性を明らかにするために投薬を受けました。これらの実験から一定の医学的知見が得られましたが，ニュルンベルグで行われた裁判において，この実験を行った科学者や医者は戦争犯罪人として有罪（7人が絞首刑，8人が長期の実刑）の判決を受けました。これらの裁判の結果として，1946年に「ニュルンベルグ綱領」という医学実験に関する倫理規約がガイドラインとして用いられるようになりました。その後，1948年の「ジュネーブ宣言」，1964年の「ヘルシンキ宣言」など医学領域を中心に議論が重ねられて，科学者や医者の倫理規程が整備されてきました（Ray, 2003）。

　ヘルシンキ宣言では，「被験者（患者）の利益は科学と社会への寄与よりも優先されるべきである」という原則が打ち出され，実験への参加が自発的参加（voluntary participation）であること，参加者の利益やプライバシーの保護，参加者が受ける危害や悪影響についての完全な情報提供によるインフォームド・コンセント（informed consent：告知に基づく同意）取得など，臨床研究やヒトの組織（tissue）を用いる研究で科学者や医師が守るべき倫理規程を定めています。

　心理学分野でも，アメリカ心理学会（APA）が1953年に，科学者が参加者に対して自らの責任を明らかにするために役立つガイドラインと，科学者と参加者との間の対話において行われ

表1-1 社団法人日本心理学会倫理綱領

**前文**

社団法人日本心理学会会員は，すべての人間の基本的人権を認め，これを侵さず，人間の自由と幸福の追求の営みを尊重し，また，人間以外の動物についてのその福祉と保護に留意し，心理学における学術的活動とそれに関連する諸活動にたずさわる。このため，社団法人日本心理学会員は，心理学の専門家としての自覚を持ち，自らの行為に対する責任を持たなければならない。そして他者がこのような基準を侵したり，また自らの行為が他者によって悪用されることを黙認してはならない。

以上の主旨にもとづき以下の条項を定める。

**1．責任の自覚**

本学会の会員は自らの研究・実践活動が個人や社会に対して影響のあることを自覚し，自らの活動は個人の幸福と福祉及び社会への貢献をめざしたものでなければならない。そのためには常に自己研鑽につとめ，資質と技術の向上を図らねばならない。

**2．人権の尊重**

本学会の会員は研究・実践活動の対象となる他者や動物に対して，常にその尊厳を尊重しなければならない。
1）個人のプライバシーや社会的規範を侵す行為をしてはならない。
2）精神的・身体的危害を加えることをしてはならない。
3）動物研究に関しては，動物が人間の共存者との認識をもち，適切な生育環境を確保しなければならない。

**3．説明と同意**

実験，調査，臨床活動などを行うとき，その対象者に充分な説明をして文書又は口頭で同意を得なければならない。
1）あらかじめ説明を行うことができない場合には，事後に必ず充分な説明をする。
2）対象者が判断できない場合には，対象者に代わり得る責任のある者の判断と同意を得る。
3）対象者の意志で参加を途中で中断あるいは放棄できることを事前に説明する。

**4．情報の管理**

本学会の会員は得られた情報について厳重に管理し，みだりに他に漏らしてはならない。また情報は，本来の目的以外に使用してはならない。

**5．公表に伴う責任**

公表に際しては，専門家としての責任を自覚して行わねばならない。
1）個人のプライバシーを侵害してはならない。
2）研究のために用いた資料等については出典を明記する。
3）共同研究の場合，公表する際には共同研究者の権利と責任を配慮する。
4）公的発言・広告・宣伝などで，社会に向けて公表する場合には，心理学的根拠にもとづいて行い，虚偽や誇張のないようにする。

るべきことを明文化しています。その後，多くの議論・修正を経て，1992年に「サイコロジストのための倫理綱領及び行動規範（Ethical Principles of Psychologists and Code of Conduct）」がAmerican Psychologist誌に公表されました（Ray, 2003）。ここでは，APAの倫理に関するガイドラインに基づいて作成された社団法人日本心理学会（1997）の「倫理綱領」（表1-1）を紹介しておきます。この倫理綱領は，①責任と自覚，②人権の尊重，③説明と同意，④情報の管理，⑤公表に伴う責任の5カ条からなっています。また，2009年には，「倫理綱領」を具体化した「倫理規程」が制定されました（日本心理学会，2009）。

## 1.4. 科学的研究のステップ

研究計画を立てたり，研究を実施したり，研究論文を作成したりなど科学的研究を進めてい

く場合に次のようないくつかの段階があります。また，それぞれの段階の課題を達成することが求められます。

　①**問題の明確化**　　多くの研究は漠然とした問題意識からスタートしますが，やがて焦点が絞られ，問題が明確になってきます。このような問題の明確化の過程では，研究設問を立てたり，先行研究の調査や研究仲間との討論が有効です。

　②**目的の明確化と仮説の設定**　　次の段階では，その研究では何を明らかにするのか，どんな知見をプラスできるのか，研究目的を明確にします。そして，すでに述べたように，これまでの研究結果や理論からその問題を合理的に説明するため，研究仮説（research hypothesis）を立てます。また，研究仮説を検証可能な統計的形式で表わした仮説を，統計的仮説（作業仮説）といいます。たとえば，研究仮説「一人暮らしの高齢者の場合，男性は女性よりも閉じこもる傾向があります」から，統計的仮説「一人暮らしの高齢者の場合，1ヵ月間に近隣の人たちと会話をかわす頻度は，男性は女性より少ない傾向があります」を考えることができます。この統計的仮説は研究仮説の検証可能な形式への書き換えなので，その書き換えの妥当性には十分な注意が必要です（Searle, 1999；大山・岩脇・宮埜，2005）。

　③**データの収集と分析の方法の選択**　　研究の目的に合った方法を選ぶことが重要です。ただし，方法が目的に先行することのないように十分注意する必要があります。方法の検討に際しては，データの収集の方法とデータの分析の方法の両方を考えることが重要です。データ収集では，測定内容の信頼性と妥当性，およびサンプリングについて考慮する必要があります。また，データの収集を考える段階で，量的・統計的分析か，質的分析か，どのようなデータ分析の方法を用いるべきか，考えておかなければなりません。また，方法の記述に際しては，追試可能性に十分配慮しなければなりません。

　④**データ収集とデータ分析の実施**　　データの質と量を確保すべく，実施計画を立てなければなりません。裏づけとなるデータ（証拠）が得られなければ，その研究は絵に描いた餅にすぎません。また，データ収集に際しては，参加者の権利について最大限の配慮がなされなければなりません。

　⑤**結果の考察・論文の作成**　　研究の最終ステップとして，結果に基づいて考察を行い，論文としてまとめていくことになります。その際，その仮説で結果を十分に説明できたのかを検討しなければなりません。検討の結果，仮説の正しさが支持されれば，一応，研究は完了することになります。しかし，多くの場合，必ずしも最初の仮説が正しいとはいえない部分が明らかになってきます。そのため，仮説の再構築が必要になり，新しい仮説によるデータの収集と分析へと，研究はサイクル化されていくことになります。

**column 1：心理学研究・Japanese Psychological Research 投稿論文倫理チェックリスト**

　昨今は倫理的配慮に対する要請が強まっています。このチェックリストは，投稿された論文が倫理的な要請項目をどの程度満たしているか，編集委員会が把握するために作成されました。各問いにお答えいただき，投稿論文とともにお送りください。満たされていない項目があるというだけで不採択になることはありませんが，編集委員から詳しい事情を伺う場合があります。

　倫理的配慮につきましては，現在のところ以下の文献を参考にしてください。なお，研究の実施や論文作成にあたっては，リストの項目だけでなく，全般的に倫理的配慮を欠くことのないようお願いいたします（日本心理学会，2005；日本発達心理学会，2000；American Psychological Association, 2001）。

1. 所属または関連機関に倫理委員会がある場合，研究を行うにあたりその承認を得ましたか
[該当せず・はい・いいえ]
2. 実験や調査に先立ち研究参加者からインフォームドコンセントを得ましたか（インフォームドコンセントには，実験や調査の内容についての説明や，実験や調査から自由に離脱できる旨が記されているものとします。承認のサインを得ることが望ましいです。） [該当せず・はい・いいえ]
3. やむを得ずインフォームドコンセントが得られない場合には，代替となる手段をとりましたか（親や責任者による承諾を得るなど） [該当せず・はい・いいえ]
4. 実験や調査においては，参加者や動物に負荷やリスクはありませんでしたか
[該当せず・はい・いいえ]
負荷やリスクがあった場合は，その内容や，どのような対処・処置を行ったか，具体的に書いてください。　　　　　　　　　　　　　　　　　　　　　　　　　[負荷やリスクの内容：　　　　　]
　　　　　　　　　　　　　　　　　　　　　　　　　　　　　　　[対処や処置：　　　　　　　　]
5. 実験や調査にデセプション（だまし）がある場合，事後説明などによる対処を行いましたか
[該当せず・はい・いいえ]
6. 動物実験においては，必要最小限の個体数で実験しましたか（無駄に多くの個体数を用いませんでしたか） [該当せず・はい・いいえ]
7. プライバシーは保障されていますか（データ収集や処理，論文に紹介する際の匿名性の保障など）
[該当せず・はい・いいえ]
8. 論文は著者自身によるオリジナルの論文ですか（オリジナルの論文とは他所に投稿中でない，または公刊されていない論文を指します。データの再分析が含まれるなど密接に関連する論文がある場合はその論文も併せてお送りください。） [はい・いいえ]
9. 執筆者が連名である場合，その順序は貢献度を適切に反映していますか
[該当せず・はい・いいえ]
10. 他者が作成した材料やプログラムを用いた場合，そのソースは示されていますか
[該当せず・はい・いいえ]
11. 不適切あるいは差別的な用語や表現がないかチェックしましたか [はい・いいえ]

## 【引用文献】

American Psychological Association (2001). *Publication manual of the American Psychological Association* (5th ed.). Washington, DC: American Psychological Association.（アメリカ心理学会（著）江藤裕之・前田樹海・田中建彦（訳）（2004）．APA論文作成マニュアル　医学書院）
森正義彦（2004）．科学としての心理学　培風館
松村　明（監）小学館国語辞典編集部（編）（2012）．大辞泉［第2版］　小学館
中瀬　惇（2005）．心理学研究法：心の科学への招待　金子書房
日本発達心理学会（監）古沢頼雄・斉藤こずゑ・都筑　学（編）（2000）．心理学・倫理ガイドブック　有斐閣
日本心理学会（1997）．日本心理学会倫理綱領　心理学研究，3(3)，223.
日本心理学会（2005）．執筆・投稿の手引き（2005年改定版）
日本心理学会（2009）．日本心理学会倫理規程
大山　正・岩脇三良・宮埜壽夫（2005）．心理学研究法　サイエンス社
Ray, W. J. (2003). *Methods toward a science of behavior and experience* (7th ed.). Belmont, CA: Wadsworth.（W. J. レイ（著）岡田圭二（訳）（2003）．エンサイクロペディア：心理学研究方法論　北大路書房）
Searle, A. (1999). *Introduction research and data in psychology: A guide to methods and analysis*. London: Routledge.（A. サール（著）宮本聡介・渡邊真由美（訳）（2005）．心理学研究法入門　新曜社）

# データと統計処理

## 2.1. データとは何か

　データとは，あるテーマ・仮説を調べようとする際に，ある設定に基づいて組織的に集められたテーマに関する情報のことです（岩淵，1997）。たとえば，入試の合否予想では，模擬試験の成績の偏差値の水準と志望校の合否との関係を分析し，偏差値の水準別に志望校の合否の確率が計算されています。そこでは，集められた成績や合否の結果は，入試の合否予想をするうえでの重要なデータであるといえます。他方，目的もなくただ単に集められただけの文字または数字で表現された情報というだけでは，データとはいえません。

　科学的研究においては，目的・仮説に応じたデータが収集され分析されることになりますが，収集されたデータのすべてが分析に使われるとは限りません。設定に基づいたデータは分析に用いますが，設定に基づいていないと判断されるデータは分析から除外されることもあります。ただし，データを分析から除外する場合は，研究の目的や仮説にとって不都合なデータを除外するというようなことはあってはなりません。そのため，データの除外に際しては，設定どおりの収集のされ方になっていないということについて明確な基準（たとえば，指示されたやり方に従っていないような場合）を設け，慎重に行う必要があります。

　また，一概に数値で示されたデータがすべて分析可能なデータであるとはいえませんが，数値で示されたデータには，次のような利点があります（岩淵，1997；池田，1993）。

　①**正確さ**　数値データは，より明確に現実を表現できるため，客観的で正確な記述が可能になり曖昧さが排除できます。たとえば，標準体重を何kgオーバーしているという表わし方は「やや太りすぎ」というような定性的な表現に伴いがちな曖昧さがありません。数値データは主観的含意を含みにくいために，相対的に確実な事実伝達が可能です。

　②**再現性**　一定の手続きを守る限り，条件に変化がなければいつ測定しようとほとんど同様の数値が得られます。

　③**要約性**　多くのデータを統計的に処理し，いくつかの指標に集約することが可能です。たとえば，データが正規分布すると仮定されていれば，平均値や標準偏差などの簡潔な表現によって，データ全体の特徴や傾向を知ることが可能です。

　④**比較性**　ある基準を設定して，他のデータと比較することが可能です。たとえば，不安の得点の高い群と低い群とである種のストレス反応の程度に差がある確率を判断することによって，ある種の予測を行うことが可能です。

　⑤**統計処理が可能**　統計処理を行うことによって特徴や現象を分析することが可能です。統計処理した分析結果から客観的で合理的な結論を導くことが可能です。それは言語を媒介とする処理に比べて確率的かつ正確です。

　⑥**質的データの数量化**　本来それを数値で表わす必然性のない質的データ（qualitative data）も，必要に応じて数量化という手続きを用いて量的データ（quantitive data）に変換し，

統計処理によって特徴や現象を分析することが可能です（岩淵，1997）。

なお，「データ」の意味の理解を深めるうえで，第Ⅱ部「統計法」の8「変数とデータ」（pp. 85-89）も併せて参照されたい。

## 2.2. 尺度の種類と統計処理

数値で示されたデータを収集するためには，何らかの測定が必要です。一般に，ある行動の状態についてその状態を表わす適当な数値を割り当てることを測定といいます。たとえば，体重の測定は体重計の示す数値（kg）で表わされます。こうした数値を測定値と呼びます。この測定値には，その測定値が意味する制約によって名義尺度，順序尺度，間隔尺度（あるいは距離尺度），比率尺度（あるいは比例尺度）の4つの尺度水準があります。また，尺度水準の違いによって，可能な統計処理が異なります（池田，1993；岩淵，1997）。

①**名義尺度（nominal scale）**　名義尺度は，数としてではなく，たんなるレッテルや記号としてたまたま数値を用いているものです。同一のものや同種のものに同じ数値が割り当てられます。分類や命名，符号化など等価の決定を目的にしています。可能な統計処理としては，最頻値（モード），情報量，関連係数，$\chi^2$ 検定などが含まれます。また，1対1の置換ができます。例としては，背番号，学籍番号，図書番号，車登録番号，性別コード，職業別コードなどが挙げられます。

②**順序尺度（ordinal scale）**　順序尺度は，各対象に割り当てられた数値が測定値間の大小関係のみを表わすものです。大小関係などの順位関係は明らかですが，その差異は表現していません。可能な統計処理は，中央値（メディアン），四分位偏差，順位相関係数，マン・ホイットニーの検定，符合つき順位和検定などが含まれます。また，単調増加や単調減少などの尺度の変換ができます。例としては，成績順位，ものの好き嫌いの順序（程度），鉱物の硬度，学歴コードなどが挙げられます。

③**間隔尺度（interval scale）**　間隔尺度（距離尺度とも呼ぶ）は，順位の概念のほかに値の間隔という概念が入っています。大小関係が表現できるだけでなく，その差や和にも意味があります。間隔または差の等価性を目的としています。また，尺度の1次変換（$Y = aX + b$）ができます。例としては，摂氏や華氏の温度，標準学力テストの得点などが挙げられます。しかし，間隔尺度によるデータのなかには，厳密には尺度の単位が一定であるという保証のないものが少なくありません。そのような場合には，あくまでも単位が一定であると規定したうえで分析しているということを十分にわきまえておく必要があります。もし，そのような仮定に問題がある場合には，順序尺度や名義尺度のデータとして分析する方が無難です（森・吉田，1990）。可能な統計処理としては，名義尺度，順序尺度に適用できる統計処理に加えて，算術平均，標準偏差，ピアソンの積率相関係数，$t$ 検定，分散分析など，ほとんどの分析が可能となります。

④**比率尺度（ratio scale）**　比率尺度は，原点0（ゼロ）が一義的に決まっていて，測定値間の倍数関係（比）を問題にすることが可能です。比率の等価法（絶対原点からの等間隔な目盛づけ）ができます。あらゆる統計処理が可能です。また，尺度の比例変換（$Y = aX$）が可能です。例としては，長さ（メートル単位），重さ（グラム単位），時間（秒単位）など多くの物理計測値が挙げられます。

順序尺度や名義尺度のデータは，もともとそれを数値で表わす必然性はありません。このような意味から，順序尺度や名義尺度によるデータを質的データ，間隔尺度や比率尺度によるデータを量的データと分けることがあります。なお，前者は属性データとも呼ばれます。また，量的データには，1, 2, 3, ……というように飛び飛びの値しかとりえない人数や個数，回数などのデータと，時間，年齢，学習量，好悪の程度などの連続線上のあらゆる値をとりうるデータとがあります。前者を離散変量（discrete variable），後者を連続変量（continuous variable）と呼んでいます（森・吉田，1990）。

　数値データには，統計が使えるという利点がありますが，おのずと数値データの限界もあります。数値データは対象のある側面を抽象化・単純化したものにすぎません。したがって，数値データは対象のすべての特徴を適切に表現したものではないという点に留意する必要があります。対象のある要素・側面・性質を抽象化するとき，他の要素・側面・性質を捨象したり，過剰に単純化してしまう危険性があります。また，数量化という方法によって，質的差異を量的差異に変換することによって分析することも可能ですが，数値化することにより，事象の大切な部分を見落としてしまわないのか，数値化できなかった部分にも目を向け，測定結果の機械的な解釈や判断をしないように注意しなければなりません（岩淵，1997）。

## 2.3.　測定の信頼性

　測定値そのものが信頼できるものでなければ，どのような統計処理を用いても，そこから妥当な結論を導くことはできません。測定値の信頼性（reliability）の評価に際しては，およそ次のような視点があります。

　①**安定性**　　これは，同一個人に同一の条件で同一の測定を行った場合，同一の結果が出るかどうかという視点です。同一の結果が得られるほど，測定値が安定しており，信頼性が高いといえます。

　②**一貫性**　　これは，同一個人が同じような（同一ではない）質問に対して，同じような答えをするかどうかという視点です。同じような答えが得られるほど，測定値が一貫しており，信頼性が高いといえます。

　③**測定値のバラツキが小さい**　　これは，誤差（真の値からのズレ）によるバラツキが小さいという視点です。測定値のバラツキが小さいほど（真の値を測定できているほど），信頼性が高いといえます。このような視点から，古典的テスト理論では，信頼性係数を次の式で定義しています。この信頼性係数は0〜1の実数値をとり，1に近いほど信頼性が高いと考えられます。

$$信頼性係数 = \frac{真の得点の分散}{測定値の得点の分散} = 1 - \frac{測定値の誤差分散}{測定値の得点の分散}$$

　また，古典的テスト理論では，信頼性を検討するための方法として次のような方法が考えられています（岩淵，1997）

　①**再検査法**　　ある程度の時間的な間隔をおいて同一の測定を2回行い，測定値間の相関係数を算出して信頼性係数の推定値とします。時間の経過にもかかわらず安定している測定値の成分が真の値であると仮定します。また，2回の測定値の誤差による変動は相関しないと仮定

されています。

②**折半法**　測定値が複数の項目の合計点として与えられる場合に，項目を前半の項目と後半の項目，あるいは奇数番号と偶数番号の項目というように2群に分け，それぞれの合計点を算出し両者の相関係数を求め，信頼性の推定値とします。2群の得点に共通する成分が真の値であると仮定します。

③**内的整合性**　複数の項目から合計点を算出するタイプの尺度でよく用いられます。複数の項目に共通する成分が真の値であると仮定します。項目間の内的整合性に着目して$\alpha$係数と呼ばれる信頼性係数を算出します。$\alpha$係数は，次の式で定義されます（Cronbach, 1951）。

$$\alpha = \frac{n}{n-1}\left(1 - \frac{\sum \sigma_i^2}{\sigma^2}\right) \quad (\sigma^2 \text{分散}, \; \sigma_i^2 : \text{項目} i \text{の分散}, \; n : \text{項目数})$$

$\alpha$係数は，測定が繰り返し行われたときの得点間の相関係数の推定値であり，信頼性係数の推定値の中では最も低い値を示します。したがって，$\alpha$係数が低くても，他の方法で信頼性係数を求めると高い値になることがあります（村上・村上，2004）。

④**因子得点**　複数の項目に共通する成分（共通因子）が真の値であると仮定します。因子分析によって抽出された共通因子の得点（因子得点）を真の値とし，合計得点と因子得点との相関係数を信頼性係数の推定値とします。

⑤**評定者間一致**　同一の研究対象を同時に2人以上の測定を行い，測定者間の相関係数を算出して信頼性係数の推定値とします。名義尺度以上の場合には，測定結果が一致していたケースの一致率（一致係数）を信頼性の推定値とします。

## 2.4.　測定の妥当性

統計処理によって妥当な結論に到達するためには，測定値の信頼性のほかにもう一つ，測定値の妥当性（validity）の問題があります。測定値の信頼性がいくら高くても，測定値の妥当性が高くないと，妥当な結論に至ることはむずかしくなります。

この妥当性の問題を考えるうえで，まず構成概念について理解する必要があります。たとえば，知能というものを研究する場合，知能を直接観察することはできません。そこで，これまで知能の研究者は，知能というものを観察可能な事象から理論的に構成しようとしてきました。それが知能の構成概念（construct）と呼ばれているものです。これまでに現われた知能とは「環境への適応能力である」「学習能力である」「抽象的思考能力である」などの定義はいずれも構成概念にもとづくものです。しかし，かりにそのような概念的定義を与えたとしても，それを実証するためにどのように測定するのか，という段になって，そうした定義によるアプローチは行き詰ってしまったのです。そのようなとき，科学的に実証するための方策として登場したのが操作的定義でした。操作的定義によれば，「知能とは知能検査によって測定されたもの」ということになります。この操作的定義の登場によって，知能の心理測定（psychological measurement）による研究は大きく前進することとなりました。

しかし，その場合，知能検査で測定された内容がどのくらい適切に知能を測定できているのか，ということが問題になりました。これが知能の妥当性検証の問題です。妥当性の検証では，測りたい目的のものをどのくらい本当に測っているか，測りたいものが何であるか明確にして

おく必要があります。具体的に操作手続きを通じて測定目標との関連が表現されているものが，妥当性の高い研究であるといえます。正確な測定であってもそれが意図した目的のものを測定していない恐れもあります（的外れの測定）。そこで，測りたいものをどの程度，本当に測っているか検討する必要があるわけですが，それが，妥当性確認研究（validation study）といわれるものです。妥当性を検討するための方法には，次のような方法があります（岩淵，1997）。

①**表面的妥当性**　検査が検査の目的にどの程度かなったものであるか，検査を行う人や検査を受ける人が尺度の見かけにもとづいて妥当性を評価します。妥当性を評価する方法のうちで最も素朴で，統計的方法は用いません。

②**内容的妥当性**　複数の専門家が，設問の内容などが構成概念と合致しているか，理論的・論理的に評価する方法です。専門家の判断間の相関係数や一致率を調べることで，妥当性の程度を一定程度表現することができます。しかし，内容的妥当性は検査項目自体にしか関係しておらず，検査を受ける人の態度や回答傾向とは無関係です（村上・村上，2004）

③**構成概念妥当性**　最も洗練された方法です。構成概念と測定値との関係を統計的手法で吟味する方法です。因子分析（確証的因子分析や共分散構造モデル）などの多変量解析の方法で検討可能です。

④**交差妥当性**　ある集団において経験的方法で認められた妥当性が，他の集団でも再確認できるか，統計的方法で検討します。

⑤**基準関連妥当性**　何らかの基準（妥当性の外的基準）を設定し，その基準と測定値との関連性を統計的に検討します。外的基準の選び方により，同時的妥当性・判別妥当性・予測的妥当性に分けられます。

- **同時的妥当性**　すでに妥当性が確認されている他の尺度を妥当性の外的基準とし，それとの相関係数の強弱によって評価します。
- **判別的妥当性**　すでに他のより明確な基準によって分類された2群以上の対象，たとえば，正常群と異常群を，測定値によって正しく判別できるかどうかによって評価されます。
- **予測的妥当性**　測定値によって将来の事象を適切に予測できるかどうか，個人の行動や特性を予測するためにその尺度がどの程度有効かによって評価されます。

なお，信頼性の高い測定は妥当性の必要条件でもあると考えられています（池田，1993）。言い換えれば，信頼性の低い測定値は，妥当性も低いといえます。

### column 2：妥当性の高い検査による判定の誤り

　このクロス表は，テイラーとラッセル（Taylor & Russell, 1939）にもとづいて構成された LD（Learning Disabled：学習障害者）に関する検査の結果を示しています（Shepard, 1989）。表側は，LD（学習障害）か NLD（非学習障害）か，実際の障害の有無を意味しています。表頭は，LD か NLD か，検査による臨床的判定を意味しています。この検査による診断は，.75 というかなり高い妥当性係数を仮定して行われました。実際に NLD で検査による判定も NLD であった者は 92％，実際に LD で検査による判定も LD であった者は 2％，すなわち両方を合わせて 94％の判定は正しいものでした。他方，実際に NLD であるにもかかわらず LD と判定された者 3％，実際に LD であるにもかかわらず NLD と判定された者 3％，合わせて 6％の判定は誤っていました。したがって，正診率は 94％，誤診率は 6％ということになります。しかし，実際に NLD のうち検査で NLD と判定された確率は 92/(92 + 3) = 96.8％でしたが，検査の結果 LD と判定された者のうち実際に LD であった者の確率は 2/(3 + 2) = 40％と低く，実際に NLD であった者が 3/(3 + 2) = 60％もいたのです。これは LD と判定された子どもが 1,000 人いるとすると実際に学習障害をもつ子どもは 400 人なのに対し，600 人もの NLD が LD と誤って判定されてしまうことを意味しています。これはゆゆしき問題です。

　LD のように事前確率の低い場合には，いくら検査の妥当性を高めても，実際の LD が LD と判定される確率は低くなってしまいます。これは，絶対数が少ないために，いくら検査で LD になる確率が高くても，判定結果が LD になる例数は少ないのに対して，NLD は絶対数が多いため，いくら検査で LD になる確率が低くても，検査結果が LD になる例数そのものが多いためです。このため検査では LD になったとしても本当に LD である確率はあまり高くありません。他方，検査で NLD になれば，NLD である確率は高くなります。

　このようにみてくると，軽度発達障害の発見のために検査の妥当性を高めることには限界があります。軽度発達障害の検査の開発を軽視するわけではありませんが，そのようなあいまいな診断にエネルギーを費やすよりも，軽度発達障害者と目された子どもたちの認知能力を高めるプログラムの開発や実践的な教育にエネルギーを注ぐことがより重要であると考えられます（Shepard, 1989）。

表 2-1　妥当性の高い検査による LD と NLD の判定結果（Shepard, 1989）

|  |  | 検査による分類判定 | | 計 |
|---|---|---|---|---|
|  |  | NLD | LD |  |
| 実際の群 | NLD | 92％ | 3％ | 95％ |
|  | LD | 3％ | 2％ | 5％ |
| 計 |  | 95％ | 5％ | 100％ |

### 【引用文献】

Cronbach, I. J. (1951). Coefficient of alpha and the internal structure of tests. *Psychometrika*, 16, 297-334.
池田　央（1993）．心理学測定法　放送大学教育振興会
岩淵千明（編著）（1997）．あなたもできるデータの処理と解析　福村出版
森　敏昭・吉田寿夫（編著）（1990）．心理学のためのデータ解析テクニカルブック　北大路書房
村上宣寛・村上千恵子（2004）．臨床心理アセスメント・ハンドブック　北大路書房
Shepard, L. A. (1989). Identification of mild handicap. In R. L. Linn (Ed.), *Educational measurement* (3rd ed.). The Center for the Study of Learning. pp. 545-572.（R.L. リン（編）日本語版編集委員：池田　央・藤田恵璽・柳井晴夫・繁桝算男（訳）（1992）．教育測定学　みくに出版）
Taylor, H. C. & Russell, J. T. (1939). The relationship of validity coefficients to the practical effectiveness of tests in selection: Discussion and tables. *Journal of Applied Psychology*, 23, 565-578.

# 実験法　　　3

## 3.1. 実験法とは何か

　研究に科学性をもたせるということを最もよく具体化した方法が実験法です。科学的研究では実証，すなわち確かな証拠をもって証明することあるいは事実によって明らかにすることが重視されています。そのため，実験は，事実によって明らかにする方法であると思われています。しかし，実験法をたんに事実によって明らかにする方法であると捉えることは，実験の本質を必ずしも的確に理解しているとはいえません。実験という方法は，事実によって明らかにする方法ではありますが，ただ事実を調べるというのではなく，そこに理論や仮説があり，それを事実によって検証する方法なのです（小川，2012）。

　実験法の特徴は，実験条件を設定し，操作によって行動の原因を明らかにするところにあります。行動をひき起こす効果的原因を特定し，その原因の程度と行動の程度との関数関係を明らかにするというときには，実験は最適の方法です。しかし，行動にはいろいろな要因が影響しています。したがって，どの要因が行動に影響するか明らかにする場合には，要因の統制ということが必要になります。要因を統制することは，日常的な自然の状況ではほとんど不可能です。そのため，そうした要因を統制して行動を観察するための場として実験室が存在しています。

　たしかに，実験室は要因を統制して行動を観察する場としては適しています。しかし，実験室における行動というのはどことなく不自然です。したがって，実験データというのは，日常生活と同じ条件のもとで得られたデータとはもともと違います。実験室という非日常的空間でふだんとは異なる構え，反応性が出てしまうという懸念もあります。また，ある種の社会現象，たとえばなんらかの社会的な不安やブームなどを実験室で生じさせることは不可能です。そのため，実験によって何を明らかにできるかという点になるといろいろと限界があります。特に，実験で得られた結果を日常の行動に一般化できるか，という点には問題があります。日常の行動には，はるかにいろいろな要素がかかわってくるために必ずしも実験結果のとおりにはならないからです。

## 3.2. 実験法の要件

### (1) 実験仮説とは何か

　1章の「研究設問と仮説」のところで，仮説とは，研究の初期段階で立てられる包括的な予測と説明しましたが，そこで述べられている研究の初期段階で立てられる仮説は，研究仮説（research hypothesis）と呼ばれるものです。研究仮説は，序論の最後に述べられるのが一般的です（Searle, 1999）。研究仮説が正しいことを検証するためには，研究仮説を実際の測定レベルで操作的に述べる必要があります。この実際の測定レベルで操作的に述べられた仮説が，作

業仮説（working hypothesis）あるいは実験仮説（experimental hypothesis）と呼ばれるものです。

たとえば，これまでの研究にもとづいて，包括的な予測として「高齢者は若者に比べて睡眠力が低下している」という研究仮説を立てたとします。なお，ここでは睡眠力をより長時間睡眠をとる能力と規定することにします。この研究仮説が正しいことを証明するために，実際の測定レベルで操作的に述べられた「高齢者の睡眠時間は，若者に比べて少ない」という仮説が作業仮説あるいは実験仮説です。

さらに，実際に作業仮説／実験仮説を統計的に検証する場合には，高齢者と若者の睡眠時間には統計的に差があり，偶然生じたものではない（このような作業仮説／実験仮説を統計的に述べたものを統計仮説と呼ぶことがあります）を統計的に検定することになります。統計的検定では，実際には，その反対の仮説「両者の差は偶然生じたものなので，差があるとはいえない」を検定にかけることになります。この仮説を帰無仮説（null hypothesis）と呼びます。統計的検定では，この帰無仮説が棄却されたときに，その対立仮説（alternative hypothesis）あるいは実験仮説（experimental hypothesis）を支持してもよいことが検証されたことになります。この数学的な論法を，背理法と呼びます。帰無仮説が棄却できない場合は，対立仮説／実験仮説は支持されなかったということになります。

フレス（Fraisse, 1963）は，優れた仮説の特徴として，次の3つを挙げています。
①仮説は課せられた問題に対する適切な解答でなければならない
②仮説は予想されるものでなければならない
③仮説は検証可能でなければならない（これは，仮説は操作的であり，検証は実際的には常に部分的なものであることを意味しています）。

### (2) 実験にかかわる変数

実験法では，研究者が操作して変化させる要因を独立変数（independent variable）と呼びます。また，変化が観察測定される心理的事象を従属変数（dependent variable）と呼びます。そして，研究者が独立変数を変化させた結果，従属変数に変化が認められ，当該の独立変数以外の諸要因による影響がないと認められる場合，この独立変数と従属変数との間に因果関係があると考えることができます。実験法は，こうした独立変数と従属変数との間の因果関係を検討する方法であるといえます。

しかし，独立変数以外のなんらかの変数が，当該の心理事象に関与しているかもしれません。そうした独立変数以外に心理事象に関与している可能性のある変数を剰余変数（extraneous variable）と呼びます。また，独立変数以外の変数が独立変数の変化と共変しているような場合には，独立変数が従属変数に影響しているのか，独立変数以外の変数が従属変数に影響しているのか，紛らわしい結果となります。このような従属変数に与える影響が独立変数と区別しがたい変数を，交絡変数（confounding variable）と呼んでいます。実験法は，独立変数と従属変数の因果関係を明らかにすることですから，剰余変数や交絡変数の影響をできる限りなくすことが望ましいといえます。

海保ら（2008）は，そのためには，以下のような方法が考えられるとしています。
①原因側の剰余変数は最初からできるだけ排除する。
②研究者の知りえない影響をチェックするために，実験操作をしない群（統制群，統制条

件）を設ける。
③比較する条件間で同じ確率で影響するように，実験参加者をランダム（無作為）に割り当てる。
④比較する条件間で剰余変数を一定に保つように，実験参加者を条件間で均等に割り当てる。

## (3) 実験計画とは何か

　実験法では，研究で取り上げる条件の違いによって，実験参加者に異なる影響が及ぶことを検証することを目的としています。その際に，研究者としては，問題にしている条件以外はすべて同じであるという仮定のもとに計画を進めることになります。つまり，実験計画の立案にあたっては，誤差を最小にした実験操作，条件の統制，無作為抽出法によるデータの代表性という3点についての配慮が必要となります（後藤・大野木・中澤，2000）。

　実験手続きは，少なくとも2つの実験グループを用いて行われます。2グループの一方に対しては，実験操作があるいは処理が行われます。このグループを実験群（experimental group）と呼びます。また，処理が行われないグループを統制群（control group）と呼びます。そして，実験群と統制群との比較から，処理の有効性が検証されます。たとえば，運動負荷の強度が心拍数に及ぼす影響を検討する場合，実験群には一定の運動負荷が与えられ，統制群には運動負荷は与えられません。そして，実験群と統制群の比較から運動負荷の心拍数への影響が検証されます。また，運動負荷の心拍数への影響は運動負荷の有無だけでなく，運動負荷の水準によって異なることが予想されます。

　このように，どのような水準からなるどのような要因を組み合わせるかという計画のことを，実験計画（experimental designs）と呼んでいます。実験計画は，要因の数の設定，水準の数の設定，各条件への参加者の割りつけ方，統制群の有無，観察する変数の数や観察回数などによって多様な計画が考案されています（岩淵，1997）。実際の心理学研究では必ずしも1つの変数だけで説明できるとはかぎりません。むしろ，2つ以上の変数が複雑に絡み合っている問題を解明することの方が多いといえます。2つ以上の要因の関係を解明する実験計画法を要因計画法（factorial design）と呼んでいます。要因計画法では，それぞれの要因について2つ以上の水準で操作が加えられ，その影響・効果が測定されます（後藤・大野木・中澤，2000）。

　1つの要因の2つの水準による間隔尺度ないしは比例尺度の変量の違いを統計的に分析する場合には，一般的には$t$検定を行います。しかし，1つの要因でも3つ以上の水準がある場合には，水準間の比較に多重比較を用いる必要があり，この場合には1要因の分散分析を行います。2つ以上の要因の効果を分析する際にも，分散分析を行います。分散分析では，まずはそれぞれの要因自体の影響の有無の分析を行います。これを主効果の分析と呼びます。その結果，たとえば，要因Aの主効果は認められなかったが，要因Bの主効果が認められたというようなことが明らかとなります。また，主効果は両方とも認められなかったという場合もあります。いま1つ，要因Aの処理水準である$A_1$と$A_2$は要因Bの処理水準$B_1$と$B_2$に異なる効果をもたらすことが明らかとなる場合があります。こうした効果を交互作用効果と呼んでいます。交互作用効果は，たとえば要因Bの影響が要因Aの処理水準$A_1$と$A_2$とで違ってくることを意味します。したがって，交互作用効果が認められた場合には，主効果は一般化できず，交互作用効果を優先して検討する必要があります。

　なお，$t$検定や分散分析を理解するうえで第Ⅱ部「統計法」の13「平均値の差の検定」

(pp. 145-163) を参照されたい。

### (4) 内的妥当性と外的妥当性

**①内的妥当性（internal validity）** 内的妥当性とは，結果がその変化させた要因によって生じたものであって，他の要因に因るものではないことを表わしています。内的妥当性にとって脅威となるのは，主として剰余変数です。研究者は内的妥当性を確保するために，十分に構成された実験計画を練ることが大事です（小川, 2012）。

**②外的妥当性（external validity）** 外的妥当性とは，実験結果をどの程度一般化できるかを表わしています。他の状況や集団でも同じような結果を得ることができて，その研究の外的妥当性は確保されます。外的妥当性の中でとりわけ問題になるのが，生態学的妥当性（ecological validity）です。「生態学的」とは，自然環境を意味しています。一般に実験法では，内的妥当性を高めるために関与する要因を除いた結果，実験状況がきわめて非日常的な実験室実験となりがちです。実験室という人為的状況での結果が，現実の環境でも同じ結果を得ることができる場合，その研究は生態学的妥当性をもっているといえます（小川, 2012）。

しかし，実験室実験で得られた結果が，日常生活でかならず起きるとは限りません。たとえば，実験室実験で，非日常的な記憶材料を用いてある種の記憶能力が高齢になると低下することが示されたとしても，日常的な記憶材料を用いた場合にはそのような低下は認められないということはありうることです。したがって，外的妥当性の検証にあたっては，とりわけ生態学的妥当性に注意する必要があります。

### (5) 群間デザインと群内デザイン

2つ以上の群に実験参加者が分けられ，各群ともそれぞれの条件で実験を受けることを群間デザイン（または独立群デザイン between-group design）と呼びます。他方，実験参加者を分けずに，みな同じ条件で実験を受けることを群内デザイン（または反復測定デザイン within-group design）と呼びます。また，研究者が独立変数を操作することになるわけですが，あえて操作しない群を統制群とか対照群と呼びます。その他の操作する群を，実験群とか臨床群と呼びます。たとえば，特定のダイエット法の効果を実験的に検証する場合，普通に食事をとった群を統制群，特定のダイエット法を実施した群を実験群と呼びます。

群間デザインと群内デザインの長所と短所について，サール（Searle, 1999）は次のように述べています。

群間デザインの長所は，①順序効果を考えなくてもよい，②実験刺激や材料が少なくてすむ，③各群の時間間隔を考えなくてもよい，という点にあります。しかし，群間デザインの短所は，①実験参加者が一様でない可能性がある（無作為割り当てが必要），②多くの実験参加者を必要とする，という点にあります。

他方，群内デザインの長所は，①実験参加者数について心配することがない。②多くの実験参加者数を必要としなくてすむ，という点にあります。しかし，群内デザインの短所は，①順序効果について考えなければならない（相殺化が必要），②実験に時間間隔を置かねばならない，③実験刺激や材料が多く必要となるかもしれない，④実験参加者の要求的特性や反応性が影響する可能性もある，という点にあります。

## (6) 実験場面における要求的特性と実験者効果

　実験結果を歪めてしまう要因や実験者が実験参加者に及ぼす影響には，どのようなものがあるか，そしてそのような実験におけるバイアスに対してはどのように対応したらよいのか，末永（1987）や岩淵（1997）は，次のように述べています。

　**①要求的特性**　　実験者の挨拶や教示，課題や実験室などの実験環境が，実験参加者に特別の行動をするように「要求する」役割を果たす可能性があります。また，実験者の要請に応じて，実験参加者は自分なりに実験の意味を推測し反応することになりますが，実験者の意図しない次のような行動が生じることがあります。

　(1)実験の仮説を推測して，これに見合った反応をしようとする。
　(2)実験者の望むような反応をして，「良い参加者」になろうとする。
　(3)実験されることへの反感から，「悪い参加者」と見られるように反応しようとする。
　(4)自分が何らかの評価の対象となっていることに対する不安（評価懸念）から，社会的に望ましい反応をしたり，自分を良く見せようとしたりする。

　これらに対しては次のような対応が考えられます。ただし，倫理的な問題が生じる場合もあり，適用には十分注意が必要です。

　(1)偽りの仮説（目的）を教える。
　(2)実験場面を従属変数の測定と分離する。
　(3)実験参加者に「実験者」の役割を与える。
　(4)実験であることを気づかせないようにする。
　(5)行動的測度を用いる。
　(6)バイアスを少なくする配置法を用いる。

　**②実験者効果**　　実験場面において，実験者は単なる刺激の提示者ではなく，1人の人間として実験参加者の行動に大きな影響を与えることがあります。

　(1)実験者は，性別・能力・技術・パーソナリティなどについて，異なった属性をもっているため，これらが実験の操作と何らかの交互作用を引き起こすことがあります。
　(2)実験者は，実験の仮説（目的）を知っており，仮説に沿うような結果を得たいと望んでいることが多いとみられます。実験者のこのような期待は，実験者が意図的に行わなくても，非言語的コミュニケーションなどによって実験参加者に伝達され，その結果，実験参加者が実験者の期待に応えるように反応してしまうことがあります。

　これらに対しては次のような対応が考えられます。
　(1)仮説を知らない人を実験者に用いる。
　(2)実験参加者の条件を実験者に知らせない。
　(3)機材を用いて操作を行う。
　(4)全条件を同時に実験してしまう。
　(5)1つの変数は実験者に知らせない。
　(6)実験者にデータを教えない。
　(7)実験者の数を増やす。

## 3.3. 実験法の基本的プロセス

ここでは，心理学実験実習でよく取り上げられるミュラー・リヤーの錯視実験を例として，実験法の基本的プロセスを具体的に見ていくことにします。

[ミュラー・リヤーの錯視実験]
　①問題の設定　　入門書・専門書・研究論文・データベースなどから，研究テーマ（研究の中心的な内容）に関する情報収集を行い，取り扱う問題の性質や範囲を明確化していきます。
　(1)まずは，錯視現象というものが，どのような性質の現象であるのか，ということについて説明します。たとえば，「われわれに見えているままの世界と物理的世界とは同じではありません。このことを端的に示す事実の一つとして，錯視現象があります……」。
　(2)次に，錯視現象にもいろいろなものがあるわけですが，本実験で取り上げるミュラー・リヤーの錯視とはどのようなものなのかということについて説明します。たとえば，「これまでに種々の錯視が発見され研究されてきましたが，有名な錯視の一つにミュラー・リヤーの錯視があります。この錯視は 1889 年にミュラー・リヤー（M. C. Müller-Lyer）によって発表された線分の長さの錯視です。すなわち，客観的にも主観的にも等しい長さの線分の両端に鋏辺を付け加えると，その線分の長さが異なって見えるという錯視で，鋏辺の間の角度（鋏角）が鈍角の場合には過大視が，鋭角の場合には過小視が起こるというものです……」。
　(3)そして，ミュラー・リヤーの錯視についてのどのような先行研究が行われてきたのか，どのような理論的説明が行われてきたのか，について概観します。たとえば，「鋏角のほかに，鋏辺の長さ，主線の長さ，鋏辺と主線の長さの比，鋏辺と主線の太さ，図形の大きさなど，錯視量を規定する要因について数多くの研究がなされています。また，このような錯視が起きるメカニズムについて，遠近感や恒常性などさまざまな仮説が提唱されてきましたが，現在でも定説はありません……」（心理学実験指導研究会，1985）。
　②実験の目的　　本実験は何を知るための実験であるか，その目的を明確にします。
　本実験では，鋏角が主線の錯視量に及ぼす影響について検討することを目的としています。
　③仮説の設定　　これまでの研究結果をふまえて，本実験における仮説は「鋏角の小さいほど錯視量（内向図形の主線の長さ－外向図形の主線の長さ）は大きくなる」というものです。
　④実験計画　　この仮説を検証するために，鋏角（独立変数）を 30 度，60 度，120 度と操作した場合の錯視量（従属変数）を測定します。錯視量の測定は，同じ参加者で繰り返し行います。実験計画としては，1 要因 3 水準の群内デザイン（反復測定デザイン）です。
　⑤実験参加者の選定　　ミュラー・リヤー錯視実験の経験のない大学 1 年生 25 名。実験参加者には，実験の目的を説明し，実験参加者として参加する同意を得ておきます。
　⑥刺激装置　　刺激提示には，図 3-1 のような接次図形を用います。この接次図形を提示する器具（竹井機器工業製）は，内向図形の主線の長さ（100 mm）と鋏辺の長さ（30 mm）を固定し，外向図形の主線の長さを調整するようになっています。内向図形の主線の長さと外向図形の主線の長さが等しいと感じる点を主観的等価点（point of subjective equality: PSE）と呼びます。外向図形を調整して，主観的等価点になったと感じた時，器具の裏の面に錯視量（内向図形の主線の長さ－外向図形の主線の長さ）が mm 単位で表示されます。

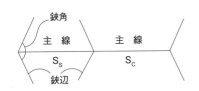

図 3-1 刺激図形（内向図形と外交図形の接次図形）
鋏角 120° の場合

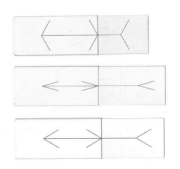

図 3-2 竹井機器工業製の錯視図

調整法は，上昇系列（明らかに外向図形を短いところから始め，徐々に外向図形を長くしていく方法），下降系列（明らかに外向図形を長いところから始め，徐々に外向図形を短くしていく方法）の2通りあります。また，本実験では，実験参加者が刺激装置を 30～45 cm の読書距離に置き自ら調整する自己調整法で行います（実験者が刺激装置を調整する実験者調整法もありますが，ここでは実験参加者が自ら調整する自己調整法を採用しています）。

⑦**カウンターバランス**　群内デザイン（反復測定デザイン）であるため，独立変数の操作と刺激の提示順序の効果が交絡しないように注意する必要があります。そのため，刺激の提示順を 30 度→60 度→120 度，60 度→120 度→30 度，120 度→30 度→60 度の3パターン用意し，それぞれのパターンに実験参加者を均等に割り付け，全体として刺激提示順序効果を相殺するようにします。

なお，厳密には，さらに 30 度→120 度→60 度，60 度→30 度→120 度，120 度→60 度→30 度の3パターンを追加し，6パターン用意する必要がありますが（西口・松浦，2008），手順が煩雑となるため，ここでは3パターンを用いています。

⑧**剰余変数の統制**　これまでの研究から，ミュラー・リヤーの錯視実験では上昇系列・下降系列の調整法，内向図形の左右の空間配置が実験結果に影響を及ぼすことが知られています。そのため，実験変数である鋏角の影響を測定するにあたっては，剰余変数である調整法や内向図形の空間配置の影響を統制する必要があります。そこで，それぞれの鋏角の測定において，「上昇・内向右」→「下降・内向左」→「下降・内向右」→「上昇・内向左」→「下降・内向右」→「上昇・内向左」→「上昇・内向右」→「下降・内向左」というように測定条件を変えて計8回測定し，その平均値を求めることによって全体として剰余変数の統制をはかっています（西口・松浦，2008）。

⑨**実施手順と教示**

(1) あらかじめ2人でペアを組み，一方が実験者，他方が実験参加者となって測定を行います。すべての刺激提示が終了したら，役割を交替します。

(2) 自己調整法で行うので，練習試行で上昇系列や下降系列を体験させ，器具の操作の仕方を覚えさせます。その際，長くしすぎたり，短くしすぎたりした場合は，やり直してよいことを伝えます。また，実験参加者の構えが実験に影響しないように，事前に「主線部分に注目するのではなく，図全体として観察するようにすること」，「分析的態度や知識で補正する態度はよくないこと」，「錯視は生じて当然なので，感じたままやればよいこと」を注意します。

(3) 主観的等価点が決まったら，実験参加者は"はい"と言って，実験者に器具の裏面を提示し，

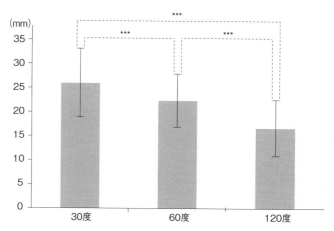

図 3-3　鋏角別にみた錯視量の平均値と標準偏差（例）$^{***}p < .001$

実験者は結果を mm 単位，整数で記録紙に記入します。実験参加者は器具の裏の面を見ないようにし，実験者は読み取った錯視量を口にせず，記録紙を実験参加者に見せないようにします。

(4)実験参加者が実験のやり方を理解したら，実験者は刺激提示順に本試行を行います。あらかじめ刺激提示順を示した図をガイドとして用意しておくとよい。

⑩**データ処理**　計算の前に入力ミスをチェックし，データのバックアップを作成してから計算に入ります。各実験参加者の 30 度，60 度，120 度の 8 回の測定値の平均値（小数点以下第 1 位を四捨五入し整数）をデータとして入力します。IBM SPSS Ver. 21 で統計計算を行います。1 要因の分散分析（対応あり）[注1]の計算を行います。3 水準なので多重比較を行う必要があります（竹原，2007）。なお，「対応のある要因の分散分析」については 156 ページから 158 ページを参照されたい。

⑪**結果**　実験結果を表または図に示し，その傾向を記述します。また，平均値の差について，統計的に差があるといえるかどうか検定結果を示します。図 3-3 は，例として鋏角別にみた錯視量の平均値と標準偏差を示したものです。これによると，鋏角が小さいほど，錯視量は大きい傾向があることがわかります。そこで，これらの錯視量の平均値の差が統計的に意味のある差であるかどうか，1 要因の分散分析（対応あり）で分析した結果，0.1% 水準で有意な差であることが示されました（$F(2, 42) = 65.45, p < .001$）。ここで $F$ の後のカッコ内の前の数値は鋏角の自由度，後の数値は誤差の自由度を示しています。また，多重比較の結果，いずれのペアにおいても 0.1% 水準の有意な差が示されました。

⑫**考察**　本実験が知ろうとしていたことについて明らかになったのか，仮説は支持されたといえるのか，本実験の結果はどこまで一般化して解釈することができるのか。本実験の結果は，理論的にどのように説明できるのか。本研究にはどのような点が不足しているか。今後の課題としてどのような問題が残されているのか，などについて考察をまとめていきます。

(1)仮説は支持されたのか：分散分析の結果，鋏角の錯視量に対する影響は統計的に有意であ

---

注 1）本実験のように，30 度，60 度，120 度の測定を同じ実験参加者で反復測定した場合には，30 度，60 度，120 度の測定値は，相互に「対応あり」とみなします。実際，30 度，60 度，120 度相互の測定値間には統計的に有意な相関があり，錯視量の多い人は，どの鋏角でも錯視量が多い傾向があります。他方，30 度の測定はＡクラスからの実験参加者，60 度の測定はＢクラスからの実験参加者，120 度の測定はＣクラスからの実験参加者というように，相互に独立に測定した場合には，30 度，60 度，120 度の測定は相互に「対応なし」とみなします。

ることが示されました。また，多重比較の結果から，錯視量の平均値には，30度＞60度＞120度の関係があり，「鋏角の小さいほど錯視量が大きくなる」という本実験の仮説は一応支持されたと考えられます。

(2)心理学実験指導研究会（1985）によれば，錯視量を鋏角の関数として表わすと，単調に変化する直線にはならず，ある所で最大の錯視量を生じ，それより大きくても小さくても錯視量は小さくなるという山型状の関数になることが見出されているとあります。したがって，本実験の結果については，厳密に言えば，鋏角が30度から120度の範囲内で，鋏角の小さいほど錯視量が大きくなるという仮説が支持されたということになります。この範囲外については，今後さらに検証してみる必要があります。

(3)なお，ミュラー・リヤー錯視の原因については，種々の説が提唱されていますが現在でも定説がなく，予想外に複雑な知覚現象であると考えられます。

## 3.4. 事前テスト-事後テスト法

たとえば，なんらかのダイエットによる体重低減の効果を検証しようとしたら，ダイエットの前の体重とダイエットの後の体重を比較して，その変化量からダイエットの効果の有無を検証することになります。そのような事前の状態と事後の状態の変化量からなんらかの介入の効果を検証する実験のデザインが，事前テスト-事後テスト法です。

表3-1は，この事前テスト-事後テスト法の特徴を事後テスト法との比較において示したものです（岩淵，1997）。事後テスト法では，実験参加者は実験群と統制群にランダムに振り分けられ，実験群は独立変数の操作後に，統制群は操作を受けずに従属変数が測定されます。実験群と統制群の従属変数間に統計的な有意差が認められれば，独立変数が原因であると判断されます。

しかし，独立変数の操作とは関係なく，2つの群に差がある可能性があります。そのため，事前テストを行って，その時の成績で釣り合いのとれた（マッチング matching された）2群，つまり実験群と統制群に分けることが望ましいと考えられます。そうすれば，事後テストで2群間に差があれば，それは独立変数の操作を受けたか受けなかったかによると考えられます。

そこで，事前テスト-事後テスト法では，両群とも独立変数の操作の前に従属変数を測定し，マッチングを行います。しかし，実験群と統制群の従属変数間の差の検定は，事後テストの実

表3-1 事後テスト法と事前-事後テスト法の比較

| | 事後テスト法 | | |
|---|---|---|---|
| | 参加者のランダム配置 | 独立変数の操作 | 従属変数の測定 |
| 実験群 | ○ | ○ | ○ |
| 統制群 | ○ | | ○ |

| | 事前-事後テスト法 | | | |
|---|---|---|---|---|
| | 参加者のランダム配置 | 従属変数の測定 | 独立変数の操作 | 従属変数の測定 |
| 実験群 | ○ | ○ | ○ | ○ |
| 統制群 | ○ | ○ | | ○ |

験群と統制群の従属変数の差で行うのは適切ではなく，実験群と統制群における事前テストと事後テストの従属変数の変化量の差によって行います（吉田，2006）。

ここでは，事前テスト-事後テスト法の基本的プロセスについて，両側性転移の実験を例として具体的に見ていくことにします。

[両側性転移の実験]
①問題の設定
(1)まずは，練習の転移という現象が，どのような性質の現象であるのか，ということについて説明します。たとえば，「以前の学習や練習が，のちの学習や練習になんらかの影響を及ぼすことを学習あるいは練習の転移（transfer）といいます」。
(2)本実験では，鏡映描写課題を用いて転移の一種である両側性転移（bilateral transfer）を取り上げます。「両側性転移とは，身体の片側の器官（たとえば右手）を使って行われた練習の効果が，別の側の器官（左手）に及ぶというものです」。
(3)鏡映描写課題を用いた両側性転移についての先行研究について調べます。たとえば，アンダーウッド（Underwood, 1949）などの研究が挙げられます。
②実験の目的　本実験では，利き手による練習効果が非利き手に転移するか，事前テスト-事後テスト法によって検討することを目的としています。
③仮説の設定　「利き手による練習効果は，非利き手に転移する」というものです。
④実験計画　利き手による鏡映描写課題の練習試行を行う実験群と，代わりに音読課題を行う統制群に分けて，非利き手による事前テスト-事後テスト法を実施し，所要時間の変化量（事前テストの所要時間-事後テストの所要時間）の比較から両側性転移の有効性を検討します。実験計画としては，1要因2水準の群間デザイン（独立群デザイン）を用います。
⑤参加者の選定　鏡映描写課題による両側性転移実験の経験のない大学1年生24名。実験参加者に実験の目的を説明し，実験参加者として参加する同意を得ておきます。
⑥刺激装置　刺激提示には，図3-4（写真）のような鏡映描写装置（竹井機器工業製）を用います。また，描写課題としては，この図3-5に示すような星型図形が印刷された課題用紙を用います。課題用紙は，実験群13枚（プレテスト2枚，練習用10枚，ポストテスト用1枚），統制群3枚（プレテスト2枚，ポストテスト1枚）を用意します。筆記具（鉛筆）は適切な太さの線が描ける鉛筆を用います。所要時間を計測するためストップウォッチが必要です。なお，本実験では逸脱回数の測定は行いません。
⑦実施の手順と教示　事前テストを実施します。実験群と統制群を等質化するために，事

図3-4　鏡映描写器（竹井機器工業製）

図3-5　星型図形

前テストの非利き手による2回目の試行の成績でマッチングを行います。その後，実験群は利き手による練習試行，統制群は実験と関係ない読書課題を実施します。再び，実験群と統制群が合流し，事前テストと同一条件で事後テストを実施します。

(1)**実験の準備**　実験室（教室）には，あらかじめ机の上に人数分の鏡映描写装置と描写課題（事前テスト用2枚），ストップウォッチ，鉛筆を用意します。実験参加者の席は，互いに一人分離れるように配置します。実験参加者は入室後，自由に着席します。各自，鏡映描写装置を組み立てます。

(2)**事前テストの実施**　この実験では練習試行はありません。事前テストも本実験の一部です。実験参加者は，鏡映描写装置に1枚目の描写課題をセット（バインダーで固定）します。ストップウォッチのスタートとストップ，時間測定（秒単位），そしてリセットの確認をします。"利き手"にストップウォッチ，"非利き手"に鉛筆を持ち，鏡を見ずに，直接，描写課題の描写開始位置に筆先を置きます。その後，目をつぶります。実験者は，「これから事前テストを始めます。開始の合図があるまで目を閉じていてください。"始め"の合図がありましたら，利き手でストップウォッチをスタートさせ，非利き手で，鏡に見える像だけを頼りに，できるだけ速くできるだけコースから外れないように注意しながら矢印の方向に一周してください。その際に，筆記具の先を紙から絶対に離さないようにしてください。もし，コースから外れてしまったら，すぐに外れた所へ戻ってから続けてください。最終地点に着いたら，ストップウォッチを止め，所要時間を秒単位で計測し，描写課題の所定の欄に記入してください」。実験参加者に準備ができたか確認してから，実験者は「目を開いてください。用意，始め」と合図し，実験参加者は課題を遂行します。所要時間の記入が済んだ実験参加者は再び目をつぶって静かに待つように指示します。全員が終了した頃を見計らって，実験者は実験参加者に目を開けさせ，最初と同じように，2枚目の描写課題をセットし，"利き手"にストップウォッチ，"非利き手"に鉛筆を持ち，鏡を見ずに，直接，描写課題の描写開始位置に筆先を置き，その後，目をつぶるように指示します。1回目と同様に2回目の測定を実施し，2枚目の描写課題の用紙に所要時間を記入します。

(3)**マッチング**　事前テストの2回目の所要時間のデータ（学籍番号を含む）を回収し，所要時間の短い順に並べ替えを行います。短い順に奇数番号を実験群（A群），偶数番号を統制群（B群）とします。実験群（A群）と統制群（B群）に割りつけられた学籍番号をランダムに発表します。A群が実験群，B群が統制群であることは伝えません。A群は当初の実験室（教室）に残り，B群はあらかじめ確保してある近くの別の実験室（教室）へ移動します。

(4)**独立変数の操作**　別室に移動した統制群（B群）に対して実験と関係ないテキストを音読する課題（10分程度）が与えられます。終了したら，連絡があるまで静かに待つように伝えます。実験群（A群）は筆記具を"利き手"に持ち替えて，ストップウォッチを"非利き手"に持ち替えて，練習試行を10回行います。やり方は事前テストの時と同様です。所要時間の記入が済んだら次の課題の準備を行い，ゆっくり1から15まで数えたら（15秒程度），目を開けてスタートするように指示します。自分のペースで10回繰り返します。所要時間に個人差がありますので，早く終了したら，目をつぶって静かに待つようにします。

(5)**事後テストの実施**　実験群（A群）の練習試行がすべて終了したら，統制群（B群）に連絡し，前の実験室（教室）へ戻り，実験群（A群）と合流するように指示します。統制群（B群）は前にいた席に着席します。事後テストは実験群も統制群も"非利き手"で1回実施しま

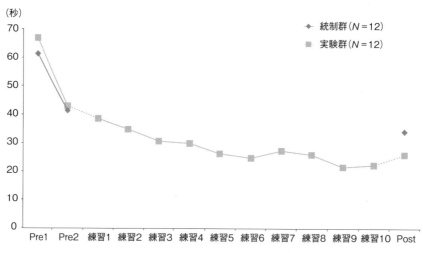

図3-6 鏡映描写の各試行における所用時間の平均値（例）

す。統制群（B群）は前の試行と変わりませんが，実験群（A群）は利き手からふたたび非利き手に変わりますので，注意を要します。また，実験群（A群）は試行を重ねていますのでやり方を熟知していますが，統制群（B群）はかなり間があいていますので，あらためてやり方を教示します。

⑧**データの処理** 実験終了後，実験群と統制群に分かれて，SPSSのデータシートの所定の変数の欄に該当するデータを入力します。実験群は統制群に比べてデータ量が多いので，実験群の入力用に3台，統制群の入力用に1台用意すると効率的に入力作業が行えます。なお，入力は順不同で行い，学籍番号はグループ分けに使用しましたが，その後のデータ分析に必要ないので削除します。データを合併し，IBM SPSS Ver. 21で統計計算を行います。学習曲線を描くために，事前テスト2回，練習試行10回分（統制群は欠測値），事後テスト1回の平均値と標準偏差を計算します。練習効果を検証するために，所用時間の変化量＝事後テストの所用時間－事前テストの所要時間を計算します。実験群と統制群の変化量の平均の差を独立したサンプルの$t$検定にかけます。なお，「独立な2群の平均値差の検定」については146ページから148ページを参照されたい。

⑨**結果** 図3-6は，各試行の所要時間の平均値により，鏡映描写の学習曲線を示したものです。実験群は，練習試行を重ねるにつれて所要時間が減少し，練習効果がみられます。また，実験群は統制群に比して，事後テストの所要時間が明らかに少なく，利き手の練習効果が非利き手に転移したとみられます。この実験例では，実験群と統制群の変化量（事前テストの所要時間－事後テストの所要時間）の平均値には0.1％水準の有意差が認められました（$t(22) = 5.80, p < .001$）。ここで$t$の後のカッコ内の数値は自由度を示しています。なお，実験群と統制群の変化量の等分散性を検定した結果，有意ではありませんでした（その結果，両群の等分散性を仮定しています）。

⑩**考察** $t$検定の結果から，実験群の方が統制群よりも変化量が大きく，事後テストの所要時間が練習効果によってより多く減少していることがわかります。したがって，「利き手による練習は非利き手に転移する」という両側性転移の仮説は一応支持されたと考えられます。ただし，この実験例では有意な結果が示されていますが，サンプルが少ない場合，測定値のバラツキの状態によっては，必ずしも有意な結果が得られるというわけではありません。また，

ある程度サンプルを確保しても有意な実験結果が得られない場合には，剰余変数の統制など，実験に不備な点がなかったなど検討してみる必要があります。

## 3.5. 2要因実験と交互作用

### (1) 2要因実験

これまでは，1要因の実験計画についてみてきました。ここでは要因を1つ増やして，2要因の実験計画についてみていきます。表3-2は2要因群間計画における参加者の配置法を示したものです。A，B，C，Dの4条件に実験参加者をランダムに配置します。要因（独立変数）の効果を主効果，独立変数を組み合わせた場合の効果を交互作用（interaction）と呼びます。主効果や交互作用の有意性を検定するには，分散分析（ANOVA）と呼ばれる検定法を用います。

また，表3-3はランダム配置をとらない配置法を示したものです。測定した個人差の高低と要因（独立変数）の操作（$X$, $Y$）で実験参加者を配置しています。ある個人差における高低を要因に設定し，他の参加要因（独立変数）を操作する場合に用いられます。たとえば，実験参加者の性格特性の1つである楽観性を独立変数として扱い，楽観的な群と悲観的な群水準に分け，なんらかの認知刺激を与えて，その反応について検討するとか，あるいは性別を独立変数として扱い，実験参加者を男性と女性の2水準に分けて，ある課題を行ってもらってその成果を確認する，といった場合です。

こうした要因配置法は実験という形態をとっていますが，独立変数を操作できなかったり，ランダム配置ができなかったり，厳密には実験法の条件を十分に満たしているとはいえません。こうした実験計画から因果関係に言及する場合，おのずと限界があることに留意しなければなりません。実験研究というよりは，むしろ相関研究にはいると考えられます。しかし，研究手続きは実験的に進めていますので，これらの実験計画は準実験計画（quasi-experimental design）と呼ばれています。心理学研究では，このような準実験も広い意味で実験として扱うことが多くなっています。

表3-2　2×2の要因配置法

| 水準 | 要因 $Y$ | |
|---|---|---|
| | $y_1$ | $y_2$ |
| 要因 $X$　$x_1$ | A | B |
| $x_2$ | C | D |

$x_1$, $x_2$, $y_1$, $y_2$ はそれぞれの要因の水準を表わす。

表3-3　ランダム配置をとらない配置法

| | 操作される要因 | |
|---|---|---|
| | $X$ | $Y$ |
| 個人差要因　高 | A | B |
| 低 | C | D |

### (2) 2×2の実験計画における交互作用のタイプ

1要因の実験計画と2×2の実験計画の大きな違いは，要因が1つ増えることによって，それぞれの要因の主効果だけでなく，それぞれの要因が影響し合うことによる交互作用の効果が加わることにあります。交互作用とは，2要因以上の実験計画において，一方の要因が他方の要因に及ぼす影響の大きさまたは方向が一様でないことをいいます（田中・山際，1989）。

図3-7は，それぞれの要因の主効果と交互作用の異なる状態を4つのセルの平均のプロット

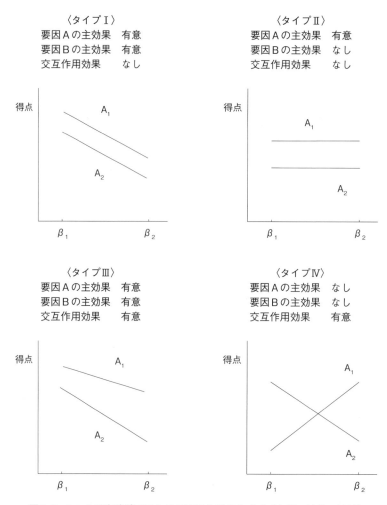

図3-7 2×2の実験計画における交互作用のタイプ（山田・村井, 2004）

で図示したものです。タイプⅠやタイプⅡは，交互作用が有意でない場合を示しています。図からわかるように，タイプⅢやタイプⅣのように交互作用が有意な場合には，各条件の平均を結んだ線が平行になりません。このことを「平均のプロフィールが交差する」と表現します。タイプⅢは一見，交差していませんが，線を延長すれば交差します（田中・山際, 1989）。タイプⅢは，一方の要因（A）が従属変数に及ぼす影響の「大きさ」が，他方の要因（B）の水準（$\beta_1, \beta_2$）によって異なることを示しており，このようなタイプの交互作用を，順方向の交互作用（ordinal interaction）といいます。これに対して，タイプⅣの交互作用は，一方の要因（A）が従属変数に及ぼす影響の「方向」が，他方の要因（B）の水準（$\beta_1, \beta_2$）によって異なることを示しており，このようなタイプの交互作用を，逆方向の交互作用（disordinal interaction）といいます（山田・村井, 2004）。

なお，交互作用の検定については158ページから163ページの「対応のない2要因の分散分析」を参照されたい。

### (3) 適性処遇交互作用

クロンバックは，これまでの処遇の主効果だけを問題とする実験心理学と，個人差の相関関

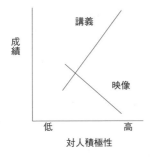
図 3-8 対人積極性による各教授法の成績の違い
（Snow et al., 1965 より）

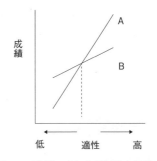
図 3-9 適性に応じた教授法の最適化
（Cronbach & Snow, 1977）

係だけを問題とする相関心理学との統合を意図して，適性処遇交互作用（aptitude treatment interaction: ATI）という概念を唱えました。ここで適性とは，学習の前提条件のうち，知能や技能，性格や興味・関心，認知や学習のスタイルのような学習者の側に存在する特性を表わしており，処遇とはそうした適性の違いに応じて変えられる教え方や学ばせ方を表わしています。また，交互作用とは実験計画法での用語であり，ある要因（この場合は処遇）の効果が別の要因（この場合は適性）の影響によって変化することを指しています（Cronbach & Snow, 1977）。

たとえば，スノーら（Snow, Tiffun & Seibert, 1965）は，初等物理を受講している大学生を実験の参加者として，適性処遇交互作用に関する実験を行いました。適性として対人積極性を取り上げ，処遇として映像による授業と講義形式の授業を取り上げました。各授業の最後には小テストが実施され，その合計点で各授業方法の優劣が比較されました。その結果，2グループの平均点にはほとんど差がなく，このことは映像による授業と講義による授業との間でその効果に違いがないことを示しています。ところが各グループの学生を対人積極性で分け，それによって両グループの成績を整理してみたところ，対人積極性の高い学生では講義による授業での成績がすぐれ，他方，対人積極性の低い学生は映像での授業の成績が良かったこと，すなわち逆方向の交互作用が示されました（図 3-8）。

ATIに関してはさまざまな研究が行われるとともに，教育心理学の分野では，図 3-9 のように交差を境に教授法を切り替え，教授法の最適化を図ろうとする考え方も展開されています。しかし，現在までのATI諸研究の間には一致しない点が多く，個人特性と授業方法の間に一貫した法則は見出されていません。これは，研究のなかで取り扱われている少数の変数以外に，統制されていない重要な変数が学習結果に影響を与えているためであると考えられています（今栄, 1971）。また，わずか1つの適性によって成績が変化するという単純化した捉え方にはおのずと限界があり，たとえば，西村・荒井（1991）のように成績を複数の適性への回帰として捉えるアプローチもあります。

## (4) 交互作用と主効果

交互作用が有意に出た場合には，各要因の単独効果（主効果）を取り上げても意味がありません。なぜなら，その要因の効果の大きさと方向性には一般性がないからです（田中・山際, 1989）。

そこで，データの全分散を要因単位で分けるのではなく，個々の水準別に分けてみていきます。そのように分析していくと，要因Aの主効果は有意でなくても，水準別に分けてみると，

要因Bの水準 $\beta_2$ に限っては要因Aの効果が有意となる場合があります。これを，主効果に対して単純主効果と呼んでいます。

また，交互作用が有意であった場合には，主効果の多重比較は行わず，交互作用の分析によって検出した単純主効果（水準数3以上）の多重比較を行うことになります（田中・山際, 1989）。

## 3.6. 単一事例実験

### (1) 単一事例実験とは何か

心理学の初期の実験的研究では，単一の実験参加者による研究が多く行われていました。ちなみに，ヴントの感覚の実験では対象は自分を含めて1人か2人，パヴロフの条件反射の実験では対象はイヌ1匹，エビングハウスの記憶の実験では実験参加者は自分自身でした。より多くの実験参加者を用い，対照群を設定し，結果を統計的に処理するようになったのは，フィッシャーらの推測統計学の影響によるところが大きく，1930年代以降のことです。それでも，単一実験参加者（単一被検体）の実験はすたれたわけではなく，「1,000匹のネズミを1時間ずつ実験するよりも，100匹を10時間ずつ実験するよりも，1匹のネズミを1,000時間実験するのがよい」というスキナーの発言や，「集団を代表するような平均的なネズミなど存在しない」というダンラップの発言にみられるように，単一実験参加者の実験に対する根強い支持もありました。その後，スキナーらによる実験行動分析（experimental analysis of behavior）や応用行動分析（applied behavior analysis）の発展にともない，単一実験参加者の研究は体系化され，1970年代の中期に「単一事例の実験計画」という名称が確立されました（Barlow & Hersen, 1984；田中，1987）。

今日，単一事例実験は，特に臨床心理学や教育心理学の分野で盛んに活用されています。臨床心理学の分野で単一事例実験が活用される背景としては，一つには，治療を行わない対照群を設けて比較するという実験は，対照群への治療放棄であり，臨床的に問題があるという考えがあります。また，精神科来院者の中で適切なサンプル数を確保することはきわめて困難であり，たとえば，20人の強迫神経症患者のサンプルを集めるには2万人の患者を見なければいけないという現実的制約も大きく影響しているといわれています。さらに，精神科領域では，そもそも均質なグループはありえず，グループの平均値よりも個々の変化に注目した方が適切であるという考え方や，個体のバラツキこそが臨床には大切という立場もあります（Barlow et al., 1984；長谷川, 2007）。他方，教育現場において学習指導法の効果を検証するような場合，1つの学校内において複数の指導法を比較するのはむずかしく，仮に複数の指導法が導入できても生徒をランダムに割りつけることは困難であることなどが影響していると考えられます（南風原, 2001）。

### (2) A-Bデザイン

単一事例実験では，独立変数の効果を検出するための対照基準を設定する期間をベースラインと呼び，通常Aで表わします。また，独立変数（要因）を提示する期間を処置ないしは処遇と呼び，通常Bで表わします。単一事例実験のデザインは，一般的にこのAとBの時系列で表わされますが，その中で最も基本的なデザインがA-Bデザインです。

A-Bデザインでは，まず，ベースラインが設定され，その後に処置に移行します。Aと比較

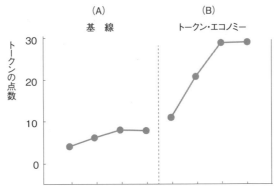

図3-10　ある反応性うつ病患者におけるトークン・エコノミーの効果（Hersen et al., 1973）

して，Bにおける行動に変化があるとしたら，その行動変化は，提示した要因の効果であると考えられます。たとえば，ハーセンら（Hersen, Eisler, Alford, & Agras, 1973）は，反応性うつ病患者（61歳の男性）に対してトークン（通常の貨幣と同様に，物品の購買が可能な働きを持たせた代用貨幣）を用いたA-Bデザインを実施しました（図3-10）。ベースライン（4日間）では，作業・身のまわりの片づけ・責任という項目で4日間，毎日の行動を点数化します。ただし，ベースラインでは，その点数には交換価値はないので，トークンの点数はおおむね低水準で安定的に推移しています。その後の処置（4日間）でトークンの点数に交換価値をもたせるトークン・エコノミーが導入され，実験参加者がこの得点に応じて病院内で特典や売店の品物と交換できるようにします。その結果，トークンの点数は直線的に上昇し，行動が改善されました。したがって，トークンによる処置はこの反応性うつ病患者には，一定の効果があったと考えられます。

### (3) A-BデザインとA-B-A-Bデザイン

　A-Bデザインの場合には，処置導入によって問題の行動が低減したとしても，原因が処置の実施にあるのか，この間に経過した時間に原因があるのかわからないという弱点があります。そこで，処置を撤去して問題行動が元の水準に戻って，行動変容が時間経過によるものでないことが確認できれば，原因としての処置と結果としての改善を明らかにできます。そのような観点から，A-Bデザインの処置の後に，処置を撤去しベースラインを設けたのがA-B-Aデザインです。

　A-B-Aデザインは，処置の影響を撤去後のベースラインとの比較によって確認できる点で，A-Bデザインの弱点をカバーしています。しかし，変数を導入した後，撤去できる場合と撤去できない場合があることに留意する必要があります。たとえば，正反応に対するトークン強化は導入も撤去も可能ですが，実験上の指示や訓練の実行はいったん導入されますと，その影響が残ってしまいますので，元の状態に戻すことはできません。したがって，たとえば訓練の実行などのような処置は不可逆なので，A-B-Aデザインは適当ではありません。

　また，介入のような処置の場合，A-B-Aデザインの場合には，せっかく介入によって適切な行動の割合が高まったとしても，介入を撤去したかたちで終わらなければならないということになります。また，介入によって問題行動が減ったにもかかわらず，再び元の問題行動の状

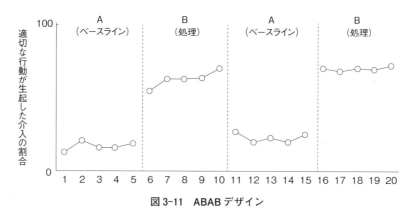

図3-11　ABABデザイン

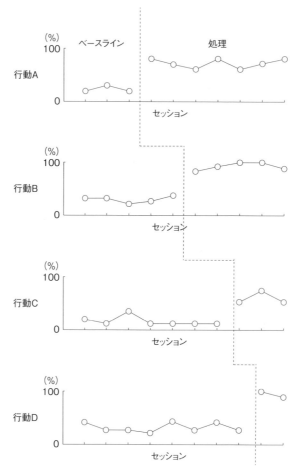

図3-12　多重ベースライン実験計画（Ray, 2003）

態に戻す手続きをあえて行うということになれば，倫理的に問題になってきます。そこでA-B-Aデザインの弱点をカバーするかたちで考えられたのが図3-11のようなA-B-A-Bデザインです。

　これは，自閉症児や精神遅滞児の問題行動を減少させるための介入効果を検証するためのA-B-A-Bデザインを示したものです（Dyer, Dunlap, & Winterling, 1990）。この場合には，介入によって適切な行動の割合を高めたかたちで終わることができ，臨床的・倫理的にもより

望ましいと考えられます。

### (4) 多重ベースライン・デザイン

多重ベースライン・デザインでは，これまでのデザインのように1人の実験参加者を対象に，1つの状況下で，1つの標的行動に対する処置の効果を調べるのではなく，複数の実験参加者，または複数の状況，または複数の標的行動について処置を導入し，その効果を検討します。すなわち，実験参加者間で処置の効果を比較したり，状況間で処置の効果を比較したり，行動間で処置の効果を比較したりします。

図 3-12 は実験参加者間多重ベースライン・デザインの例です。それぞれの実験参加者ごとに見ると，単純な A-B デザインです。このデザインでは，複数の実験参加者に対して，別々の時期に処置を導入しています。このように異なる実験参加者に異なる時期に処置を導入した結果，どの実験参加者についても処置導入後に明瞭な効果が見られたとしたら，その効果についての一般化可能性（外的妥当性）があると考えられます。単一事例実験の問題点として，常々，研究結果の一般化可能性の問題がしばしば指摘されていますが，多重ベースライン・デザインは，この点に関してもそれなりの対応力のあるデザインであるということがいえます。また，実験参加者間多重ベースライン・デザインでは複数の実験参加者を用いているので，もはや単一事例実験ではないという見方があるかもしれません。しかし，複数の実験参加者を扱っていても，通常の実験デザインや準実験デザインのように従属変数の平均値をとったりはせず，あくまでも個々を追究するところが単一事例実験としての特徴です。

---

**Column 3：心理療法の効果はプラシボ効果によるものである？**

科学ジャーナリストのロルフ・デーゲン（Degen, 2000）によると，心理療法の効果を主張する人たちが根拠としている実験法には問題があります。そのやり方とは，治療を希望する実験参加者を2つのグループに分け，一方のグループには心理療法を受けさせ，もう一方は順番待ちリストに登録させただけで待たせておきます。そして，治療終了後に2つのグループの状態を比較すると，ほとんどの場合（必ず，というわけではないが），心理療法を受けた実験参加者の方が（いくらか）良好な状態を示します。これが，現在，心理療法が治療効果を主張するときに使用することのできる唯一の実証的証拠です。しかし，このやり方は，科学的実験の必要要件をまるで満たしていません。治療を受けたいという願いがかなった実験参加者は，治してもらえるという強い期待を抱いていると思われますが，一方，順番待ちグループは，希望どおりにいかなかったために期待をそがれ意気消沈していると思われます。心理療法を受けるグループに入ったグループと順番待ちリストに登録されただけのグループとの治療効果の差は，この期待感が源になっていると考えられます。しかし，心理療法の期待効果によるプラシボ効果以上の心理療法独自の効果を検証する実験はほとんどといってよいほど行われていません。

どんな形態の治療法にもプラシボ効果が働く可能性があるため，新薬認可の際には，プラシボを上回る有効性を比較実験によって証明することが昔から義務づけられています。比較実験は次のように行われます。偽薬（外見は本物そっくりに作ってある）を投与される実験参加者は無作為に抽出されます。偽薬を投与される可能性があることを，事前に実験参加者全員に納得させておきます。誰に本物の薬が，誰に偽薬が投与されるかは，実験参加者にも実験を行う医師にもわからないようにしておきます。このような実験法を「二重盲検」といいます。偽薬と比較してその効果に有意な差が認められた場合にのみ，新薬は有効と見なされ認可されます。乳糖で作った偽薬との比較によって初めて，その医薬品の治療効果が期待感というプラシボ効果ではなく，薬剤の有効成分に基づくものであることが科学的に証明されるのです。本来，心理療法についても偽療法（つまり，プラシボ）との比較検査を「二重盲険」で行わなければならないはずです。

心理療法の分野には偽療法を行うことに対して倫理的観点からの批判もありますが，独自の治療効果が

検証されていない心理療法を実施することの倫理も同時に問われなければなりません。ロルフ・デーゲン（2000）は，多数の研究が，心理療法はプラシボ効果によるものであることを示しており，心理療法固有の効果を示した科学的研究はほとんどないとしています。

【引用文献】

Searle, A. (1999). *Introduction research and data in psychology*. London: Routledge. (A. サール（著）宮本聡介・渡邊真由美（訳）(2005). 心理学研究法入門　新曜社)

Barlow, D. H. & Hersen, M. (1984). *Single case experimental designs: Strategies for studying behavior change* (2nd ed.). New York: Pergamon Press. (D. H. バードー & M. ハーセン（著）高木俊一郎・佐久間徹（監訳）(1993). 一事例の実験デザイン新装版：ケーススタディの基本と応用　二瓶社)

Cronbach, L. J. & Snow, R. E. (1977). *Aptitude and instructional methods: A handbook for research on interactions*. New York: Irvington.

Degen, R. (2000). *Lexikon der Psycho-Irrtümer*. Frankfurt am Main: Eichborn. (R. デーゲン（著）赤根洋子（訳）(2003). フロイト先生のウソ　文藝春秋)

Dyer, K., Dunlap, G., & Winterling, V. (1990). Effects of choice making on the serious problem behaviors of students with severe handicaps. *Journal of Applied Behavior Analysis*, **23**, 515-524.

Fraisse, P. et Piaget, J. (1963). *Traité de psychologie expérimentale*. 9 volumes. Paris: Presses Universitaires de France. (P. フレス／J. ピアジェ（著）波多野完治・南　博（編）(1971-1972). 現代心理学　白水社)

後藤宗理・大野木裕明・中澤　潤（2000）．心理学マニュアル要因計画法　北大路書房

南風原朝和（2001）．準実験と単一事例実験　南風原朝和・市川伸一・下山晴彦（編）心理学研究法入門：調査・実験から実践まで　東京大学出版会　pp. 123-152.

長谷川芳典（2007）．心理学研究における実験法の意義と限界（4）単一事例実験法をいかに活用するか　岡山大学文学部紀要，**48**, 31-47.

Hersen, M., Eisler, R. M., Alford, G. S., & Agras, W. S. (1973). Effects of token economy on neurotic depression: An experimental analysis. *Behavior Therapy*, **4**, 392-397.

今栄国晴（1971）．学習の具体的理解　倉石誠一・苧阪良二・梅本堯夫　教育心理学　新曜社　pp. 79-100.

岩淵千明（編著）（1997）．あなたもできるデータの処理と解析　福村出版

海保博之・大野木裕明・岡市廣成（編）（2008）．新訂心理学研究法　放送大学出版会

柏木惠子（1999）．外界の知覚・情報の認知　藤永　保・柏木惠子　エッセンシャル心理学　ミネルヴァ書房

三谷恵一（1971）．両側性転移における中枢説と末梢説の検討　心理学研究，**42**, 137-141.

西口利文・松浦　均（2008）．心理学実験法・レポートの書き方　ナカニシヤ出版

西村純一・荒井淑恵（1991）．BASICプログラミングと適性　東京家政大学研究紀要，第31集（1），135-146.

村井潤一郎（2006）．サンプルサイズに関する一考察　吉田寿夫（編著）心理学研究法の新しいかたち　誠信書房　pp. 114-141.

小川俊樹（2012）．研究法⑤実験法　斎藤高雅・元永拓郎（編著）臨床心理学研究法特論　放送大学教育振興会　pp. 109-123.

Ray, W. J. (2003). *Methods toward a science of behavior and experience* (7th ed.). Belmont, CA: Wadsworth. (W. J. レイ（著）岡田圭二（訳）(2003). エンサイクロペディア：心理学研究方法論　北大路書房)

心理学実験指導研究会（1985）．実験とテスト＝心理学の基礎：解説編　培風館

Snow, R. E., Tiffun, J., & Seibert, W. F. (1965). Individual differences and instructional film effects. *Journal of Educational Psychology*, **56**, 315-326.

末永俊郎（編）（1987）．社会心理学研究入門　東京大学出版会

竹原卓真（2007）．SPSSのススメ①　2要因の分散分析をすべてカバー　北大路書房

田中　敏・山際勇一郎（1989）．ユーザーのための教育・心理統計と実験計画法：方法の理解から論部の書き方まで　教育出版

田中潜次郎（1987）．臨床研究における単一事例の実験計画　医事学研究，**2**, 1-50.

Underwood, B. J. (1949). *Experimental psychology: An introduction*. New York: Appleton-Century-Crofts. pp. 307-311.

山田剛史・村井潤一郎（2004）．よくわかる心理統計　ミネルヴァ書房

吉田寿夫（2006）．研究法についての学習と教育のあり方について思うこと，あれこれ　吉田寿夫（編著）心理学研究法の新しいかたち　誠信書房　pp. 244-270.

# 観察法  4

## 4.1. 観察法とは何か

　実験法はなんらかの人為的な操作のもとでの行動を観察するわけですが，観察法は，より自然な状況のもとでの行動を観察することを目的としています。したがって，実験が実験室的研究を指向しているのに対して，観察法はより日常的なセッティングのもとでのフィールド研究を指向しているといえます。観察法は，自然な状況設定で，実験室で観察することのむずかしい興味深い現象を観察し，記録し，測定して，行動が生起する文脈を理解することを目指しています。ただし，観察法による事実は，条件が統制されていないために，それがいかなる条件によるものかは憶測を許すにとどまります。せいぜい共変関係ないし相関関係を認めるにとどまります。なぜ，そうした行動が生起したか，という因果関係を解明するには実験によらなければなりません。観察法では，この弱点を補うために模擬事態（simulated situation）を用いることもあります（実験的観察法）。しかし，あまり統制を強めていくと，観察法の特徴を失うことにもなります。したがって，観察法は法則定立的研究（nomothetic study）というよりは，個別認識的研究（idiographic study）に役立つと考えられます。

　観察の方法は，ウォッチング，ヒヤリング，ルポ，あるいは潜入してグループの一員となって観察するといったものから，観察行動の単位を決めて系統的に観察するといったものまでいろいろとあります。なお，実験では個体差にはあまり関心がないので，実験参加者の選定はさほど問題となりませんが，観察では，観察参加者の選定が重要な要素となります。たとえば，高齢者の観察では，しばしば老人施設に入所している高齢者が観察参加者とされてきましたが，高齢者全体からみれば老人施設に入所している高齢者はむしろ少数派でありかつ個人差が大きく，こうした特殊な環境条件での観察からどの程度，一般化がはかれるかという問題がでてきます。実施が容易で倫理的にも承認される観察の場を得ることはなかなか困難です（西村，1994）。

　中澤（1997a）によれば，観察法による研究は，1960年代から1970年代にかけて，より科学的な研究法として実験法や質問紙調査法が台頭してくるなかで，それらに押されるかたちでやや減少する傾向がありました。しかし，実験法や質問紙調査法などの研究方法にも有効性とともに限界のあることが知られるようになり，1970年代後半から発達心理学や臨床心理学の領域を中心に実験法や質問紙調査法にない観察法の長所がふたたび見直されるようになってきました。動物をその棲息環境の中で観察記述しようとする動物行動学（エソロジー：ethology），霊長類などのフィールド観察研究，その対象に人間を含めるようになった人間行動学（ヒューマンエソロジー：human ethology）などの発展，人類学や社会学におけるフィールドワークの復活なども，心理学における観察法の見直しに大きく影響したと考えられます。中澤（1997a）は，観察法の利用が再び増えてきている理由として次の4点を挙げています。

　①実験室という非日常的環境のもとでの行動研究のあり方の是非が問われるようになり，人の自然な行動をより生態学的に妥当性のある環境で捉えようという傾向が強まった。

②行動の量的測定のみではなく，質的把握から得られるデータの価値が見直されるようになった。
③新生児や乳児など，従来の言語的な反応に基づく研究法では及ばなかった観察参加者への関心が高まった。
④ビデオ録画装置，コンピュータの小型化，解析ソフトの開発などによる行動記録や解析の簡便化，新しい統計手法の開発などさまざまなテクノロジーが進歩した。

## 4.2. 自然観察法

　自然観察法は，行動の発生に人為的な操作を加えないで，自然な状況の中で発生する自発的な行動を観察し，記録し，測定して，行動が生起する文脈を理解することを目的としています。そのため，自然観察法では，参加者ができるだけ自然に振る舞えるように，観察者はできるだけ目立たないようにして，観察参加者が観察されていることに気づかないようにします。
　自然観察法は，偶然的観察法と組織的観察法に分けられます。偶然的観察法は，特別の用意も準備もせずに，偶然の機会に観察したことの記録や印象をもとに観察参加者の状態や人間関係などを理解しようとすることをいいます。組織的観察法は，観察の目標を定め，何を，どのように観察するかをあらかじめ検討し，それにふさわしい場面を選ぶというように，一定の計画をたてたうえで観察を行うことです。たとえば，児童のいざこざ行動を教室や運動場でみるというように，一定のターゲットとなる行動を定め，適切な場面を選択し，観察することをいいます。
　サール（Searle, 1999）は，自然観察法の大きな長所として，自然観察法には高い生態学的妥当性がある点を挙げています。それは，自然な状況でしか本当の行動は発生しないからである

表 4-1　自然観察法の長所と短所（Searle, 1999）

| 長　所（主要なもの） | 短　所 |
|---|---|
| ①高い生態学的妥当性がある（その理由は，自然な状況でしか本当の行動は発生しないからである）。<br>②新しい分野を研究するうえで，有効な研究方法となる（自然観察法から仮説を導き出すことが可能で，それをさらに実験によってより深く研究していくことができるからである）。 | ①交絡変数（結果に影響を及ぼす他の変数）を統制するのがむずかしい。<br>②人も動物も，観察されているということがわかると自然に行動しなくなってしまう。<br>③繰り返すことが困難である。そのため研究結果の信頼性や妥当性を確認することがむずかしい。<br>④客観的な観察者でいることがむずかしい。できるだけ客観性を保つために，少なくとも2人の観察者で観察し，観察者間信頼性（inter-observer reliability）を確認するのが一般的である。ただし，観察したことを記録しておけば，信頼性を確認することがより容易になる。<br>⑤独立変数の操作がなされていないため原因-結果についての結論を述べることは不可能である。<br>⑥倫理的な問題が持ち上がる可能性がある。<br>・人間に関して（イギリス心理学会のガイドラインでは，見知らぬ人から観察されているということを人々が予測できる状況でのみ，観察に対する同意がなくても観察できる）。<br>・人間以外の動物に対して（いかなる場合も，観察対象となっている動物を混乱させないように注意しなくてはならない）。 |

と述べています。さらに，新しい分野を研究するうえで，自然観察法は有効な研究方法となる点を挙げています。なぜならば自然観察法から仮説を導き出すことが可能で，それをさらに実験によってより深く研究していくことができるからであるとしています。表4-1は，自然観察法の長所と短所をまとめたものです。

## 4.3. 実験的観察法

自然観察法で事実をありのままに観察することが観察法の基本ですが，自然観察法にはいろいろと弱点があります。そこで，この弱点を補うために，模擬事態を設定し，独立変数（要因）を操作して，従属変数の行動を観察する実験的観察法を行うことがあります。実験的観察法の利点としては，次のような点が挙げられます。

①自然観察法では目的となる行動の観察に長くかかったり，必要以外の記録をしなければなりません。実験的観察法では目的となる行動の観察に要する時間が短くてすみ，必要以外の記録をしなければならないということもありません。

②日常のありのままの行動を見ても，日常生活の場ではさまざまな条件がかかわっているので，その行動を引き起こす要因を特定するのは困難です。実験的観察法では，実験操作によってその行動を引き起こす要因を特定することが可能となります。

③日常の環境条件は変化するので，同一の行動でも同じ条件下の行動とは断定できません。実験的観察法では，同一の行動を同じ条件下で再現できます。

④自然観察から探索的に導き出された仮説をさらに検証するためには，実験的観察が必要となります。

ただし，実験的観察は，現実の特徴を際立たせるためであって，現実と別の現象をみるためではありません。あまり統制を強めていくと，観察法の特徴を失うことにもなってしまいます。また，一方視鏡や隠しビデオ等の機器を使用する場合には，倫理的問題が発生する可能性がありますので，観察参加者の同意を得る必要があります。

ここでは，代表的な実験的観察法であるストレンジ・シチュエーション法についてみておくことにしましょう。

[ストレンジ・シチュエーション法]

イギリスの精神科医ボウルビィ（J. Bowlby）は，乳児は先天的に母親（もしくは養育者や世話人）との密接な接触が不可欠であるとしています。そうした接触のなかからわいてくる，その対象との関係性を保とうとする心の状態を愛着（アタッチメント：attachment）と定義しました。また，愛着の存在を示す具体的な行動を愛着行動と呼んでいます。愛着行動は，不安や恐れ，緊張というストレスがある場面で顕著に現われます。自宅では，一人で楽しく遊べる子どもが，初めての訪問先では母親にしがみつき，片時も離れようとしないのは，母親との接触で不安を解消しようとするためと考えられます。また，生後1年前後の乳児では，愛着行動の個人差が顕著になってくるといわれています。

しかし，そうした愛着行動の個人差は一般的な日常では観察しにくいものでした。そこで，エインズワースら（Ainsworth et al., 1978）は，1歳～1歳半の乳児が親に対して形成している愛着の質を測定するためにストレンジ・シチュエーション法（Strange Situation Procedure:

SSP）という実験観察法を開発しました。これは，実験室という見知らぬ場所，実験室の見知らぬ人，母親からの分離，一人で初めての部屋に残されることという一連のストレスを操作的に子どもに与え，子どもの心に揺さぶりをかけて，母親への愛着行動を引き出そうとするものです。こうした不安を喚起するストレス状況で，乳児がどのように母親や見知らぬ大人に対してふるまうのかを測定し，乳児の愛着行動の質を評定者が総合的に判断します。

　実験場面は図4-1に示されているようなおよそ8つのエピソードからなります。全体を通じて「探索行動」，「泣き」，「微笑」，「ボーカリゼーション」，「凝視」などの5つの行動について，各々の行動が誰に向けられているのか，その強度や持続の程度はどうか，が記録されます。また，「接近・接触を求める行動」，「接触を維持する行動」，「抵抗やアンビバレントな行動」，「回避的行動」，「離れた場所からの相互作用行動」などの5つの行動について，その行動の強さが7点法で評定されます（久保田，1995）。その結果，愛着の質は，A，B，Cの大きく3つのタイプに分類されることが示されました。

　**Bタイプ（安定した愛着型）**　このタイプは，特定の人に対する確かな愛着行動を示します。養育者を安全基地として利用し，その人が一緒の時は活発に探索活動を行いますが，その人が部屋から出ようとすると抵抗し，後を追ったり，姿が見えなくなると泣きだすなどの心理的な苦痛を表わし，見知らぬ大人が慰めてもなだめられません。しかし，養育者が戻ってくると，そのような心理的な苦痛が比較的すぐに収まり，また，安心して探索活動を始めます。これは，子どもが示すさまざまなサインに対して母親が適切に応答してきたことで，子どもは自分が求めればいつでも母親は応じてくれるという信頼感を獲得していると考えられます。また，母親は，子どもにとっての利用可能な安全基地として機能しているとみられます。

　**Aタイプ（不安定／回避型）**　このタイプは，養育者が部屋から出て行っても後を追ったり，悲しんだりすることがありません。また，そのときに見知らぬ大人に対しても，養育者と同じようにふるまい，再会の時には，養育者に接近したり，歓迎するなどの行動をあまり示しません。これは，子どものサインがたびたび無視されたり，母親が一方的で過剰な働きかけをするので，子どもは母親を求めること自体を回避するようになると考えられます。子どもの側の一種のコーピングであるという見方もあります。

　**Cタイプ（不安定／抵抗型）**　このタイプは，母親と一緒にいるときでも絶えず不安を示し，探索行動をしないで，養育者のそばにいようとします。養育者が見えなくなると，ひどく泣いたり，抵抗しますが，養育者が戻ってきても，情緒的な混乱が収まらないで，養育者へと近づく行動と，養育者をけとばしたり，抱こうとして手を伸ばすとそれをはねつけるなどの二律背反的な行動を示します。これは，母親が気まぐれに子どもに応じたり，応じなかったりしてきたので，子どもは母親への不信感を形成してしまっていると考えられます。そのために，母親と強く接触していないと不安で，分離後の再会場面でも容易に不安は解消されないとみられています。

　また，これら3タイプはいずれも愛着対象（一般的には母親）への行動の仕方が予測可能な組織化されたものであるのに対し，その後，3タイプのどれにも分類不能なものとして第4のDタイプ（無秩序／無方向型）がメインとソロモン（Main & Solomon, 1990）によって示されています。愛着対象へ接近したいのか回避したいのか，どっちつかずの状態が長引き，場違いな行動や突然のすくみ，怯えなど不可解な特徴が多くみられます。そして，Dタイプの母親には「怯え／怯えさせる」という特徴がしばしば指摘されています（Schuengel et al., 1999）。

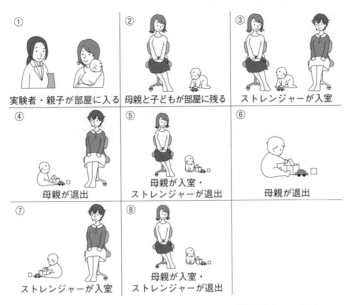

図4-1 ストレンジ・シチュエーションの8場面 (繁田, 1987)

なお，実験的観察では，一方視鏡や隠しビデオを利用することによって，観察参加者に観察されていることを意識させないで，できるだけ自然な行動を観察する場合もあります。人は観察されていることを知ると行動が変化するので，これを避けるためにとられる方法です。一方視鏡を通して実際の行動を見る非参加直接観察と，隠しビデオ等の機器の記録にもとづく間接的観察があります。ただし，いずれの場合にも観察参加者（小さな子どもの場合には保護者など）の同意を得ることが倫理的に必要です。

## 4.4. 参加観察法

### (1) 参加観察法とは何か

自然観察法では，自然な状態で行動の生起と変容過程を観察します。実験的観察法では，一定の条件（場面）を設定して行動の生起と変容過程を観察します。この2つは，観察場面が自然か実験的かという違いはありますが，観察者が観察参加者とかかわらないという点で共通しています。かかわりをもたないのは，観察者が観察参加者の行動に影響を及ぼすことを避けるためです。しかし，離れた位置あるいは隠れた位置からの観察の場合，外見的な行動に関しては事実をありのままに観察しているといえますが，それがどのような文脈で生起したのか，どのような雰囲気（人的環境）の中で生起したのか，そして観察参加者が何を感じつつ行動しているのか，といった内面については十分に観察することができません。そこで，もっと観察参加者とかかわりをもち，観察参加者の感情を肌で感じたり，その気持ちを確かめたいという観点から，観察者が観察参加者（集団のこともある）とかかわりをもち，生活の場をともにするなかで観察参加者の行動を観察する方法として参加観察法があります。

今日，心理学の分野で参加観察法が見直されてきた背景には，人類学や社会学の分野で開発され盛んになってきたエスノグラフィーやフィールドワークの影響があったと考えられます。エスノグラフィーやフィールドワークでは，参与観察法と呼んでいますが，参与観察法が1つ

の中心的な技法となっています。佐藤（1992）によれば，フィールドワーカーの強みは，調べようとする対象である社会や集団の中に入り込み，出来事が起きるまさにその現場に身をおき，自分の目で見，耳で聞き，肌で感じ，舌で味わった生の体験をもとに報告するというところにあります。そして，この，対象者と生活・行動をともにし，五感を通したみずからの体験を分析や記述の基礎におく調査法が参与観察法（participant observation）と呼ばれる方法です。

サール（1999／2005）は，参加観察法の長所と短所について，次のような点を挙げています。

①**参加観察法の長所**

(1)観察集団に参加することによって，観察者は集団への理解が深まり，そのことがデータに豊かさをもたらします。集団への参加が長期になり，また集団メンバーが観察者を信頼するようになればなおさらそうです。

(2)他の研究法では入手不可能なデータを手に入れることができるかもしれません。

(3)実験研究に比べて，生態学的妥当性は高いといえます。

②**参加観察法の短所**

(1)研究者が観察している集団に入り込むことで，その集団が何らかの形で変化してしまう可能性があります。

(2)完全な参加観察では，メモをとることができないので，研究者は記憶に頼らざるをえません。

(3)観察している集団に感情的に巻き込まれてしまいやすく，客観的な観察者でいることがむずかしくなります。

(4)研究を繰り返すことはおそらく無理ですから，得られたデータの信頼性や妥当性を確認することはできません。

(5)研究結果を一般化することはむずかしいかもしれません。

(6)観察参加者からの承諾が得られていない場合には，倫理的な問題が持ち上がるかもしれません。

## (2) 観察者の役割の類型

B. ジョンカー（Junker, 1960）と R. ゴールド（Gold, 1958）は，参与観察者の役割のタイプを，「参加」と「観察」という2つの行為の相対的比重，そしてまた，観察者と観察参加者の社会的接触のあり方（観察者の受け止められ方）という2つの基準をもとにして図4-2のように4つの役割の類型に分けています。

①**完全なる参加者**　いわゆる「潜入レポ」のような場合であり，観察者が調査をしていることは，観察参加者には気づかれません。たとえば，ローゼンハン（Rosenhan, 1973）の有名な「統合失調症」研究がこれに入ります。8人の協力者が，幻聴があるふりをして精神病院に患者として入院し，病院スタッフの行動を観察しました。精神医学会は動揺し，ローゼンハン

完全なる参加者　　観察者としての　　参加者としての観察者　　完全なる観察者
　　　　　　　　参加者
　　　　　　　＝参与観察者

**図 4-2　観察者の役割の類型**（佐藤，1992）

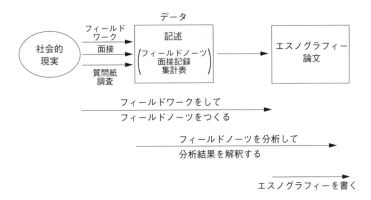

図4-3　フィールドワーク・プロセス（箕浦，1999）

を批判したといわれます。

　②観察者としての参加者　「観察者としての参加者」が，研究意図を隠さず，それでいて集団に参加していく場合です。いわゆるせまい意味での参与観察者の役割がこれにあたります。

　③参加者としての観察者　「参加者」としての観察者が観察者の役割に徹し，集団には観察者としてのみ受け入れられている場合です。一度だけ現地を訪れてインタビューを行ったりアンケート調査を実施したりするような場合です。

　④完全なる観察者　観察者は観察参加者とはまったく社会的な接触をもちません。たとえば，一方視鏡で観察参加者を観察する場合などがそれに入ります。

　ここでは，箕浦（1999）のフィールドワークのプロセス（図4-3）に沿って，参与観察の基本的プロセスについてみていくことにします。

### (3) 参与観察の基本的プロセス

　①フィールド・エントリー・プロセス（現場参入過程）　かりに，老人施設でのボランティアに参加した学生が入所者の身体的状態や精神的状態と介護者の負担との関係について観察・分析を意図しているとします。フィールドとなっている老人施設でボランティアをしつつ入所者の人間関係を観察する目的で出入りすることの許可をとったうえで，観察参加者となっている相手（認知症の老人の場合は，家族）の了承を得ることが必要になります。観察許可をくれた施設が家族との接触を好まないときは，機関側に一任することになります。観察参加者となっている老人たちにこのフィールドになぜいるのか，さしつかえない範囲で，自分で説明したり，責任ある立場の人に紹介・説明してもらい，不信を抱かれないようにします（箕浦，1999）。

　この過程では，どうしたら老人たちとうまくやっていけるか，どうやれば老人たちにとけこめるかという「ラポール（心と心の通い合い，信頼関係）」の問題が重要になります。参与観察につきもののストレスや罪悪感（そんなことまで見られていたのかと相手に驚きや不快感を与えることもある）は，老人たちのなかに完全にとけこみ，同一化することにより解消されるかもしれません。しかし，同一化によるオーバーラポール（過剰な感情移入）によって，観察者としての立ち位置を見失ってしまう恐れもあります（佐藤，1992）。

　参与観察では，観察者が対象となる老人たちにとけこんでいくことを前提としていますが，いつもそのようにうまくいくとは限りません。参与観察を行うにあたっては，異人（ストレンジャー）としての自分の立場を認識し，自分が老人たちの中でどのような位置にあるかを常に

わきまえておく必要があります。老人たちとの折り合いがうまくいかなくても，まったく観察ができないというわけではなく，やり方次第ではそれなりの視点からすぐれた観察ができる可能性はあります（佐藤，1992）。

②**フィールドワークをしてフィールドノーツを作る**　フィールドに入った当初は，自分の選んだフィールドで何が起きているのか，皆目見当がつきません。まずは，フィールの全体像をつかむために，ともかく何でも記述してみることです。フィールドの見取り図を書いたり，登場人物を同定したり，人物間の関係を理解することに努めます。ある程度の見当がつき，何が研究の主題となりうるかが見えてくるまで，これを続けます。次にフィールドノーツを基にして，どのような事象が頻繁に出現しているのか，自分が興味をそそられた事象は何かなどを見極めて，観察ユニット（範囲）を修正します。観察ユニットが決まったら，焦点を当てた事象や人物の網羅的な記述を試みます（箕浦，1999）。

フィールドワークでは，現場での走り書き用のメモ帳とメモをもとにフィールドの状況をできるだけ正確に復元したノートとが用いられます。フィールドワーク後の分析に使われるのは，後者の方です。このようなフィールドノーツを作成するためには，フィールドワークに費やした時間の最低2倍をノートを書く時間として確保する必要があります。

③**フィールドノーツの分析結果を解釈する**　次のステップは，フィールドノーツをもとに切れ味のよいカテゴリーを見つけ出し，データに根ざした仮説を導くことです。フィールドノーツを読み込むことで，事象相互の関係性が浮かび上がった時が，仮説が生成されたときです。参加観察で一番大事なことは「見れば見るほど，見えてくる」という経験をすることだといいます。「よく見る」とは，瞳を凝らして見入るということではなくて，頭と心を使って眼前に展開する事象の意味や事象間の関係を読み取るということです（箕浦，1999）。

④**エスノグラフィーを書く**　フィールワークの結果をまとめたものをエスノグラフィーといいます（佐藤，1992）。箕浦（1999）は，エスノグラフィーを書くにあたって次のようなガイドラインを示しています。

(1)このフィールドワークでは何が課題であったか，リサーチクエスチョンを文章化し，類似の研究テーマを扱っている先行研究のレビューを試みます。また，使えそうな理論的枠組みを素描してみます。エスノグラフィーのはじめに書かれる理論的枠組は，フィールドノーツという一連の作業の最後の方に出てきたものであることが多いといえます。

(2)フィールド・サイト，フィールドワークをした時期，どのように進めたか，データの保存方法など，研究方法にかかわる記述をします。

(3)フィールドワークの結果，見えてきたことを列挙してみます。列挙したそれぞれの知見の根拠となっているデータをフィールドノーツから抜き出してみます。

(4)フィールドから得られた知見について考察・解釈を試みます。最後のステップは，特定のフィールドで得たデータがどのような一般的意味をもっているかを考察する部分です。

## 4.5. 観察手法の種類

### (1) 日 誌 法

日誌法（diary recording）は，観察法の最も古い形態で，親が子どもの行動を日誌に記録したものに由来しています。1877年にダーウィン（C. Darwin）は，雑誌『Mind』に自分の子ども

表 4-2　日誌法の長所と短所（中澤，1997a）

| 長　所 | 短　所 |
|---|---|
| ①ほぼ規則的に（1日ごとの間隔で），ある特定の個人を日常的な行動の流れのなかで観察・記録するので多様な行動面を十分に描写することができる。<br>②観察データは，行動の始まりや行動の変化過程，行動の変化に関連する要因についての情報をもたらす。<br>③発達や変化に関する仮説をたてるうえで役立つ可能性がある。<br>④特定の個人の発達を全体的に理解するうえで貴重な資料となる。 | ①一般性に欠ける（育児日誌の場合では，多くは高学歴で，子どもに関心をもつ大人によって書かれており，一般の人を必ずしも代表していない）。<br>②観察の偏りが生じやすい。<br>③観察者には特別の訓練が必要とされる。<br>④客観的事実と解釈が混同されやすい（育児日誌の場合，対象が観察者自身の子であるために主観的な偏りが生じやすい）。<br>⑤非常に時間を要する。 |

の観察日誌（A Biographical Sketch of an Infant）を発表しました。発達心理学の父と呼ばれるプライヤー（W. T. Preyer）もダーウィンの影響を強く受け，自分の子どもを3年にわたり綿密に観察し，1882年に『子どもの精神』（Die Seele des Kindes）を著しました。そして，ドイツでは，プライヤーを継承したシュテルン（W. Stern）やビューラー夫妻（Ch. and K. Bühler）が，児童心理学の体系を築いていきました。ホール（G. S. Hall）の『子どもの心的内容』（The Contents of Children's Minds, 1883）は本格的な児童（発達）心理学書の始まりといわれていますが，教師を対象に子どもの発達に関する調査を実施し，現在の質問紙法の基礎を築きました（サトウ・鈴木・荒川，2012）。

　表 4-2 は，日誌法の長所と短所をまとめたものです。

## (2) 逸話記録法

　逸話記録法（anecdotal method）は，個人の行動の観察記録を，個性的，具体的に逸話ないしエピソードの形でそのまま記録したものです。その状況で生じているすべての行動を時間的な流れに沿って自由に記述する記録法です。観察後に観察した行動を適切な言葉を用いて表現しなければならいという難点はありますが，あらかじめ定められた行動カテゴリーに縛られず，具体的な言葉によって行動を理解できるという長所があります。

　中澤（1997）は，人類学や社会学におけるエスノグラフィック研究や，動物行動学などのフィールド研究におけるフィールドノーツはこの記録であり，特に行動の質的特徴の解明に有効であるとしています。表 4-3 は逸話記録法の長所と短所をまとめたものです。

　鯨岡（2013）は，これまでの保育における「保育日誌」「経過記録」「活動の記録」などの記録は，子どもの行動を外側から見ただけの記録に終始していて，接面で捉えた子どもの心の動きはそこには含まれてこなかったと指摘しています。そして，一人ひとりの子どもの内面を理

表 4-3　逸話記録法の長所と短所（中澤，1997a）

| 長　所 | 短　所 |
|---|---|
| ①比較的簡単に行える。時間や特別な設定・装置がいらない。<br>②複雑な行動の全範囲を豊かに捉えられる。<br>③自然状況の中の行動が研究できる。<br>④記録はいつでも何度でも見ることができる。<br>⑤行動の意味や発達に対する仮説を生み出せる。 | ①記録される逸話の選択に偏りが生じる。<br>②観察に時間がかかる。<br>③データを量化するのがむずかしい。<br>④信頼性，妥当性を保証するのがむずかしい。 |

解するためには，そのとき，その場面での子どもの行動や言葉が何を意味しているのかを考え，子どもの心の動きを捉えていくことが重要であり，記録としても「子どもの心の動きに迫る記録を残し，それに基づいて保育のあるべきかたちを吟味すること」が必要になると主張し，エピソード記述を提案しています。中坪（2012）によれば，エピソード記述の一番の特徴は，描き手である私に感じられたことや私の思いなど，「私」がエピソードの中に描かれている点にあるとしています。ここでは，このようなエピソード記述を活用している保育現場の実践例（福崎・佐々木・清水・鈴木・佐々木，2014）をみておくことにしましょう。なお，このエピソードに登場する子どもの名前はすべて仮名です。

[エピソード記述の例―こっちおいで]
　『ユウコの後ろにまわり抱き上げ，グルグルと回し，朝のちょっとしたふれあいタイムを楽しんでいると，ユキコ，サトミ，ユタカ……が次々とやってきて「やって」「やって」と言って，保育者の前に後ろ向きで立ち，回してもらうことを要求してきた。その後ユウコは，床に座った保育者のひざの上に，笑顔で座ってきた。そこで，ユウコを後ろから抱きあげるようにして，身体を上下に揺らしながら「ユウコちゃんかわいいね〜」と声をかけながら2人の時間を楽しむことにする。その様子をジーッと見ていたナツミ，急に近づき「ユウコちゃんはいけないんだよ。抱っこは赤ちゃんなんだよ。ユウコちゃんばっかりはダメだよ」とユウコに対して厳しく思いを伝える。保育者が「えー？」と言ってユウコとともにナツミを見ると，ナツミの表情は明らかに「私もやって」と言っている。それを言葉で素直に言えないナツミがそこにいた。「ナツミちゃんもなの？」と聞くと静かに「うん」とうなずく姿を見て，兄弟が多い中，甘えたくてもうまく伝えられず泣くナツミの姿が目に浮かび，ナツミの気持ちが痛いほど伝わってきた。保育者が「次はナツミちゃんの番！」というと，ユウコもナツミの気持ちを感じ取り，さっとひざの上からおりてナツミに代わってくれる。「やって欲しかったらお口で言って！」と否定的な言葉をかけなくて良かった!!　元気ですごしているように見えるナツミの悩みに，一歩近づいた一日であった』。

　福崎他（2014）は，このようなエピソード記述を題材とした保育者間の話し合いのなかで，子どもの心の動きにふれる保育者の思いが保育者間で共有され，また，子どもの心に応えていくことの重要性が，保育者の共通認識として深められたと述べています。

### (3) 時間見本法

　時間見本法（time sampling method）とは，行動を任意の時間間隔で区切り（これを観察単位と呼ぶ），そのおのおのにおいて観察対象となる行動の生起を記録する方法です。この手法は，1920年代のアメリカで児童研究が盛んになるなか，子どもの行動を分析可能な量として捉えようとする観察手法として，オルソン（W. E. Olson）によって開発されました（Olson & Cunningham, 1934）。現在，よく使われている時間見本法の手法としては1/0サンプリング法とポイントサンプリング法があります。1/0サンプリング法は，各観察単位の切れ目において，その直前の観察単位の観察の間に特定の行動が生起したか否かをチェックし，記録する方法です。もう1つはポイントサンプリング法で，これは各時間単位の切れ目のポイントでのみ観察し，その瞬間に生じている行動を同時にチェックする方法です（中澤，1997b）。

　中澤（1997b）は，時間見本法の方法論的特徴として「ある程度の頻度で生起する行動に適

表 4-4　時間見本法の有効性と限界（中澤，1997b）

| 有効性 | 限　　界 |
| --- | --- |
| ①観察される行動を焦点化し特定化することでねらいを明確にできる。<br>②行動の生起頻度を決定できる。<br>③統計処理が可能な量的なデータが得られる。<br>④短時間に多くの観察を行える。<br>⑤チェックリストに従うだけで，正確で客観的なデータが得られる。また，同時に複数のデータが得られる。<br>⑥観察参加者の行動に干渉することなく，また特にラポートをとる必要もない。 | ①高頻度で生じる行動に限られる。<br>②記録システムにのらないデータはデータにならない。<br>③行動を時間単位で任意に区切ることになるので，実際の行動との間にややずれが生じる可能性がある。<br>④記録システムに組み込まない限り，環境や状況の情報は得られない。 |

している」「結果をより一般化したい場合や個人差の大きい行動を扱う場合は，多数の観察参加者が必要になる」「行動の下位カテゴリーとその操作的定義を確定できる」「適切な時間間隔と観察回数を決定できる」「記録用紙の設計：チェックリストが用いられる」「観察の信頼性を一致度によって算出できる（コーエン（Cohen, 1960）のカッパー係数の使用が一般的）」「データ処理ができる（各下位カテゴリーの割合など）」などの点を挙げています。

表 4-4 は，時間見本法の有効性と限界をまとめたものです。

[1/0 サンプリングの例]

たとえば，自己紹介のスピーチの行動を 3 分間観察するとします。1 単位を 15 秒と設定すると，全体で 12 単位あることになります。1 単位のうち 10 秒間を観察の時間，その後の 5 秒間を記録の時間とし，観察→記録→観察→記録→観察……というように観察と記録を反復していきます。あらかじめ観察対象となる行動（これをカテゴリーと呼びます）を明確にし，各カテゴリーが 1 単位から 12 単位にかけてどのくらい生起したかをチェックするチェックシートを用意しておくと便利です。一般的なチェックシートは，1/0 サンプリングといわれる記入方法を使用します。簡単にいえば，ある行動が生起したら，1 点として「✓」や「○」印で記録し，生起しなかった行動は 0 点として空欄のままにしたり，「×」印で記録するというものです（松浦・西口，2008）。

ここでは，観察対象となるカテゴリーは，松浦・西口（2008）を参考に，顔の向きが正面，左，右，上，下のいずれか（どの向きが優勢かで 1 つチェックする，何回あっても 1 と記録，なければ 0 と記録），発語・発生があったか，なかったか（1 回でもあればありにチェックする），顔の表情がポジティブ，ネガティブ，ニュートラルのいずれか（どの表情が優勢かで 1 つチェックする），以上全部で 10 のカテゴリーとします。この結果，観察単位（12）×カテゴリー（10）のチェックシートができあがります（図 4-4）。

このようにフォームを決めて，一定の観察条件のもとでデータ収集が行われます。その際，重要になるのが時間管理です。観察者自身が時間管理と観察，記録を兼ねるのはたいへんなので，別にタイムキーパーの役割を設けます。タイムキーパーは，観察者の背後に立ち，ストップウォッチを見ながら，小声で「観察してください」，……，「記録してください」，……，「観察してください」，……，と知らせます。観察者はタイムキーパの指示のもと，厳格に観察と記録を反復していきます。

| 観察単位 | 顔の向き | | | | | 発語・発声 | | 表情 | | |
|---|---|---|---|---|---|---|---|---|---|---|
| | 正面 | 右 | 左 | 上 | 下 | あり | なし | ポジティブ | ネガティブ | ニュートラル |
| 1 | | | | | | | | | | |
| 2 | | | | | | | | | | |
| 3 | | | | | | | | | | |
| 4 | | | | | | | | | | |
| 5 | | | | | | | | | | |
| 6 | | | | | | | | | | |
| 7 | | | | | | | | | | |
| 8 | | | | | | | | | | |
| 9 | | | | | | | | | | |
| 10 | | | | | | | | | | |
| 11 | | | | | | | | | | |
| 12 | | | | | | | | | | |

図4-4　時間見本法のチェックリストの例（松浦・西口, 2008）

　このようにして多くの観察参加者のデータを集計し，カテゴリー間の生起頻度を比較したり，観察単位を前半と後半に分けて生起頻度の違いを検討したり，観察参加者の属性でデータを比較したり，カテゴリーのチェックパターンを多変量解析によって分析したり，いろいろな量的分析が可能です。もとより観察対象によって観察単位数や観察時間，記録時間，カテゴリー編成は適宜変更してかまいません。

［ポイントサンプリングの例］
　観察対象となる行動が，長時間にわたって大きな変化のないことが予想される場合は，時間見本法でも，ポイントサンプリングを行うとよいといわれています。ポイントサンプリングも，ある時間の幅を「1単位」として，これを基準として作業する点は，1/0サンプリングと同じです。しかし，前述の1/0サンプリングの例のように「10秒間」といった時間が観察対象となるのではなくて，ある観察する時間のポイント（1時点）のみが観察対象となり，そのポイントと次のポイントとの時間の幅を決めて観察を実施します。たとえば，学生たちが自習室をどのように利用しているかについて，観察によって理解したいとします。一度入室した学生たちは，数秒単位で退出したり，利用方法を変えたりということはないので，秒刻みの観察計画を立てる必要はありません。そこで，こうしたケースでは，5分間隔などで観察のポイントを定め，各ポイントの学生の行動について観察し記録するといった方法がとられます（松浦・西口, 2008）。

## (4) 事象見本法

　事象見本法（event sampling）は，ある特定の行動に焦点を当て，それがどのように生起し，どのような経過をたどり，どのような結果をもたらすかなどをその時の状況の文脈の中で組織的に観察する方法です（原野, 1997）。たとえば，乳児はなぜ泣くのかを研究するために事象見本法により「泣く」行動を観察する場合には，どのような状況で泣くことが多いのか，時間帯にも関係があるのか，原因により泣きの持続時間や激しさに違いがあるか，年齢により泣きの

頻度は違うかなどを考察します。

友定（1993）は，子どもたちが何に笑っているのか，それがどのように変化していくのかを明らかにしています。保育園の1クラスの子どもたちを対象に，卒園するまでの5年間，定期的に保育園に通い，子どもたちの笑いとその前後の状況を観察し，記録し，その意味や役割に基づき分類し，幼児にとっての笑いの意味や年齢による変化を考察しました。その結果，幼児の笑いは，からだ・知的認識・人間関係に分けてみることができ，また，これら3つの側面で同時に笑いが成立していることを明らかにしています。たとえば，0，1歳児では，表情のおかしさを笑いますが，2，3歳児になると，おかしさを発見できるようになります。おかしさは，自分のもっている一定の図式と，目の前に起こっていることの「ずれ」を瞬時に発見できることから生じるといいます。そして4歳児では，おかしさを他者との関係で利用しはじめ友だちと笑い合い，また，人を笑わせようとするようになります。そして，5歳になると，言葉を駆使しておかしさを自分でつくり出すようになります。このように，笑いという事象の観察から幼児の知識認識の特徴を考察することも可能になります（原野，1997）。

表4-5は，事象見本法の長所と短所をまとめたものです。

表4-5　事象見本法の長所と短所（中澤，1997a）

| 長　所 | 短　所 |
| --- | --- |
| ①観察される状況や行動の統合性や文脈を維持できる。<br>②対象とする事象行動が明確であり，その生起要因や経過が詳しく把握できる。<br>③あまり頻繁に生じない行動にも使える。 | ①対象とする事象が生起するまでまたねばならず，時間的な無駄が多い。<br>②対象とする事象が生起しやすい設定や場面，時刻を十分把握しておかないと適切な観察ができない。 |

**column 4：参与観察によって認知発達を研究する**

チンパンジーの認知発達の研究で世界的に有名な京都大学霊長類研究所の松沢哲郎が，参与観察による研究に行き着いた経緯を明快に述べています。少し長くなりますが，松沢（2011）より直接引用させていただきます。

> チンパンジーの子どもはお母さんに育てられるべきだ。チンパンジーの子どもは親や仲間と一緒に暮さなければいけない。どういう研究が倫理的に正しく，かつ科学的に妥当か。そう考えたときに，自分が行き着いた研究方法が，新たな研究手法としての「参与観察」だった。
> 　ものすごく簡単，単純，明瞭，明快。チンパンジーの赤ちゃんはチンパンジーのお母さんに育てられるべきだ。チンパンジーのお母さんに育てられたチンパンジーの子どもの発達を研究しよう。
> 　参与観察は，コロンブスの卵のような話だが，それまでの常識を覆した研究方法だ。その根底には，研究者とチンパンジーが長い時間をかけて親密な関係を取り結ぶという，日本の研究のオリジナルな発想がある。野外研究でもちいられる「人づけ」に似ている。対象との間合いを徐々につめて一体化するのだ。キリスト教的人間観から自由で，人間と動物，人間と自然，というように切り分けない日本の文化的伝統が，参与観察という発想の基盤にあるのだろう。
> 　2000年にアイがアユムを産んで，認知発達の研究が始まった。私とアイとアユムだけでなくて，友永雅己さんとクロエとクレオ，田中正之さんとパンとパル，三組のトリオが2000年にできた。二人は計画的な出産で，もう一人はできちゃった。
> 　ポイントは「トリオ」というところにある。チンパンジーの子どもはお母さんに育てられる。お母さんと研究者とは仲良しだ。長年培ってきたきずなを利用して，お母さんに「ちょっとお宅のお子さん，貸してください。検査させてください」と頼む。それが参与観察というやり方だ。

参与観察では，お母さんと子どもに勉強部屋にやってきてもらう。人間の子どもをテストするときにお母さんに手伝ってもらい，見守ってもらうなかで，「こんなふうに積み木を積めるかなぁ？」とやる。それと同じように，チンパンジーに対して，「こんなふうに積み木，積んでくれる？」とお母さんにやってもらって，子どもがどうするかを調べる。お母さんチンパンジーに「子どもに教えて」とまでは指示できないが，「積んでください」と頼むことはできる。そこで，子どもの目の前でお母さんに積んでもらう。

　　チンパンジーの子どもは，勉強が終わったら群れへ帰っていく。そこには彼らの社会としてのまとまりをもった暮らしがある。お母さんだけではない。お父さんがいて，仲間がいて，そういう社会的なまとまりをもった暮らしがある。認知発達を検査するときだけ部屋にきてもらう。人間の子どもを検査するときもそうしているのだから，まったく同じ条件で比較する。

　　古典的な比較方法は，環境を一定にしたつもりで，ぜんぜんそうなっていない。物理的環境も社会的環境もできるだけ本来のそれに近いものにして，人間とチンパンジーを比較しようという研究をずっと続けてきた。

## 【引用文献】

Ainsworth, M. D. S., Blehar, M. C., Waters, E., & Wall, S. (1978). *Patterns of attachment: A psychological study of the strange situation.* Hillsdale, NJ: Lawrence Erlbaum Associates.

Junker, B. (1960). *Field work: An introduction to the social sciences.* Chicago, IL: University of Chicago Press.

Cohen, J. (1960). A coefficient of agreement for nominal scales. *Educational and Psychological Measurement,* 20, 37-46.

Gold, R. (1958). Roles in sociological field observation. *Social Forces,* 36, 217-223.

福崎淳子・佐々木恵美子・清水やす子・鈴木君栄・佐々木章江（2014）．保育のエピソード記録から読みとる子どもの心の世界：保育者間の話し合いを土台に　東京未来大学研究紀要, 7, 251-261.

原野彰子（1997）．事象見本法の理論と技法　中澤　潤・大野木裕明・南　博文（編著）　心理学マニュアル観察法　北大路書房　pp. 24-35.

久保田まり（1995）．アタッチメントの研究　川島書店

鯨岡　俊（2013）．子どもの育ちをエピソードで描く　ミネルヴァ書房

Main, M. & Solomon, J. (1990). Procedures for identifying infant as disorganized/disoriented during the Ainsworth strange situation. In M. T. Greenberg, D. Cicchetti, & E. M. Cummings (Eds.), *Attachment in the preschool years.* Chicago, IL: University of Chicago Press. pp. 121-160.

松浦　均・西口利文（編）（2008）．観察法・調査的面接法の進め方　ナカニシヤ出版

松沢哲郎（2011）．想像する力：チンパンジーが教えてくれた人間の心　岩波書店　pp. 127-129.

箕浦康子（1999）．フィールドワークの技法と実際：マイクロ・エスノグラフィー入門　ミネルヴァ書房

中澤　潤（1997a）．人間行動の理解と観察法　中澤　潤・大野木裕明・南　博文（編著）　心理学マニュアル観察法　北大路書房　pp. 1-12.

中澤　潤（1997b）．時間見本法の理論と技法　中澤　潤・大野木裕明・南　博文（編著）　心理学マニュアル観察法　北大路書房　pp. 14-23.

中坪史典（2012）．子ども理解のメソドロジー　ナカニシヤ出版

西村純一（1994）．成人発達の心理学　酒井書店

Olson, W. C. & Cunningham, E. M. (1934). Time-sampling techniques. *Child Development,* 5, 41-58.

Rosenhan, D. L. (1973). *On being sane in insane places. Science,* 179, 250-258.

佐藤郁哉（1992）．フィールドワーク増訂版　新曜社

サトウタツヤ・鈴木朋子・荒川　歩（2012）．心理学史　学文社

Searle, A. (1999). *Introduction research and data in psychology.* London: Routledge.（A. サール（著）宮本聡介・渡邊真由美（訳）（2005）．心理学研究法入門　新曜社）

Schuengel, C., Bakermans-Kranenberg, M. J., van Ijendoorn, M. H., & Blon, M. (1999). Unresolved loss and infant disorganization: Links to frightening maternal behavior. In J. Solomon & C. George (Eds.), *Attachment disorganization.* New York: The Guilford Press. pp. 71-94.

繁田　進（1987）．愛着の発達　大日本図書

友定啓子（1993）．幼児の笑いと発達　勁草書房

# 面接法

## 5.1. 面接法とは何か

　面接法とは，一定の場所で，特定の目的のもと，面接者（interviewer）が面接参加者（interviewee, informant）と直接顔を合わせ，会話を通して，量的データあるいは質的データを収集する方法です。この方法には，他の研究法と比較してどのような特徴や利点があるのでしょうか。ここでは，観察法や質問紙法と比較しつつ，面接法の特徴や利点についてみていくことにします。

### (1) 観察法との比較からみた面接法の特徴

　保坂（2000）によれば，観察法は人間の行動を観察，記録，分析し，行動の質的・量的特徴や行動の法則性の解明を目的としていますが，面接法は行動そのものよりもその人の感情や価値観，動機など，こころの内面の理解を目的としています。また，観察法は乳幼児のように言語表出や言語理解の十分できない対象にも行うことができますが，面接法は言語を媒介するためにある程度の会話力や自分の気持ちを説明する能力が必要とされます。さらに，観察法はある程度の客観性を保つことができ，実験的観察のように場面にいろいろな統制を加えて観察できますが，面接法は人間の相互作用（たとえば，相手から好意を得たいために反応するなど）が起き，場面の客観的統制はむずかしくなります。

　他方，観察法と面接法の間には共通点もあります。参加観察では，観察参加者とかかわり，観察参加者に参加し，とけ込むと同時に，観察者としての自分の位置を保つことが重要ですが，この点は面接法においても同様です。面接者は，面接参加者の語る言葉の背景までを含めて聴きとるには，その関係の中に入り込みながらも，その関係を外から客観的に見ることが求められます（保坂，2000）。また，参加観察法も面接法も個人とのかかわりが深くなりますので，プライバシーの保護には十分気をつける必要があります。

### (2) 質問紙法との比較からみた面接法の特徴

　保坂（2000）によれば，質問紙法も面接法も，人のこころの内面を言語を媒介として解明し

表 5-1　面接法と観察法の比較（保坂，2000）

|  | 面接法 | 観察法 |
| --- | --- | --- |
| 目的 | 行動そのものよりもその人の感情や価値観，動機など，こころの内面を理解する。 | 人間や動物の行動を観察，記録，分析し，行動の質的・量的特徴や行動の法則性を解明する。 |
| 対象者 | 言語を媒介するためにある程度の会話力や自分の気持ちを説明する能力が必要とされる。 | 言語的表出や言語的理解の十分できない乳幼児をはじめあらゆる人を対象に行うことができる。 |
| 客観的統制 | 人間の相互作用が起き，それだけ場面を客観的に統制することはむずかしい。 | ある程度客観性をたもつことができ，実験でも場面にいろいろな統制を加えて観察できる。 |

表 5-2　面接法と質問紙法の比較（保坂，2000）

| | 面接法 | 質問紙法 |
|---|---|---|
| 目　的 | 対象は少ないが，時間をかけて丁寧にかかわり，より深いレベルでこころの内面を捉える。 | 多数の資料を短時間で得て，それらを客観的に分析し，こころの内面を幅広く捉える。 |
| 長　所 | 一斉に大量のデータをとることができず，時間がかかるが，質問について補足や説明ができ，また，面接参加者の拒否的な態度をやわらげたり，そうした態度をチェックすることができる。相手の回答に応じて，より深い質問をしたり確かめたりすることができる。 | 質問時の条件を斉一にし，多くの人に同時に試行できる。よく考えて回答できる。 |
| 短　所 | 面接者の意図する方向へ導く誘導尋問のようになったり，知らず知らずのうちに，相手に心理的圧力を加えていたりする。 | 質問を読み間違えたり，動機づけが低かったり，拒否的な場合は，回答が歪曲されるなど，質問を受け取る側によって多くの問題が生じ，またそうした点をチェックすることがむずかしい。防衛的な回答もしやすくなる。 |

ようとしている点で共通していますが，質問紙法は，短時間で多数の資料を得て客観的に分析し，こころの内面を幅広く捉えることを目的としているのに対して，面接法は，時間をかけて少数の対象の内面を深く捉えることを目的としています。表 5-2 は，面接法と質問紙法のそれぞれの長所と短所を比較したものです。

## 5.2.　面接法の種類

　面接法（interview）は，面接の動機や目標などの違いから，治療のための臨床的面接法（相談的面接法と呼ぶこともある）と，量的・質的資料収集のための調査的面接法の 2 つに分けられます。臨床的面接法は，一般に問題や悩みをもった面接参加者（interviewee）の要求に基づいて面接がなされるのに対し，調査的面接法は，あらかじめ調べたい事象を面接者（interviewer）が用意してそれを質問項目とし，面接を行うもので，面接者の側に動機があります（保坂，2000）。

　さらに，臨床的面接は，診断面接と治療面接に分けられます。診断面接では診断に必要な項目があらかじめ用意されており，それについて面接参加者に尋ねるという点で，調査的面接と似ています。治療面接では，研究目標をあらかじめ設定して，それにあわせて面接を行うのではなく，個々の事例に対して，あくまで治癒という目標に向かって面接が行われます。一方，調査的面接（research interview）も，質問項目の構造の厳密さ（明確さ）や面接参加者の語る自由度によって，構造化面接（structured interview），半構造化面接（semi-structured interview），非構造化面接（nonstructured interview）などに分けられます（保坂，2000）。ここでは調査的面接法を中心にみていくことにします。

図 5-1　面接法の種類

## (1) 構造化面接

　構造化面接法は，形式的面接法（formal interview）または標準化面接法（standardized interview）とも呼ばれています。鈴木（2002）によれば，構造化面接法は，あらかじめ面接のシナリオ（面接調査の内容やインタビュー・スケジュール）が作成され，ほとんどすべての質問の内容と順序が決まっています。回答は選択回答法で収集されることが多く，自由回答法よりも統計処理がしやすいのが利点です。また，面接参加者自身が回答を記入する自記式ではなく，面接者が質問を読み上げ，面接参加者の回答を記録する他記式で行い，回答の記入方法も統一されているため，記入ミスが少なくなります。さらに，面接のペースもコントロールされており，面接の所要時間はおおむね一定に保たれています。

　このように構造化面接法は標準化された調査をすべての面接参加者に行うため，面接者による影響やバイアスが少ない客観的な面接法です。構造化面接法は自由度の低い調査法ですが，信頼性の高いデータを収集できるのが長所です。また，構造化面接法で得られたデータは主に量的データやカテゴリカル・データであるため，統計的な検証を行いやすく，結果を一般化しやすく，追試を行いやすいという利点があります。そのため，社会調査や世論調査におけるデータ収集法として多く用いられています（鈴木，2002）。

## (2) 非構造化面接

　非構造化面接法は非形式的面接法とも呼ばれます。鈴木（2002）によれば，非構造化面接法では，あらかじめシナリオは用意されておらず，回答のしかたは面接参加者の自由にまかせる自由回答法が多く用いられます。構造化面接法と同じく他記式ですが，回答の記入方法は統一されていません。サンプルサイズは小さく，面接参加者の数は1人か多くても30～40名くらいが一般的です。面接者は，有意抽出法によって，面接目的に最もふさわしい特性あるいは典型的な特性を持つと思われる面接参加者を選びます。

　面接者は，前もって面接の目的や課題を明確にしておく必要がありますが，質問の順序や内容は，面接参加者に応じて柔軟に変えます。面接者は話の流れをほとんどコントロールせず，話が面接テーマから著しくそれた場合に本題に戻す程度です。面接中の面接者の役割はより受動的で非指示的です。したがって，非構造化面接法は限られた短い時間内に結果を求められる面接には不向きです。

　非構造化面接は聞きとり調査ともいわれ，フィールドワークや市場調査にも参与観察と共に多く使われています。面接者にはかなりの熟練と経験が必要です。面接は面接参加者の自宅や職場あるいは面接参加者の指定する場所で行われます。1回の面接時間は1～2時間前後ですが，場合によってはもっと長くなることもあります。特にフィールドワークにおける面接は，同一の面接参加者を対象に複数回行われることもあり，場所は限定されず，面接参加者さえ同意すればどこでも可能です（鈴木，2002）。

## (3) 半構造化面接

　半構造化面接法は構造化面接法と非構造化面接法の両方の利点をうまくミックスさせた面接法で，調査的面接法のなかでは最もよく使われています。鈴木（2002）によれば，基本的には構造化面接法と同様に，主なシナリオは決まっていて，それに従って面接が進行し，客観的に量的なデータを求めますが，面接者が必要だと判断すれば，フォローアップの質問をしたり，

面接中に湧いた新たな興味や疑問によって質問を加えたりなどの柔軟な変更が可能です。そのため，自由回答による質的データを求めるのにも適しています。また，渡辺・山内（1998）によれば，基本的には非構造化面接法を使いながらも，あらかじめ面接でふれる必要のある質問について指針が用意されている場合や面接参加者の回答によって面接者の質問事項がリストされているような場合があります。このような半構造化面接法は，求めるデータの内容によって，構造化面接法にきわめて近いものから非構造化面接法にきわめて近いものまで多様なヴァリエーションがあります。

## 5.3. 調査的面接法の基本的プロセス

ここでは，「内面生活からみた高齢者のライフタイルに関する事例研究」（雇用職業総合研究所，1989）を参考にしながら，調査的面接法のプロセスを具体的にみていくことにしましょう。

**①テーマの設定**

「何が問題であるのか」，問題の性質や範囲を明確にします。また，面接調査だから生きてくる調査目的を設定します。

定年退職後の20年間に及ぶ長い期間を"いかに生きがいをもって生活するか"ということが，活力ある高齢化社会を形成するための重要な課題となっています。しかし，どのような精神生活をしていけば，生きがいをもって生活していけることになるのか，ということについては必ずしも明らかになっているとはいえません。そこで，本研究では，どのような精神生活をしていけば，生きがいの獲得につながるのか，生きがいをもって高齢期を生きていると想定される人々への面接調査を通じて内面生活のデータを収集することを目的としています。

本研究では，レブラン（Leblanc, 1987）のいうような内面生活の豊かさ，すなわちこれまでの人生経験を踏まえた自分なりの人生哲学，人格的に成熟し，情緒的な健康などの要因が高齢期の生きがいのある生活にとって重要な役割を果たしているという仮説をもっています。

**②面接参加者の選定と面接説明書・同意書**

1）面接参加者の選定　数名では安定した結果が得にくいこともあり，少なくとも10名以上は必要です（松浦・西口, 2008）。一般的には20名以上の参加者に面接を行っています。

本調査では，高齢期の生活適応に関する好事例を提示する観点から，高齢期に対する紋切り型のマイナスイメージ（ネガティブ・ステレオタイプ）を打破するような積極的な創造的な生き方をしている人々を面接参加者として選定しています。関係機関を通じて積極的な創造的な生き方をされている高齢者の方々を紹介していただき，研究所から本人に本研究への協力を依頼し，その承諾を得て20名の高齢者を参加者としています。

2）面接承諾書　面接にあたって，研究の趣旨や面接参加者の権利などに関する確認事項をあらかじめ説明するための面接説明書と録音や公表などの許可を得るための面接同意書を作成します。図5-2(1)と図5-2(2)に，面接説明書と同意書の見本を示します。

**③質問項目の決定**

調査目的の観点から質問項目を考えます。まずテーマに深くかかわる質問（中心的な質問）を考えます。そのうえで，その他の質問（周辺的な質問）を加えていきます（松浦・西口, 2008）。

本調査では，内面生活にかかわる質問「打ち込んできた仕事」「退職してよかったこと」「退

職前には時間がなくて，いまは時間があること」「後輩への助言」「人生のこの時期への理解度について」「定年到達により変化したこと」「人生で変えてみたいこと」「人生の中で学んだもっとも重要なこと」「人生哲学」「自分の年について」「かけがえのない人やものを失ったとき力になった人・ことがら」「家族を支えている人」「人間観」が中心的な質問です。

そして，内面生活に関連してくる個人属性に関する質問「年齢」「性別」「住まいと家族」「本人および家族の健康状態」「職歴と現在の暮らし向き」「趣味」「運動」「近所づきあい」「友人」「若者や異性との交流」が周辺的な質問です。

④適切な面接法の選択と実行可能性の確認

1）適切な面接法の選択　　面接法の構造化の程度（半構造化・構造化・非構造化），面接者と対象者の人数，実施方法（会場面接・訪問面接・街頭面接・電話面接）などを決めます。

本調査では，高齢者の内面生活にアプローチする最善の方法として，半構造化面接が選択されました。話の展開はできるだけ面接参加者に任せ，面接者はもっぱら話を聞き，その記録をとることに専念します。なお，あらかじめテープレコーダーによる記録の了解はとっておきます。面接終了後に，記憶の鮮明なうちにできるだけ正確な詳細な記録を作成することとしました。そのために，追質問やフォローアップ質問を適宜行うこととしました。また，面接の実施方法としては，会場面接または訪問面接で行うこととしました。

2）実行可能性の確認　　事前に，実行に必要な時間，実行に必要な予算，必要な調査協力者の確保，必要な面接場所の設定など実行可能性について十分にチェックしておくことが必要です（鈴木，2002）。

本調査では，面接時間は一応2時間程度を目安としましたが，面接参加者の状況に応じて，柔軟に対応することとしました。面接は3名の研究者が，単独または2名で行いました。面接場所は，研究所の面接室または自宅を選ぶこととしました。

⑤シナリオの作成の手順

シナリオの作成にあたっては，面接参加者にとって意味があり受け入れやすいものにすることに留意することが重要です（Lofland & Lofland, 1995）。構造化面接法のシナリオでは，質問が大切なポイントをのがしていないか，質問の流れが体系的で答えやすい展開になっているか，注意します（鈴木，2002）。非構造化面接法あるいは半構造化面接法では，面接参加者に積極的かつ自由に話をしてもらうことが大切です。質問順序は，原則として，①簡単な質問から複雑な質問へ，②事実に関する質問から感情や意識に関する質問へ，③過去から現在へ，④論理的・体系的な質問順序などに従うようにします。できれば予備調査により回答所要時間・質問内容・質問順序・表現を検討しておきます。

本調査では，まずは事実に関する質問からなる個人属性の質問から始めています。その後，感情や意識に関する質問からなる内面生活の質問に移行しています。内面生活に関する質問の中でも「打ち込んできた仕事」「退職してよかったこと」「退職前には時間がなくて，いまは時間があること」「人生のこの時期（定年移行期）への理解度について」「定年到達により変化したこと」「後輩への助言」など定年前の生活から現在の生活への変化に関する質問を先に行い，その後に「人生で変えてみたいこと」「人生の中で学んだもっとも重要なこと」「人生哲学」「自分の年について」「かけがえのない人やものを失ったとき力になった人・ことがら」「家族を支えている人」「人間観」など回答のむずかしい質問は後半の方で行うようにしています。

## 面接説明書（見本）

1．研究の題目 _____

2．研究の概要

（1）研究の目的 _____
_____

（2）研究の方法

　面接参加者 _____

　面接の方法 _____

　面接の内容 _____
_____

　実施日時 _____ 　実施場所 _____

3．参加者の権利

① 面接への参加は自由意志によります。

② 面接の最中でも面接の中止を求めることができます。

③ 質問への回答を拒否できます。

④ 許可する面接記録法を〇で囲む（筆記記録　録音　録画）。停止あるいは一時停止させることができます。

⑤ 希望すれば面接記録を見ることができます。

⑥ 報告書の送付を希望することができます。

4．個人情報の保護

① データは個人が特定されない状態で分析を行います。

② 面接の筆記記録・テープ・ファイルは厳重に保管されます。

③ 面接内容を知ることができるのは研究チームのメンバーおよび直接の面接参加者のみです。

④ 面接記録やデータは研究終了後に安全に破棄・消去されます。

5．研究成果の公表

　面接の筆記記録やデータは、分析後、論文および報告書として公表される予定です。ただし、公表に際しては、面接参加者のプライバシーが侵害されないよう最大限の注意を払い、個人名や所属先の事柄が特定されないように配慮します。

6．研究者の氏名・連絡先

　研究責任者 _____ （所属機関 _____ ）

　住所 _____

　電話 _____ FAX _____

　共同研究者 _____ （所属機関 _____ ）

　_____ （所属機関 _____ ）

図 5-2（1）　面接説明書

## 面接同意書（見本）

（研究責任者の所属機関）＿＿＿＿＿＿＿＿＿＿（氏名）＿＿＿＿＿＿＿＿＿＿殿

研究の題目　＿＿＿＿＿＿＿＿＿＿＿＿＿＿＿＿＿＿＿＿＿＿＿＿＿＿＿＿＿＿＿＿

　このたび、私はこの研究に関する説明を受け、以下の内容を十分に理解したうえで、この研究に参加することに同意いたします。

1．研究の概要
2．参加者の権利
3．個人情報の保護
4．研究成果の公表
5．研究責任者の氏名・連絡先

同意日；＿＿＿年＿＿＿月＿＿＿日

ご本人（自筆署名）＿＿＿＿＿＿＿＿＿＿

　　報告書の送付を希望する場合は住所を記入してください。

　　住所　＿＿＿＿＿＿＿＿＿＿＿＿＿＿＿＿＿＿＿

私は、「（研究の題目）＿＿＿＿＿＿＿＿＿＿＿＿＿＿＿＿＿＿＿＿＿＿＿＿＿＿」について面接説明書に基づき十分説明しました。

説明日；＿＿＿年＿＿＿月＿＿＿日

説明者名（自筆署名）＿＿＿＿＿＿＿＿＿＿

＿＿＿＿は面接者側であらかじめ記入

図 5-2（2）　面接同意書

⑥面接の実施と面接結果の整理
1）面接の実施
①面接者は，まず自己紹介し，調査の趣旨について説明します。
②ラポートを形成します。
③面接はおおむねシナリオに沿って，個人属性に関する質問から入り，内面生活の質問へ移行し，過去から現在へ，比較的むずかしい質問を後の方で行うようにしています。
④正確でより詳しい情報を得るために追質問を行います。
⑤聞き足りなかった部分や不完全な回答しか得られなかった部分を補うフォローアップ質問を行います。
⑥時間的制約のなかで，必ずしも十分な聞き取りができなかったケースもあります。半構造化面接法もしくは非構造化面接法では，話の展開は面接参加者に任されているものの，質問内容によっては回答を得ることがむずかしい場合あるいは回答したくない場合などが時折生じます。そのため，回答を得られない質問をパスして次の質問へ移行する判断が必要になる場合もあります。なお，半構造化面接法や非構造化面接法では面接終了後に，面接参加者から「実は……」というようなかたちで本音の重要な話が語られるケースが時おりあります。したがって，面接者は，そうした面接終了後の重要な話にも対応できるように，面接時間の延長に柔軟に対応できるように時間的余裕を確保しておくことも大切です。

2）面接結果の整理
①面接終了後に，テープ起こしや転記記録（トランスクリプト）を作成する。
②発言内容の内容分析・カテゴリー化・事例の分類を行う。
③なお，事例として公表するにあたっては，個々の面接参加者に内容を確認してもらい，プライバシーなど問題ないとして公表の許可を得ています。

本調査では，最終的に，意図した内面生活について十分な聞き取りができなかったケースを除外し，残る13ケースの内面生活を整理し，高齢期の生活適応の好事例としてまとめています（詳細は省略）。
①人を育て，会社を育てた事例（2例）
②仕事に励み，人生に挑み続けている事例（4例）
③自己啓発に努めている事例（3例）
④地域活動に奉仕している事例（2例）
⑤仕事から解放された生活を楽しんでいる事例（2例）

## 5.4. グループ・インタビュー

### (1) グループ・インタビューとは何か

井下（2000）によれば，グループ・インタビューとは，「ある属性を共有する少人数（6〜12人程度）の初対面の人々が，あらかじめ決められた調査計画のもとに選択され，依頼されて一堂に会し，2時間程度，くつろいだ雰囲気の対面的状況で，熟練の司会者の集団討議技術により，自由で自発的な発言を行い，調査者がそれらを言語データとして記録・分析する社会調査技法のこと」です。名称としては，このほかに「フォーカス・グループ」とか「グループ・デ

ィスカッション」とも呼ばれています。

　グループ・インタビューの実施にあたっては，司会者を中心に調査専門家のチームプレイがグループ・インタビューの成否を決めるといわれています（井下，2000）。グループ・インタビューを実施している場面だけを見るとあたかも1人の司会者だけが調査主体として複数の対象者に一度にまとめてインタビューしながら情報収集しているように見えますが，面接参加者の選定や会合への出席の説得や誘導など，インタビューの準備作業をたった1人で企画立案・実行することは至難の業です。また，セッションが始まってからも司会者が速記係を兼ねることは不可能ですし，司会者も面接参加者もそこで話し合いに集中するにはある意味で「閉じられた実験室的状況」を確保することが必要です。これらのことがらをやりとげるためにはチームプレイが不可欠であるため，グループ・インタビューは，集団で集団を面接する技法であるともいわれています（井下，2000）。

　グループ・インタビューは，その設計段階・データ収集作業の実施段階・分析段階で，「複数の主観」によって議論がなされることによって，1人だけの観察者が陥りやすい独善性を排除でき，主観の集合としての「間主観性」が保たれ，データの妥当性・信頼性・客観性が保証されているという利点があります（井下，2000）。

## (2) グループ・インタビューの基本的プロセス

　ここでは，シニアプラン開発機構（1992，1993）の「サラリーマンの生きがいに関する調査」の一環として実施されたグループ・インタビューにもとづき，グループ・インタビューのプロセスを具体的にみていくことにしましょう。

### ①テーマの設定と仮説

　1）テーマの設定　　シニアプラン開発機構のプロジェクト研究では，サラリーマンの生きがいを構成する要素と定年退職による生きがい喪失のメカニズムの解明，生きがい喪失を防止するための方法の確立，新たな生きがい創造のための社会システムの構築の3点を最終課題とし，次のような仮説を検証することを目的としています。

　2）仮説
　仮説1：職業をまったく失うことや職業上の地位の低下は，生きがい喪失の要因となりうるか。その場合，それに関与する要因は何か。
　仮説2：定年退職後，生きがいの捉え方は変容する。
　仮説3：定年退職後，生きがいを得る場は変容する。
　仮説4：生きがい喪失・創造のプロセスと性格特性との間には一定の関連がある。

### ②グループの設定

　第1次調査で協力の得られた方々の中から，個別の面接調査やグループ・インタビューの参加者が選定され，同意を得て面接参加者としました。表5-3は，各グループの設定条件を示したものです。各グループ5～6名。

表5-3 各グループの設定条件

| グループ名 | | グループ設定条件 |
|---|---|---|
| A 喪失経験グループ | OB[*1] | 生きがい喪失経験あり[*2] |
| B 積極性上位グループ（社会活動あり） | OB | 生きがいあり[*3] 積極性上位[*4] 社会活動あり[*5] |
| C 積極性上位グループ（社会活動なし） | OB | 生きがいあり 積極性上位 社会活動なし |
| D 積極性中・下位グループ | OB | 生きがいあり 積極性中・下位 |
| E 現役グループ | 現役 | 生きがいあり |
| F グループ | 女性OB | 既婚または未婚（離死別除外） 生きがいあり |

\*1 第1次調査で，定年退職または定年をすぎたをOB，定年前を現役とした
\*2 生きがいを「前は持っていたがいまは持っていない」人を喪失経験ありとした
\*3 生きがいを「持っている」人を生きがいありとした
\*4 積極性の因子得点の上位，中位，下位
\*5 社会活動に「定期的に参加している」「ときどき参加している」を社会活動あり
出典：シニアプラン開発機構（1993）

図5-3は，グループFを除く，5つのOBグループのインタビューの内容とフローを示したものです。

### ③インタビューの内容と流れ

| インタビュー項目 | 時間配分 | フロー |
|---|---|---|
| （導入）○挨拶，同席者の紹介，進め方の紹介<br>○出席自己紹介（名前，家族構成，定年退職後のライフコース，現在の就労状況，趣味） | 15(15)分 | 《導入・背景情報》導入 |
| 1．現役時代の生活と定年後の生活の変化<br>〔実態〕○帰宅時間（残業の状況）<br>○平日退社後の時間，休日の時間の使い方（誰と，何を）<br>○家族との関わり（子ども，妻と一緒の行動，会話）<br>○交友関係（職場関係，その他，定年後の新しい交友関係）<br>○社会活動への参加状況（参加していない理由，今後の参加意向）　現役／定年後の変化<br>〔意識〕○定年前に考えていた理想の定年後生活と現実とのギャップ<br>　　　（仕事（再就職）・家庭生活・経済・交友関係等）<br>　　　（理想が実現できない理由／経済面・家庭面・その他）<br>○定年を迎えた時の気持ちとその後の変化<br>○仕事上の変化（地位，職種等）についてどのように感じたか | 20(35)<br><br>20(55) | 《テーマ導入》⇩ 《展開》 |
| 2．生きがいについて<br>○あなたにとって生きがいとは何か<br>　・何に生きがいを感じるか（生きがいの対象）<br>　・どのような気持ちが得られるのか（生きがい感）<br>　・対象のどのような面にその感情を持つか（生きがいの内容）<br>○その生きがいにより何を獲得し，どのように消費（時間・お金）しているか<br>○その生きがいには経済的な面が影響すると思うか<br>○生きがい対象，生きがい感の定年前後の変化 | 45(100) | ⇩《追求》 |
| 3．定年後の生活に対する支援への要望 | 10(110) | |
| 4．今後のライフコース<br>○就労継続意向（いつ頃まで，どの程度働きたいか，働きたい理由）<br>○今後の抱負（生活イメージ，やってみたいこと（社会活動，その他）） | 10(120) | 《結語》⇩ |

図5-3 インタビュー内容と全体の流れ

出典：シニアプラン開発機構（1993）

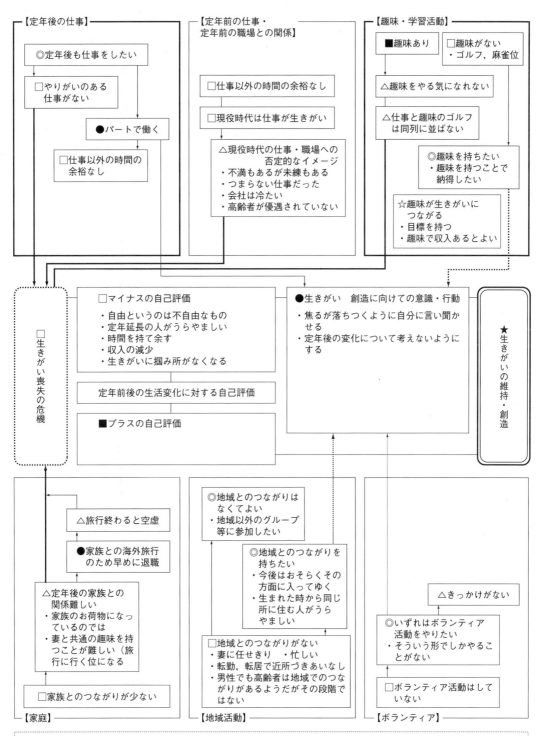

図5-4 グループ・インタビューにおける発言構造（A：喪失経験グループ）
出典：シニアプラン開発機構（1993）

④グループ別にみた発現構造の分析

また，図5-4は，グループAの喪失経験グループの発言構造について分析したものです。この発言構造は，グループAの5名の発言内容を整理した上でKJ法（後述するcolumn 5を参照されたい）を利用して構造化されました。これらのグループ別の発言構造の比較にもとづき，定年前後の生活変化と生きがい喪失の危機についてさまざまな角度から詳細な検討が行われました。

## (3) 司会者の心得

井下（2000）は，グループ・インタビューを計画・実施する際の司会者の心得として次のような点を挙げています。

①聴くことに専念する。
②分析目的を常に意識する。
③時間管理に気をつける。
④出席者の発言を共感的に受け取り内面からの対象理解を心がける。
⑤一人の発言中も他のメンバーの表情や言語行動に十分な注意を払う。
⑥グループ全体の集団の雰囲気に配慮する。
⑦司会者が面接参加者に及ぼす影響に対して，また面接参加者が司会者をどう知覚しているかに対して常に配慮する。
⑧発言の記録作業は記録係に付託して，司会者は集団の形成と発言の促進および面接参加者の態度や意識に常に関心を向けるように心がける。

---

**column 5：KJ法とは何か**

川喜多二郎は，1967年，著書『発想法―創造性開発のために』の中で，KJ法という新しい情報のまとめ方を公開しました。KJ法という名称は，彼の名前の頭文字を並べたものです。この方法は，それまでの主要な学問的方法である書斎科学と実験科学のほかに野外科学（現場の科学）の存在に目を向け，その方法論を説くなかで，独創的発想を促す新技術として紹介されました。その後，KJ法は，いろいろな学問的分野で活用されると共に，多くの実践分野でも幅広く応用されるようになっていきました。

ここでは，川喜多（1967）により，KJ法のあらましを紹介しておきます。

KJ法を行うためには，まずは「何を明らかにするのか」というテーマが決められ，分析の対象となるデータが集められます。たとえば，61ページのグループ・インタビューのKJ法による図解では，分析のテーマは「定年退職による生きがい喪失のメカニズムの解明，生きがい喪失を防止するための方法の確立，新たな生きがい創造のための社会システムの構築の3点」です。これらを明らかにするために，定年退職による生きがい喪失者のグループ・インタビューを通じてさまざまな発言が集められました。

そのうえで，KJ法の作業を行うためには，およそ次のようなステップが必要となります。

**ステップ1**：あらかじめ準備する必要のあるもの
・カード（名刺くらいの大きさのもの，付箋でも可）
・大きな紙（模造紙等，ホワイトボードでも可）
・ペン（色や線の太さが異なるもの）
・クリップ・輪ゴム等

**ステップ2**：通常は，テーマについて思いついたことをカードに書き出します。
グループ・インタビューの例では，グループ・インタビューを通じて得られたさまざまな発言をカードに書き出します。

**ステップ3**：グループ化
　作成したカードを分類してグループを作ります。このようなグループ化のステップには，①カードのグループ化（小グループ化，小グループの内容を包括的に表わす文言を表札としてつける），②グループのさらなるグループ化（中グループ化，中グループの内容を包括的に表わす文言を表札としてつける），③中ループのグループ化（大グループ化，大グループの内容を包括的に表わす文言を表札としてつける）の3つの段階に分けられます。

**ステップ4**：グループを並べて図解を作る（KJ法A型図解）
　まずは，「近い」「似ている」と思ったグループを並べてみます。もし，グループ間のつながりや関係を示したい時には，線を引いたり，矢印などを書き入れます。図5-5は，図解に用いる記号の例です（中坪，2012）。
　数人で取り組んだりした場合，うまくまとまらないことや意見が食い違うことも少なくありません。そのような場合には，違いは違いとして，無理にくくったり，つなげたりせずに離しておく，ときには未整理のグループを用意する，といったことが必要になります。
　いずれにしてもKJ法は，さまざまな考えを引き出し，整理するためのツールです。

**ステップ5**：図解から文章（ストーリー）を作る（KJ法B型文章化）
　ステップ4で作られた図解をもとに文章（ストーリー）を作っていきます。図解の中から起点となるグループを決め，図解の中のグループをつないで文章にしていきます。ここはステップ1〜4の集大成であり，研究の結論（問いに対する答え）を導き出す部分です。

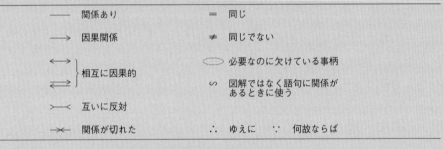

図5-5　図解に用いる記号の例

出典：中坪（2012）

## 【引用文献】

原　純輔・海野道郎（1984）．社会調査演習　東京大学出版会

保坂　亨（2000）．人間行動の理解と面接法　保坂　亨・中澤　潤・大野木裕明（編）心理学マニュアル面接法　北大路書房　pp. 1-8.

井下　理（2000）．調査的面接法の実習：グループ・インタビュー　保坂　亨・中澤　潤・大野木裕明（編）心理学マニュアル面接法　北大路書房　pp. 136-145.

川喜多二郎（1967）．発想法―創造性開発のために　中央公論社

雇用職業総合研究所（1989）．内面生活からみた高齢者のライフスタイルに関する事例研究職研資料シリーズ　V-1

Leblanc, D. (1987). Case studying the philosophy, integrity, and emotional health of the elderly. *Educational Gerontology*, 13, 387-402.

Lofland, J. & Lofland, L. (1995). Analyzing social settings: A guide to qualitative observation and analysis (3rd ed.). Belmont, CA: Wadsworth.　(J. & L. ロフランド（著）進藤雄三・宝月　誠（訳）(1997)．社会状況の分析　質的観察と分析の方法　恒星社厚生閣）

松浦　均・西口利文（編）（2008）．心理学基礎演習 Vol. 3　観察法・調査的面接法の進め方　ナカニシヤ出版

三井宏隆（2001）．研究に取りかかる前に　三井宏隆・中島崇幸（編）　キーワード検索による心理学研究案内―新聞記事から卒論へのステップ―　ナカニシヤ出版　pp. 7-16.

中坪史典（2012）．子ども理解のメソドロジー　実践者のための「質的実践研究」　ナカニシヤ出版

シニアプラン開発機構（1993）．サラリーマンの生きがいに関する調査［第2次調査］

鈴木淳子（2002）．調査面接の技法［第2版］　ナカニシヤ出版

渡辺文夫・山内宏太朗（1998）．調査的面接法　高橋順一・渡辺文夫・大渕憲一（編著）人間科学研究法ハンドブック　ナカニシヤ出版

# 質問紙法 6

## 6.1. 質問紙法とは何か

　一連の質問と回答欄が整然と体系的に並べられた用紙を調査票（questionnaire）といいますが，そのなかでも調査参加者が自分で質問を読んで回答を記入する自記式のものを質問紙（self-administered questionnaire, self-completion questionnaire）と呼びます。また，質問を用いてデータ収集を行うサーベイ調査法（survey research）の一種を質問紙法ないしは質問紙調査と呼んでいます（鈴木，2011）。なお，アンケート（enquête）やアンケート調査という語も同様の意味で使われていますが，フランス語に由来しています。

　質問紙法は，心理学の祖であるヴント（W. Wundt）の弟子のホール（G. S. Hall）が，アメリカに帰国後，1883年にジョンズ・ホプキンス大学に心理学実験室を設立し，初めて質問紙法による児童の研究を行ったといわれています。今日では，質問紙法は，多くの心理検査や心理尺度として活用され発展すると共に，社会調査や意識調査などの研究分野でも幅広く活用され，重要な位置を占めるに至っています。

　質問紙法は，文章を正しく読み理解できる人を対象に用いることが可能です。ある意味で面接の代用です。しかし，質問紙法ではあまり深いことは聞けません。そのため，1つの側面に関して複数の項目を用意したり，自由記述などを利用するなどの工夫がとられています。また，対話的に聞くこともできませんので，答えるときの反応などは見ることができません。したがって，より深い内面的な話やすぐれて個性的な側面については面接で直接聞くことが有効です。しかし，表面的なことは敢えて面接するよりも質問紙法の方が気楽に回答できるということもあります。十分な項目を準備することにより，個人の内面を幅広く捉えることができます。また，時間的にも調査参加者の過去から未来にわたって，幅広く捉えることが可能です。ただし，回想による場合は，記憶変容の問題があることに留意する必要があります。

　質問紙法は，手軽で簡便であるところが最大の利点です。面接者の高い技術を必要としません。そこで，多数調査が可能になります。また，費用が比較的安価です。一般に実験法よりもデータ収集にかかる各種のコストが少ないと考えられます。ただし，大規模な郵送調査などでは，かなりの調査費用がかかることも考えなくてはなりません。質問を全員に一定にでき，互いに比較可能なデータがとれます。そのため，共変関係や相関関係を統計的に相関分析するうえでは便利です。しかし，匿名性の保たれない状況では，社会的望ましさを反映している可能性が少なくありません。また，防衛が働きやすく，自分の内面を偽って報告したり，反発的な態度により回答を拒否するケースもあります。自己を歪曲して報告しようとする態度に対しては，「虚偽尺度」を用いるなどの工夫もされていますが，質問紙法自体の最も大きな問題です。したがって，記名にするか，無記名にするかの判断は重要であり，個別に分析する必要がなく，集団全体の傾向に関心がある場合は，無記名回答を選択することもあります。また，個人情報保護の観点から無記名回答を採用し，調査参加者へ「結果は統計的に処理し，個別に公表され

ることはない」ことを説明する必要がある場合もあります。

　質問紙法は，適用年齢に制限があります。文章が読め，理解できなければ回答は不可能なので，年少者には一般に実施することがむずかしい方法です。桜井（1998）は質問紙法の適用年齢について「小学校3年生くらい」からと考えています。その理由として，小学校3年生くらいになると，次のような点ができるようになることを挙げています。

① 文字がきちんと読めるようになる。
② 質問に使用されていることばの意味がわかるようになる。なお，実施するクラスの教師にことばの適否を点検してもらうことが必要である。
③ 自分のことがわかり，自分のことを一定の基準にしたがって評定できるようになる。自分をある程度客観視できるようにならなければ，質問紙法は使えない。
④ 30分くらい一つのことに注意を集中することができるようになる。小学校の1・2年生は飽きるのが早く，質問紙法よりも面接法の方が適切である。

## 6.2.　質問紙法の種類

　質問紙法には，集合調査法，郵送調査法，留置き調査法，インターネット調査法，電話調査法などの種類があります（鈴木，2011）。

　① **集合調査法**（group administration）　調査参加者に特定の場所に集まってもらい，いっせいに質問紙を配布し，口頭で調査の概要や回答方法について説明し，その場で回答してもらうやり方です。会社や学校の集団を対象にして行う場合には有効な方法です。

　② **郵送調査法**（mail survey, postal survey）　調査参加者に質問紙，挨拶状，切手を添付した返信用の封筒を郵送し，一定期日までに回答を返送してもらいます。返信に要する切手を貼る手間を省いたり，割引を利用して料金を節約するために郵便局の料金後納制度を利用する場合もあります。調査実施期間は2週間から長くて2ヵ月程度です。

　③ **留置き調査法**（placement method）　調査者が調査参加者の自宅や施設などを訪問して質問紙を渡し，回答を記入しておいてもらい，数日から1ヵ月後，多くは2，3週間の一定期間の後，再度訪れて回収する調査法です。

　④ **インターネット調査法**（internet survey）　大きく電子メール調査法（electronic mail survey）とWeb調査法（web survey）に分けられます。電子メール調査法では，質問紙はメールあるいはメールの添付ファイルで送付され，調査参加者は都合の良い時に回答を記入し，メールで返送します。Web調査法では，パソコンのWeb頁画面上の質問紙に示された質問への回答を回答欄に記入して送信してもらいます。また，インターネット調査法には，クローズド調査とオープン調査という2つのタイプがあります。クローズド調査は，調査会社のモニターとして登録した人々のデータベースから，求める属性（性，年齢，婚姻状況，子どもの有無，居住地などの基本属性）をもつモニターを抽出して調査に参加してもらいます。割り付け層ごとに回答が目標に到達した時点で調査は修了します。従来のサンプルの無作為抽出とは異なります。他方，オープン調査は，インターネットユーザーで，自らアクセスして興味を持った人ならだれでも回答できる調査法です。調査参加者が一定数に到達したら，調査は終了です（本多，2007）。

　⑤ **電話調査法**（telephone survey）　訪問の代わりに，調査員が固定電話のある調査参加

表 6-1 各種質問紙法の利点と課題 (鈴木 (2011) より改変)

| | 利　点 | 課　題 |
|---|---|---|
| 集合調査法 | ・短時間に多くのデータが収集できる。<br>・調査者1人で実施できる<br>・匿名性が高い。<br>・本音を引き出しやすい。<br>・回収率が高い。<br>・経費や労力が少ない。<br>・調査参加者に直接説明できる。 | ・調査参加者の統制がむずかしい。<br>・調査参加者がその場の雰囲気に左右されやすい。<br>・全員の歩調を合わせた調査の進行がむずかしい。<br>・標本の代表性に問題がある。<br>・事前の準備がいる。<br>・調査者間の事前の打ち合わせが必要である。 |
| 郵送調査法 | ・広い地域の多数の人を対象に実施できる<br>・概してコストは低い。<br>・不在がちの人も回答してもらえる。<br>・匿名性が高い。<br>・プライバシーを守りやすい。<br>・本音を引き出しやすい。<br>・調査者の影響によるバイアスがない。<br>・調査参加者はマイペースで回答できる。 | ・大量の質問はできない。<br>・回収率は概して低い。<br>・調査参加者の属性が偏る傾向がある。<br>・代理回答がありうる。<br>・記入ミスや記入漏れが発生しやすい。<br>・質問項目の順序どおりに回答してもらえない。<br>・調査期間にゆとりが必要である。 |
| 留置き調査法 | ・回収率がかなり高い。<br>・不在がちの人も回答してもらえる。<br>・少々質問数が多くてもよい。<br>・行動の記録や書類の確認などの場合は，正確なデータを収集しやすい。<br>・調査参加者はマイペースで回答できる。 | ・費用と労力のコストが高い。<br>・代理回答がありうる。<br>・第三者が回答に影響を与えることがある。<br>・記入ミスや記入漏れが発生しやすい。 |
| インターネット調査法 | ・いつでもどこでもだれでも回答できる。<br>・データ収集が非常に速くできる。<br>・大規模な調査が容易に実施できる。<br>・コストが低い。<br>・調査者の影響によるバイアスが少ない。<br>・匿名性が高い。<br>・本音を引き出しやすい。<br>・調査参加者はマイペースで回答できる。<br>・調査テーマに興味・関心をもつ人の調査。<br>・動画や画像や音声を用いた調査ができる。 | ・標本抽出に関する大きなバイアスがある。<br>・謝金を目当てにする回答者もいる。<br>・現実と虚構との区別がつきにくい。<br>・嘘や代理回答がありうる。<br>・画像や動画の著作権問題がある。<br>・調査参加者のネット環境による問題がある。<br>・セキュリティ対策が必要である。 |
| 電話調査法 | ・広い地域の多数の人を対象に短期間に実施できる。<br>・コミュニケーションが双方向的である。<br>・不在であれば，手軽に何度でも電話をかけ直すことができる。<br>・比較的低コストである。<br>・比較的デリケートなトピックでも率直に回答してもらえる。<br>・コンピューター支援電話調査も可能 | ・母集団の代表的な標本からデータを得られているという保証がない。<br>・調査者にコミュニケーション能力が必要<br>・調査拒否が多い。<br>・代理回答がありうる。<br>・質問の量・質・長さが非常に限られる。<br>・聞き違い，誤解，思い込みが起こりやすい。<br>・調査参加者に迷惑をかける可能性が高い。 |

者の世帯に電話をかけ，調査参加者を指名して本人であることを確認した後，調査協力を依頼します。調査票にそった質問が行われ，調査員が回答を記入する他記式です。マスメディアやマーケティング・リサーチでよく使われますが，近年は電話調査法が減少し，インターネット調査法が増加する傾向にあります。

## 6.3. 質問文と回答形式の種類

　質問紙は通常，複数の問いから構成されています。表6-2は，代表的な質問と回答形式をまとめたものです。

　このうち最も単純な質問の方法が，調査参加者に自由に回答を求める自由回答法です。しかし，自由回答法は，的確な内容をもつ質問文を作らないと，回答者は何をどう答えればよいかわからなくなるため，質問文の作り方は必ずしも簡単ではありません。また，質問内容が明確

表6-2　質問文と回答形式の種類（岩淵（1997）より改変）

| 回答形式 | | 質問文と回答形式の例 | 備　考 |
|---|---|---|---|
| 自由回答法 | | あなたは，いまの自分についてどう思いますか。以下に，具体的に記入してください。<br>（回答欄） | ・質的分析には適しているが量的分析には不十分。<br>・予備調査の段階で用いることが多い。 |
| 選択肢法 | 単一回答法 | 次の中で，あなたが一番好きな色の系統はどれですか。あてはまるものに○をつけてください。<br>　1　赤　　2　青　　3　黄　　4　緑<br>　5　茶　　6　白　　7　黒　　8　グレイ<br>　9　ベージュ　10　ピンク | ・調査で最もよく用いられている。<br>・適切な選択肢を設定することがポイント。 |
| | 複数回答法 | 次の色の中で，あなたが実際に着たことのある服の色の系統すべてに○をつけてください。いくつでも結構です。<br>　1　赤　　2　青　　3　黄　　4　緑<br>　5　茶　　6　白　　7　黒　　8　グレイ<br>　9　ベージュ　10　ピンク | ・単一回答法よりデータ処理が複雑。<br>・適切な選択肢を設定することがポイントになる。 |
| | 限定回答法 | あなたが最近よく着ている服の色の系統は何ですか。次の中から3つまで選んで○をつけてください。<br>　1　赤　　2　青　　3　黄　　4　緑<br>　5　茶　　6　白　　7　黒　　8　グレイ<br>　9　ベージュ　10　ピンク | ・単一回答法よりデータ処理が複雑。<br>・適切な選択肢を設定することがポイントになる。 |
| | 順位法 | 次の季節の中で，あなたの好きな順に，1から4までの番号をつけてください。<br>　（　）春　（　）夏　（　）秋　（　）冬 | ・データ処理に関しては，順序尺度あるいは名義尺度のレベルの分析となる。 |
| | 一対比較法 | 以下の季節の組み合わせでは，どちらが好きですか。あなたの好きな季節の方に○をつけてください。<br>（春　夏）（春　秋）（春　冬）（夏　秋）<br>（夏　冬）（秋　冬） | ・厳密さという点では優れているが，選択肢が多いと組み合わせ数が多くなり，処理が複雑になる。 |
| | 強制選択法 | 職業生活から引退する年齢について，次のような2つの意見があります。あなたはどの意見に賛成ですか。あてはまるほうに○をつけてください。<br>　1　引退にふさわしい年齢がある。<br>　2　引退にふさわしい年齢はない。 | ・調査でよく用いられている。<br>・データ処理に関しては，名義尺度のレベル。 |
| | 評定法 | あなたは，いまの生活にどの程度満足していますか。次の中から最もあてはまると思うものを1つ選んでその番号に○をつけてください。<br>　1　かなり満足している<br>　2　やや満足している<br>　3　どちらともいえない<br>　4　やや不満である<br>　5　かなり不満である | ・間隔尺度としてデータ処理ができ，調査で最もよく用いられる。<br>・回答を線分で表示することもある。<br>・回答は7段階での設定が多く用いられる。 |

であったとしても，調査者が聞きたいことを十分に答えてもらえないということもあります。さらには，聞きたいことが聞けたとしても，その回答をどう分析するのかについても，種々の複雑な問題が生じがちです。多くの場合，記述の内容分析を行うことになりますが，そこには分析者の主観が入り込みがちです（岩淵，1997）。

一方，回答者の的確な反応を得，その反応を客観的に分析する方法として選択肢法があります。これは，与えられた質問に対してあらかじめ複数の選択肢を用意し，その中から調査参加者が適切と考えるものを選択させる方法です。選択肢法には，答えを1つ選ばせる単一回答法，複数選ばせる（いくつでも可）複数回答法やたとえば3つまで選ばせる（3つ以内であれば可）限定回答法，主観的評価点を与える評価法などがあります。

二者択一的な回答法は回答者の負担が少ない反面，名義尺度として処理されるため分析手法は限られます。また，評価法は間隔尺度として処理されるため分析方法は多様ですが，項目数が多すぎると回答者の負担が大きくなります。それゆえ，調査目的に応じて，質問の種類の組み合わせを工夫する必要があります（岩淵，1997）。

## 6.4. 質問項目の作成にあたっての留意点

### (1)「その他」の欄の活用

質問紙法としては，自由回答法よりも選択肢法の方が客観的であり，多様な分析手法を駆使できるという利点があります。しかし，選択肢法の場合には，調査者があらかじめ調査目的にかなった選択肢を用意しなければなりません。このことは2つの異なるむずかしさを含んでいます。1つは，調査目的にかなった質問項目・選択肢を用意することは決して容易なことではないということです。もう1つは，調査者の方で質問項目を選定するわけですが，調査者の想定していない答えがありえるということです。

したがって，事前の予備調査で，自由回答法による質問紙法，面接法，事例研究などによって調査参加者の意見や事例を収集し，それらを選択肢のかたちで提示することが重要です。しかし，いくら準備をしたとしても，予想もしない回答をする場合も考えられますので，本調査の選択肢に「その他（具体的に……）」という欄を加え，回答者に記入させる場合もあります（岩淵，1997）。

### (2) 過去の調査での質問項目の利用

質問紙の内容は，そのすべてを調査者が新たに作らなければならないというわけではありません。それどころか，むしろ，できるだけ過去の調査研究で用いられてきた質問を使う方がよいという考え方もあります。過去の研究で繰り返し用いられて，信頼性と妥当性が確認された尺度を用いることで，コストを少なくし，信頼性と妥当性を高めることができるからです（岩淵，1997）。

特定の質問項目に関する変化を調査することを目的にしている場合は，その部分に関するすべての質問項目を同じにして調査する必要があります。しかし，一般的にはすべての質問項目を過去の調査と同じに設定するということはほとんどありません。というのは，かりに同じテーマを扱った研究であったとしても，視点が違えば質問内容も必然的に異なってくるからです（岩淵，1997）。

## (3) 質問項目のワーディング

　質問紙や調査票の成否は，質問項目の設定の仕方と質問項目のワーディング（言い回し）にかかっているといっても過言ではありません。質問項目を作成する際には，このワーディングに最大限の注意を払う必要があります。表6-3は，安田・原（1982）により，質問項目のワーディングの注意事項をまとめたものです。

**表6-3　質問項目のワーディングの際の注意事項**（安田・原，1982より改変）

① 質問の意図を明確にすること
　1．回答の仕方や内容が明確に提示されているか。
　2．まったく予想外の回答が飛び出す恐れはないか。
　3．平常の習慣化した行動と特定の時点における行動のどちらの回答を求めるのか。
　4．調査参加者個人の態度と世間一般に対する調査参加者の意見とを区別しているか（パーソナル質問とインパーソナル質問を区別する）。

② 文章を簡潔な表現にすること
　5．1つの質問文で2つ以上の論点を聞くことになっていないか（ダブル・バーレル質問を避ける）
　　　例：「家事や育児は男性よりも女性に向いていると思いますか」。
　6．否定法によって文章が混乱していないか（可能な限り肯定文にする）
　　　例：「タバコを吸わない方がよいという意見に賛成しますか」。
　7．複雑な文章，過度に長い文章，もってまわった文章が用いられていないか。

③ わかりやすい語句を用いること
　8．あいまいで多義的な語句を避ける（人によって意味が異なる）
　　　例：「きょうの試験の結果はまあまあでしたか」。
　9．形容詞や福祉や動詞の選択に注意する（次の例文の○○に「積極的に，いつでも，ときどき，原則的に，必ず，おおかた，たまたま」のいずれを入れるかによって回答が異なり，集計結果にも影響を及ぼす）
　　　例：「あなたは自治会活動に○○参加しますか」。
　10．むずかしい語句や略語が用いられていないか（説明を加える）
　　　例：「安保法制論議の最近の動向についてどう思いますか」。
　11．聞きなれない語句，一部の人々にしか通じない語句が使われていないか（解説が必要）
　　　例：「ネトウヨ（ネット右翼）についてどう思いますか」。

④ 誘導的な語句や文章を避けること
　12．誘導尋問にならないように気をつけること
　　　例：「国の赤字がこれ以上増えることになりますが，賛成ですか」。
　13．イエス・テンデンシー（黙従傾向：「〜がいいと思いますか」と論点を一方向に提示すること）にならないように気をつけること
　　　例：「消費税は賛成ですか」，「消費税は反対ですか」。
　14．語句や文章が参加者の反感や共感をあおることになっていないか気をつける（ステレオタイプな質問はしない）
　　　例：「いまの若者についてどう思いますか」。
　15．本音を引き出しうる質問になっているか。
　16．人々に強く尊敬されている人物名や悪者イメージの人物名を不用意に挙げていないか。
　17．調査参加者のプライバシーに対する配慮がなされているか。

⑤ その他の留意点
　18．質問の内容を，調査参加者にとって十分現実的なものに限るようにする。
　19．他の調査の中で優れた質問文があったら，なるべくそれを採用する。
　20．適切な敬語を用いて，調査参加者の無用な反発を招かないようにする。
　21．多肢選択式質問の選択肢については，次の点に注意する。
　　　1）選択肢の数が多すぎないこと（せいぜい10個）。
　　　2）選択肢が文章の場合，長すぎないようにすること。
　　　3）選択肢は組織的かつ排他的であること。
　　　4）選択肢の並べ方に注意すること。

## 6.5. 調査票の作成にあたっての留意点

　質問紙調査法のプロセスは，基本的に調査的面接法のプロセスと同じです。したがって，質問紙調査法でも，調査的面接法と同様に，調査参加者の選定と質問項目の決定が重要ですが，質問紙調査法では，質問紙調査票が調査者の手を離れてしまいますので，その分，調査票の作成には細心の注意が必要となります。

### (1) 調査票の構成
　調査票は，およそ3つのパート，すなわち「表紙」「質問項目と回答欄」「フェイスシート」から構成されています（岩淵，1997）。
　①**表紙**：表紙には，タイトル，調査主体の名称，協力の依頼，教示などを表記します。また，必要に応じて，整理番号・調査地点・調査参加者名・面接状況・調査員名などの記入欄を設定する場合もあります。
　②**質問項目と回答欄**：仮説に応じて設定した複数の質問項目（尺度）の選択肢および回答欄で構成されます。これらは従属変数あるいは被説明変数として必要なものです。面接調査などでは，調査参加者に選択肢のチェックリストのみ提示する場合もあります。
　③**フェイスシート**：性別・年齢・学歴・職業・収入・家族構成などの調査参加者の属性で構成します。これらは独立変数あるいは説明変数として必要なものです。質問紙の構成によっては表紙に含めることもあります。かつては質問紙のはじめに置かれていたため，この名前が今でも残っています。個人のプライバシーに関する事柄は質問しにくいため，最後に置くことが多いようです。

### (2) 質問項目の提示順序
　質問項目の提示順序については次のような点に注意する必要があります（西田・新，1976）。
　①簡単に答えられる，さしさわりのない質問から始めること。
　②一般的な問いから特殊な問いへと進めること。
　③客観的事実に関する問いから，意見などに対する問いへと進めること。
　④調査目的の核心にふれる問いを優先すること。
　⑤質問文相互に関連のありそうな内容のものをまとめて配列すること。
　⑥参加者の心理的流れにそって配列すること。
　⑦後の質問にとって偏りを与えるような内容の質問を避けること。

### (3) その他の留意点
　そのほか，質問紙調査票の作成にあたっては次のような点にも留意する必要があります（岩淵，1997）。
　①全体の構成を考えて，尺度および各質問項目を配列します。
　②質問の順序・「枝分かれ質問」・「スキップ質問」などが回答者に理解しやすいように配列します。
　③質問項目と回答の選択肢や回答欄はできるだけ同じページの中に収めるようにします。

④強調したい点や誤解されそうな部分にはアンダーラインを引いたり注意を促す印を入れるといった配慮をします。
⑤質問紙・調査票では，調査参加者に依頼して答えてもらうという基本的な立場を忘れないようにします。
⑥質問紙・調査票の最後に「謝辞」を記入しておくこともあります。
⑦調査参加者が見やすく，答えやすいと判断できるように配慮します。
⑧調査参加者の答えられる範囲や時間などの点にも十分に配慮します。
⑨「手書き」のものよりワープロや印刷したもののほうが信頼性を高めるうえでも効果的です。

## 6.6. 調査参加者のサンプリング

### (1) 調査参加者の選定

　質問紙法では，質問紙や調査票の作成が重要な課題ですが，いま一つ重要な課題は，いったいその調査参加者として誰を選ぶのか，ということです。たとえば，わが国の大学生の就職意識についての何らかの調査を企画したとしてみましょう。このとき質問紙を配布する調査参加者が，たとえばすべて女子大学の学生であったとしたらどうでしょうか。たしかに女子大学の学生はわが国の大学生の一部を構成していますが，そこで得られたデータからわが国の大学生に一般化することには問題があります。なにより男子大学生の就職意識はまったく反映されていないからです。かりに研究テーマを女子大学生に絞ったとしても，女子大学生は共学の大学にも多数いるわけですから，女子大学の女子大学生だけでは不十分ということになります。

　とするならば，わが国の大学生の平均的な水準を知るにはどうすればよいのでしょうか。最も直接的な方法は，わが国のすべての大学生からデータを集めることです。それらのデータがすべて正確であれば，そのデータから得られた平均値は，間違いなくわが国の大学生の平均的な就職意識を示しているといえます。しかし，そのデータ収集の労力・コストは膨大なものと

表6-4 代表的なサンプリング法と利用の際の留意点（岩淵，1997）

| 名　称 | 説　明 | 留意点 |
| --- | --- | --- |
| 単純無作為抽出法 | 母集団の成員全員のリストから，偶然の確率によってのみ（乱数表が用いられることが多い）必要とする標本を選び出す。 | 母集団の成員の数が膨大なものになると，実行は不可能，もしくはきわめて困難になる。 |
| 系統的抽出法（等間隔抽出法ともいう） | 母集団の全リストを順に並べておき，最初の標本だけを偶然の確率によって決め，残りは等間隔に選んでいく。 | 母集団の全リストが，ランダムに並べられているという前提が必要である。 |
| 層化抽出法 | 母集団をいくつかの層に分け，それぞれの層からサンプルをランダムに選ぶ。 | 層化のためには，母集団の成員を，何らかの類似性によって決められたカテゴリー（たとえば，性や年代，対象地域など）に分類しておく必要がある。 |
| 多段抽出法 | 母集団がいくつかのまとまりに分かれているとき，それら複数のまとまりから，サンプリングの対象となるまとまりをランダムに選び出し，そのうえで，選ばれた各まとまりの中から標本をランダムに選ぶ。 | まとまりのサンプリングは1回とは限らない。全国調査などの場合には，1次のサンプリングで市町村を，2次で選挙区や町丁を，3次で個人を抽出するというように多段階にわたる場合がある。 |

なり，非現実的であることは明らかです。もし仮にそのようなことができたとしても，膨大なデータのすべてが正確なものである保証はありません。調査参加者の数が増えれば増えるほど，回答の間違いなどの誤差要因も増えるからです（岩淵，1997）。

そこで，全数調査の代用として，標本調査が行われることになります。これは，調査の対象としたい社会や集団の成員の中から一部を標本として選び出し，この標本を対象として調査を行うというやり方です。ここで，もとの社会や集団のことを母集団と呼びます。母集団の特徴は，標本の性質の分析結果をもとに推測されます。表6-4は，代表的なサンプリング法と利用の際の留意点を示したものです。

## (2) ランダム・サンプリング

標本調査の性質の分析結果から母集団の特徴を推理するためには，選び出されたサンプルが，正確に母集団の特徴を反映している必要があります。たとえば，前述の女子大学生の就職意識の調査について考えてみましょう。平成25年度の学校基本調査によれば，大学生（大学院生を含む）約286万人中，男子学生約165万人，女子学生約121万人，女子学生比率（大学生に占める女子学生の割合）42.4％でした。とすると，標本調査の対象となるサンプルもおよそ男女の比率が6：4であることが求められます。もちろん問題となるのは男女の比率だけではありません。大学生とひと口にいっても，専門分野の比率，学部生・大学院生の比率，社会人比率，地域の比率などまで含めて正確に全体の特徴を反映したサンプルを選び出すことは，全数調査以上に困難をきわめると予想されます。

そこで，これらの手続きの代わりに用いられるのが，ランダム・サンプリング（無作為抽出法）と呼ばれている方法です。これは要するに，対象とする母集団から，たとえばくじ引きのような方法で，偶然の確率のみにしたがって，標本を選び出す方法のことです。こうして選ばれた標本は，全体の特徴をかなり正確に反映したものになることが知られています。ランダム・サンプリングされた対象者から得られたデータを分析することで，できる限り少ない労力で全体の特徴を知ることができるのです（岩淵，1997）。

## 6.7. 調査データの分析のステップ

質問紙調査のデータの分析も他の研究法のデータの分析と同様に，研究目的や仮説にそって分析していきます。したがって，質問紙調査自体が研究目的にかなった適切な質問紙になっていないとそもそも分析できません。このことはきわめて重要なことで，いたずらに質問項目を増やすことは避けなければいけませんが，質問すべきことはしっかりと質問していないとあとから分析することはできません。そうした意味では，質問項目や調査票を考える時点で，当然，分析のことが頭になければなりません。

多くの質問紙調査では，まずは調査データが含んでいる情報について基本的に分析を行ったうえで，より詳細なきめのこまかい分析を行っています。そうした意味で，ここでは，シニアプラン開発機構（1992，1997，2003，2008）が行ってきた「現役のサラリーマンと定年退職者の生きがい調査」を参考に，調査データの基本的な分析のステップについてみておくことにします。

## (1) データ処理の準備

　調査票を回収したら，まずはローデータを作成します。ローデータの作成にあたっては，コーディングルールをきちんと作成することが肝要です。データ処理のなかでは，変数の合成や選択肢の合併などさまざまな加工が加えられることがありますが，もともとのデータのかたちがどうであったのかをしっかりと残しておく必要があります。また，当然ですが，変数の合成や選択肢の合併などの記録もその都度，記録にとどめることが重要です。調査票からデータシートに転記してから入力するのが原則ですが，大量データの場合には転記の際のミスも出てしまう可能性が高いので，原票からいきなりの入力もあります。シニアプランの調査では，データ入力の専門の会社に依頼し，原票からの入力が行われました。ただし，入力ミスが生じないように，あらかじめ入力をコントロールするプログラムを用いて，データのずれなどが生じないようにしています。それでも人間の作業ですので大量に入力すると若干の入力ミスが入ることもあります。そうした入力ミスは，入力後に度数分布，最小値，最大値などからありえない数値などを論理的にチェックを行い，入力ミスが見つかればデータを修正する必要があります。

## (2) 1変量の集計

　ローデータの点検・修正が終わったら，データの特徴を把握するための計算を行います。データをまとめて整理することを集計といいますが，はじめは1変量ごとの単純集計を行います。データが名義尺度や順序尺度（離散変量）の場合はカテゴリーごとに度数をカウントします。間隔尺度や比率尺度（連続変量）の場合は，ある一定の幅（階級）を設定し，この幅に入るデータをカウントします。ここでデータの欠測状況も含めた分布状況を把握し，カテゴリーの度数が分析にたえるか検討します。カテゴリーの度数が少ない場合はカテゴリーの合併，あるいは分析からの除外などの判断を行います。

　一応このような事前処理を行ったうえで，まずは全変数について1変量の集計を行います。たとえば，「サラリーマンの生きがい調査」では，生きがいの有無についての質問の選択肢「いま生きがいをもっている」「かつては生きがいをもっていたが，いまはもっていない」「生きがいをもっているかもっていないかわからない」「生きがいをもっていない」および欠測の度数を求めます。そのうえで，データの特徴を把握するために，図・グラフを作成し，度数分布を視覚化してみることがしばしば有効です。棒グラフ，円グラフ，帯グラフ，折れ線グラフ，レーダーチャート，箱ヒゲ図，散布図などの視覚的表現方法が考案されており，目的に応じてグラフを使い分ける必要があります。また，データの特徴を理解するために，データの全体を集約し1つの数値で表わす代表値やデータの散らばりの大きさを数値で表わす散布度を求めることが必要になります。代表値には最頻値，中央値，平均値などの指標があり，散布度にはレンジ，四分位偏差，標準偏差などの指標があり，それぞれ変量の尺度水準によって使い分ける必要があります。

## (3) 2変量の集計

　次に，1変量の集計結果をふまえて，変量間の関連性や相関関係の分析を行います。名義尺度どうしの関連性についてはクロス集計（ときには3重クロス）を行い，カテゴリごとの構成比率を比較したり，関連の強さや方向性を示す連関係数を求めたりします。順序尺度レベルの関連性の指標としては順位相関係数があります。間隔尺度や比率尺度の場合にはピアソンの相

関係数を求めることができます。また，相関の状況を把握するために，散布図や相関図のかたちでデータをプロットしたりします。ただし，総クロスをとったりするのは無駄なことが多いので，まずは研究目的や仮説の視点から必要な変数間の関係について分析します。たとえば，「サラリーマンの生きがい調査」では，前述の生きがいの有無に関する選択肢の度数（％）が現役のサラリーマンと定年退職者で違いがあるかクロス集計によって分析されました。その結果，当初は，定年ショックにより定年退職者は現役のサラリーマンに比べて生きがいをもつ人は減ると予想していましたが，結果は逆でした。これは一概に言えませんが，定年退職者の生きがいを持ちたいという気持ちが現役のサラリーマンを上回り，ある種の補償機能の現われとみることができるかもしれません。

### (4) 多変量解析の利用

3変量以上の関連性を同時に分析するには，多変量解析という手法を使います。多変量解析には種々の方法がありますが，データの分析の目的や扱う変数の尺度水準によって方法を使い分けることになります。図6-1は，そのチャートマップを示したものです（古谷野，1988）。

たとえば，前述の調査では，生きがいの有無にかかわる規定因の分析に多変量解析を用いられました。サラリーマンの生きがいに影響を及ぼす要因の1つとして，サラリーマンの性格に関する11の質問項目の因子分析を行い，その結果，「積極性の因子」「親和性の因子」「独自性の因子」の3つの因子を抽出しています。また，「生きがいをもっている」群と「生きがいをもっていない」群を従属変数，性別・年齢・健康状態・結婚状況・世帯収入などの属性，生活満足感・生きがいの意味の捉え方・性格・夫婦関係・社会的活動状況などの意識や行動を独立変数とする数量化Ⅱ類による分析を行い，その結果，生きがいの有無の規定因としては，「いつも目標に向かってつきすすむ」などの積極的な性格の影響が最も大きく，次いで趣味・精神的ゆとり・仕事のはりあいなどの生活充実感，さらに夫婦関係などの人とのつながりの重要性が示唆されました。

このように調査データの解析では，一般に，1変量の集計，2変量の集計，そして多変量解析へと段階を追って，より複雑な変数間の関係について分析を進めていきます。

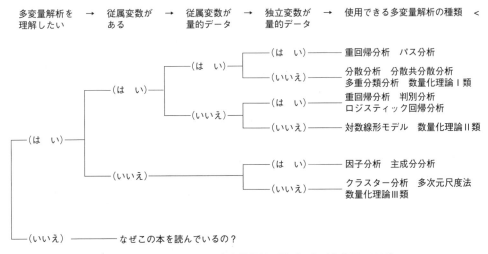

図6-1　フローチャート・多変量解析の選びかた（古谷野，1988）

### column 6：横断的調査と縦断的調査

調査には，面接調査，電話調査，留置調査，郵送調査，集合調査などありますが，それらは一般に横断的調査として行われます。横断的調査には，次のような特徴があります（岩淵，1997）。
①ある時点で，1つの集団を調査対象として実施します。
②現象の記述や相関関係についての言及が可能です。
③測定した変数の変化を把握できないために，因果関係を明確にするには限界があります。
④遡及調査（過去のことを質問する）も可能ですが，回答の信頼性に疑問が残ります。

たとえば，シニアプラン開発機構（1992）の「サラリーマンの生きがい調査」は横断的調査によって行われ，結果の一部として，定年退職者は現役のサラリーマンに比べて「生きがいを持っている」という回答が多い傾向があることが示されました。これは定年ショックにより生きがい喪失が増えるということへの1つの反証として注目されましたが，これは同時に存在する定年退職者の集団と現役サラリーマンの集団の「差」を示しているだけで，現役サラリーマンが将来，定年退職すると「生きがいを持っている」人が増えるという「変化」を示しているわけではありません。「差」を「変化」の近似値とみる解釈も一部にはありますが，「差」は「差」であり，「変化」ではないのです。定年退職者であるか現役のサラリーマンであるかという変数が，生きがいの有無という変数と関連があったことを示してはいますが，定年退職によって生きがいが増えるという因果関係を示しているわけではありません。

定年退職によって生きがいをもっている人が増えるのか，減るのかその変化について検証するためには，現役のサラリーマンを追跡して，その変化をみる必要があります。このような要求に応える調査が，縦断的調査です。これは，同一の対象者の同じ反応を，一定の時間間隔をあけて2度にわたって調査し，1度目の反応と2度目の反応の関連を分析するという方法です。たとえば，「サラリーマンの生きがい調査」の場合，もし定年退職が生きがい喪失を招くのか，生きがい創造を招くのか検証しようとすれば，同一のサラリーマンの生きがいの有無に関する調査を現役のときと定年退職後と2度実施し，仕事の有無の変化が生きがいの有無にどの程度の影響を及ぼすかを検討する指標が得られると考えられます。

しかし，このような縦断的調査によってもなお，剰余変数の影響を取り除くことはできていないために（定年退職と共に変化するさまざまな生活環境の変化の影響から隔離することは困難である），厳密な意味で定年退職と生きがいの有無の変化の因果関係を特定することはできません。しかし，このような調査を多様な場面で重ねていくことで，妥当な因果関係を推定することが可能になると考えられます。実験法と同様に，調査法もまた慎重な繰り返しが必要なのです（岩淵，1997）。

### 【引用文献】

本多正久（2007）．ハイテク調査の現状と動向　本多正久・牛澤賢二　マーケティング調査入門：情報の収集と分析　培風館　pp. 281-301.
岩淵千明（1997）．あなたもできるデータの処理と解析　福村出版
古谷野亘（1988）．数学が苦手な人のための多変量解析ガイド　調査データのまとめ方　川島書店
文部科学省（2014）．学校基本調査―平成25年度（速報）結果の概要
西田春彦・新　睦人（1976）．社会調査の理論と技法（Ⅰ・Ⅱ）　川島書店
桜井茂夫（1998）．質問紙法は何歳から可能なのか？　鎌原雅彦・宮下一博・大野木裕明・中澤　潤（編著）　心理学マニュアル質問紙法　北大路書房
シニアプラン開発機構（1992）．サラリーマンの生活と生きがいに関する調査
シニアプラン開発機構（1997）．サラリーマンの生活と生きがいに関する調査
シニアプラン開発機構（2002）．サラリーマンの生活と生きがいに関する調査
シニアプラン開発機構（2007）．サラリーマンの生活と生きがいに関する調査
鈴木淳子（2011）．質問紙デザインの技法　ナカニシヤ出版
安田三郎・原　純輔（1982）．社会調査ハンドブック［第3版］　有斐閣

# 7 事例研究法

## 7.1. 事例研究法とは何か

　ひとくちに事例研究といっても，研究分野によってさまざまな定義があります。ここでは，山本・鶴田（2001）により，いくつかの分野の代表的定義を見ておくことにしたいと思います。

　**社会学分野**：『統計的方法と対置される調査研究の方法で，ある一定の社会的単位（個人・家族・集団・地域など）を調査対象とし，その生活過程の全体や，あるいは特徴的な諸位相に関する資料を蒐収し，記述的な方法を主としつつ研究する質的な分析方法』（社会学事典）。

　**社会福祉分野**：『主として研究や教育を目的として行われ，対象の特異な事象や個人に関わるさまざまな問題やその背景について，詳細な個別的，具体的な調査を実施し，その因果関係全体を究明していくことを意図している。さらに，これらの所見を踏まえて，問題解決への手がかりや方向を個別具体的に見出していくことを目的に展開される』（社会福祉実践基本用語辞典）。

　**看護学分野**：『ある一つの事例に関して，治療・看護の体験を，過去の文献や資料などいろいろな角度から照合・検討して新しい見解や工夫を見出し，将来の発展へとつなげていく研究方法』（看護学学習事典）。

　**教育心理分野**：『問題を持つ個人の問題を，彼自身の生活史の流れの中で個別的・具体的に把握すると共に，周囲との関わりあいを含めて多面的・総合的に理解し，問題解決の方法を見出す』（教育心理学小事典）。

　**心理臨床分野**：『ある一つの特殊事例について，クライエントの抱える問題の診断と治療に寄与すると思われる種々の資料を蒐収し，これを系統的 systematic，総合的 wholistic，力動的 dynamic に把握することによって，特定個人の問題の所在や原因，発生条件，心理的機序などを明確にし，当面する問題を解決するための処遇や対策を立案実行しようとする心理学的技法』（心理臨床大事典）。

　**発達心理学分野**：『ある特定の事例＝ケース（個人，組織・集団，地域，現象・事象）を対象とした，①その対象が有している問題を解決する活動，②研究の条件を満たす活動のことをいう』（発達心理学辞典）。

　**カウンセリング分野**：『ある一つの事例について，クライエントが抱える問題の診断・見立てと治療に役立つと思われるさまざまな資料を，その個人に焦点を当て，問題に応じて，面接法や観察法，心理査定法，さらに質問紙法や作品法等を適切に使い，縦断的観点とともに多面的に収集する。これをその個人の人格形成にどのように関連があるかを探りながら系統的，総合的，力動的に把握することで，問題の所在や原因，発生条件，心理的機序などを明確にして，問題解決のための処遇や対策を立案実行しようとする心理的技法』（カウンセリング辞典）。

　このように見てくると，事例研究といってもその定義はさまざまであり，これらをひとくくりにして包括的に定義することは困難です。また，これまでにみてきた実験法，観察法，面接

法，質問紙法はそれぞれ独自のデータ収集の仕方がありましたが，事例研究法独自のデータの収集の仕方があるわけではありません。カウンセリング分野においては，観察法，面接法，質問紙法などいろいろな研究方法がミックスされて使われています。それにもかかわらず事例研究法が一つの独立した研究方法と認められているのは，事例研究法の目的とデータの活用の仕方が他の研究法とは異なっているという点にあると考えられます。すなわち事例研究法は，あくまで独自の存在としての個人・家族・集団・地域などの問題の理解や問題の解決に関心があり，その目的のためにデータが活用されている点が他の方法と異なっています。たとえば，心理臨床分野では，特定のクライエントの抱える問題の診断と治療に寄与すると思われる種々の資料を蒐収し，これを系統的 systematic，総合的 wholistic，力動的 dynamic に把握することによって，特定個人の問題の所在や原因，発生条件，心理的機序などを明確にし，当面する問題を解決するための処遇や対策を立案実行しようとするわけです。他の研究方法のように必ずしも全体へと一般化を目指しているわけではありません。

たしかに，複数の事例を扱った結果として，共通点を見出し，ある種の概念や類型を想定したりすることはあるかもしれません。ただし，それは事例を理解するための視点を提供しているのであって，十把ひとからげに一つの束にしてしまおうとしているわけではありません。事例研究法の場合には，そうした共通点がどの事例のどこに帰属しているか明確にたどれるようになっていなければなりません。要するに個々の事例の特徴をつぶしてしまわない配慮が必要になります。

## 7.2. 事例研究の要件

事例研究を行う場合，まずは，複雑な文脈で生起している事例の範囲をどう特定するか，どの範囲で事例を切り取るのかという問題があります。山本・鶴田（2001）は，こうした問題を事例のユニットと呼んでいます。このような観点からは，個人の事例研究，集団の事例研究，家族の事例研究，組織の事例研究，コミュニティの事例研究などが想定されます。

また，母親面接を事例として取り上げる場合でも，母親と面接者のユニットなのか，母親を含む家族と面接者のユニットなのか，それとも母親をサポートする家族以外のリソースまで含めるのか，ユニットの範囲によって分析の仕方や結果に大きな違いが生じるとしています（山本・鶴田，2001）。

他方，事例研究の場合には，個々の事例がそれぞれ独自の問題をかかえています。そうした意味で，検討の対象となる事例の問題がどのような問題の範疇（カテゴリ）に帰属するかを示す必要があります。土居（1977）は「ケースという場合は何かのケースということが常に含意されている」と指摘しています。抽出した事例が何かの問題の範疇に属し，できればその範疇の典型例が望ましいと考えられます。

## 7.3. 人称による事例の分類

山本・鶴田（2001）によれば，事例を分類する一つの重要な視点が人称です。一人称の事例なのか，二人称の事例なのか，三人称の事例なのか，人称によってその事例が抱える問題を捉える視点が大きく異なります。たとえば，同じ「老い」や「死」を問題にしていても，それを

捉える視点が一人称なのか，二人称なのか，三人称なのか，によってその事例の質的意味合いは大きく異なると考えられます。その「老い」や「死」が自分自身のことである場合と，自分とかかわりのある大切な人の「老い」や「死」である場合と，第三者の「老い」や「死」を客観的に捉える場合と，そこで捉えられている「老い」や「死」がいかに質的に異なるか想像してみてください。

　一人称の事例とは，「自分」のことについて，自分独自の視点から記述したもので，これには自叙伝，質問紙の記述内容，面接や夢などの逐語的記録，日記・日誌類，書簡，文学作品などの自己投影的ドキュメントなどが含まれます。

　二人称の事例とは，二者関係の相互作用のなかで捉えられた相手についての記述で，臨床面接や相談面接の事例研究もここに含まれてきます。臨床面接や相談面接の事例研究では，多くの場合，面接参加者の行動と内面的世界について記述されることになりますが，研究設問によっては面接者側の行動や内面的世界，あるいは2人の関係性に焦点を当てることもあります。いずれに焦点があるにせよ，面接者と面接参加者の相互作用の結果として生じる「間の事態」の記録なので，面接参加者側の反応だけでなく面接者側の要因も対象化して自覚的・明示的に記述することが欠かせません（山本・鶴田，2001）。

　三人称の事例には，直接的な面接記録，さまざまな水準の観察記録，日記や手紙を含む個人ドキュメント，心理検査や臨床検査の所見，関係者の証言の聞き取り記録，公文書資料や歴史資料などが含まれます。日記や手紙などは一人称の事例として執筆者本人の視点を通して分析されますが，三人称の事例として第三者の視点から客観的に分析されることもあります。また，臨床相談や教育相談の現場で行われている事例検討会（ケースカンファレンス）は，二人称の事例報告を含みながらも全体としては三人称的な場となると考えられます（山本・鶴田，2001）。

## 7.4. 事例研究の有効性

### (1) リアリティ構成と理論モデル構成

　山本・鶴田（2001）は，研究設問によって事例研究は大きく2つの研究に分けられるとしています。1つは，探索的・記述的な研究を目的とし，対象に対する詳細で濃密な観察と調査，それらに基づく詳細な物語的叙述を特徴としています。こうした個性記述的で，リアリティ構成的な研究は，事例自体の明確化が目的で，すぐれた事例を読むと読み手の側にその臨床的リアリティがみごとに再現されてくるといいます。特定の人物の伝記的研究もこの範疇の代表的な例とされます。

　これに対して，モデル構成の事例とは，事例研究において事例を通してモデル構成（仮説設定）するうえで有効な事例を指しています。リアリティ構成的な方法が事例自体の研究であるとするなら，モデル構成的な方法は事例を通しての研究といえます（山本・鶴田，2001）。

　そしてこの目的を遂行するためには，その事例の属している範疇の「典型例」（representative case）であることが望ましいと考えられます（山本・鶴田，2001；下山，2000）。

　山本・鶴田（2001）は，典型性について，事態の本質を明示的に描写し，その事例を通して本質に迫りうるという意味であるとしています。また，そうした人間に内在する本質は，人間の生き方をギリギリに推し進めていった極限状態や限界状態においてあらわになると考えられ

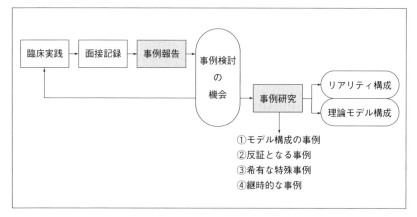

図7-1 二人称の事例の「報告」と「研究」（山本・鶴田, 2001）

ます（中村, 1986）。

### (2) 反証となる事例

　反証となる事例（critical case）とは，定説化している理論の反証として，単一事例を提示するものです。たとえば，老後を生きがいをもって過ごしている事例について考えてみましょう。一般的には，定年退職後，健康状態にめぐまれ，配偶者や家族の健康状態も良好で，経済的にも余裕があり，子ども達も立派に自立し，特に不安もなく，日々の活動や交流を楽しんでいる人がいたとしたら，その人は生きがいをもって生活していると思われているかもしれません。そして，かりに，そうした個人に質問紙調査で「生きがいをもっているか」と尋ねたら，おそらく「生きがいをもっている」と回答すると想定されます。

　しかし，ある定年退職者の生きがいに関する質問紙調査の回答者のなかから「生きがいをもっていない」という個人を選び出し，2次的な面接調査を行ったところ，前述のような一見，充実した生活を送りながらも「生きがいをもっていない」と回答した人が1人いました。その理由は，まったく意外なものでした。その人は，言葉の使用に非常に厳格で，「生きがいを仕事（会社）と家族のために頑張ること」と定義していました。その定義によると，定年前は，仕事（会社）や家族のために頑張っていたので生きがいがありましたが，いまは，仕事（会社）や家族のために頑張っているわけではないので，「生きがいをもっていない」ということでした。たった一例ですが，「生きがいをもっていない」というなかには，こうした事例もあるということが判明しました。したがって，生きがいのような個人の内面的世界ははたからうかがい知れない面があり，究極的にその人が生きがいをもっていると感じるか，感じないかにかかっていると考えざるをえないように思われます。

### (3) 希有な特殊事例

　希有な特殊事例（extreme or unique case）とは，きわめて特殊な事態や頻度の少ない現象を扱っており，その事態の現象を組織的に記述するだけで大きな意義があるとされています。たとえば，多重人格の事例，きわめて特異な殺人事件の事例などはこの範疇に入ります。こうした事例はきわめて特殊な事態で頻度も少ないため，事例自体の報告が多くの情報を提供してくれることになります（山本・鶴田, 2001）。

## (4) 啓示的な事例

啓示的な事例（revelatory case）とは，ジャーナリズムの潜入ルポのように隠された事実をあらわにするという，啓示的な性格をもつ事例のことです。事象としては知られているものの，これまでアプローチがむずかしく，その実情が知られていない領域に対して多くの情報を提供してくれる事例です。たとえば，みずからの命の危険性もある紛争地域に入り，戦火の中で子どもたちや女性たちがどのように生きているかについて発信した事例，東日本大震災の被災者・避難者の生活を避難先や仮設住宅で参加観察し，その生活実態と内面生活について報告した事例などはこの範疇に入ります。また，いわゆる成功事例や失敗事例に関する研究も，その実情をよくわかるように，表わし示しているという点で，この範疇に入ると思われます。

## 7.5. 事例研究における一般化

事例研究は，ほとんどの場合，文章化されて提示されます。そのため，事例研究を行う研究者は，統計的な知識はなくてもよいのですが，文章表現力，言語や概念に対する理解力が必要です。また，提示結果を読む者も，統計的な知識はなくてもよいのですが，読解力，言語や概念に対する理解力が必要です。なお，事例の読解は，提示結果を読む者と事例とのかかわりの程度によって，提示事例の理解のされ方に大きな隔たりが生じることもあります。

しかし，このような事例研究に対して，「文学もどきの非科学的研究である」「方法論に厳密さを欠いている」「条件の統制や操作ができない」「事後研究である」などの批判が投げかけられてきました。そして，最も多い批判が，「一つの事例からみえてきたことが，どうして全体へと一般化できるのか」という疑問でした。事例研究は，「個」の特異性（particularization）を詳述したり，現実から仮説を見出すパイロット・スタディにとどまり，科学的実証研究が志向するような一般化（generalization）は無理であると考えられてきました（山本・鶴田，2001）。この点に関して，山本・鶴田（2001）は，事例研究も理論モデルの構成を目指す以上，事例研究における一般化の可能性を追求すべきと考えており，次のような事例研究の一般化の可能性について言及しています。

### (1) 「典型例」の抽出と分析

事例研究では，事例の属する範疇やグループを代表する「典型例」（representative case）を抽出し，そこから一般化を試みています。こうした典型例は，統計的な平均値や中央値に相当する事例とはおよそ異なり，事態の本質を明示的に描写し，その事例を通して本質に迫りうる事例を意味しています。そうした意味で，事例研究においては，「事態の本質を最もあらわにしている事例はどれか」という研究設問が大切になります。また，この問いかけによって浮かび上がってきた事例を「典型例」と操作的に定義したいとしています（山本・鶴田，2001）。

### (2) 事例から理論への一般化

イェン（Yin, 1994）によれば，一般化への推論には 2 つの水準があります。第一水準の推論は統計的な一般化をなしうる推論です。第二水準の推論は，サーベイや実験の知見から理論モデルを組み立てる過程です。典型例の事例研究による推論の過程は，この第二水準の推論過程に相当するとしています。これが事例から理論への一般化（generalization from case to theory）

ということです。イェン（Yin, 1994）は，次のように述べています。

> 「事例研究は理論的命題へと一般化するのであって，すべての人たちに一般化しようとするものではありません。この意味において，ケースは母集団の一つのサンプルではありません。研究者の目標は理論的命題へと一般化することなのです」。

なお，科学的実証的研究においても統計的な一般化だけでは不十分であり，理論的説明が必要です（これについては，第1章の科学的研究の要件の⑤理論的説明を参照してください）。

### (3) 繰り返しによる検証

心理療法の過程では，クライエントの行動に似かよった行動パターンが繰り返し現われることが確認されています。そこで，面接者はクライエントの本質的な心のダイナミズムや構造を理解することができ，それを整理し，明確化していくことになります。長期のプロセスをたどるとこの反復性が確認されるので，理解した内容の内的妥当性が高まるといえます（山本・鶴田，2001）。

これまで多くの事例研究が複数事例研究（multiple case study）（Yin, 1994）ないしは事例収集研究（collective case study）（Stake, 1995）が行われてきました。これらの研究では，多くの事例を並列して重ね合わせながら，そこに浮かび上がる共通項を抽出しようとしてきました。しかし，山本・鶴田（2001）は，この方法を用いると統計的研究と近似した研究になり，結局「事例」が「標本」化して，事例研究の特色が薄められてしまう懸念があると指摘しています。そこで，山本・鶴田（2001）は，モデル化を目指す研究では，典型的な単一事例（single case）ないしは少数事例を通して抽出された仮説を，他の研究結果や実験例と照らし合わせて繰り返し検証，ないしは修正していく方がオリジナルな着想が得られるのではないかと主張しています。単一事例から見出された仮説が他の事例でも有効かどうか，実践過程を介して妥当性確認作業を積み上げていくうちに法則的な理論へと高められていくと考えています。それは，あたかも「判例」が累積され，「判例法」として確立されていく道筋と同じであると捉えています。

---

**column 7：グラウンデッド・セオリー・アプローチとは何か**

ここでは，質的データの主要な分析法の1つとして，グラウンデッド・セオリー・アプローチを紹介しておきたいと思います。グラウンデッド・セオリー・アプローチ（grounded theory approach；GTA）は，グレイザー（B. Glaser）とストラウス（A. Strauss）によって，1960年代当時主流であった調査にもとづく実証型の社会学研究に対抗するかたちで，「理論と経験的調査のギャップ」の問題を解決すべく開発されました（Glaser & Strauss, 1967）。グラウンデッド・セオリー・アプローチではデータを文脈から切り離して分析するために，いったんデータをバラバラにしてラベル名をつけた後で，それらをまとめ直してカテゴリー（概念）を見出し，カテゴリー同士の関係を検討します。そして，そのカテゴリー同士の関連性にもとづいて現象の構造やプロセスを説明する理論に発展させていこうとします。つまり，データに根差して分析を進め，データにもとづいた理論を目指しているという意味で，グラウンデッド・セオリー・アプローチ（grounded theory approach：データにもとづいた理論算出法）と呼ばれています。木下（2014）によれば，グラウンデッド・セオリー・アプローチには基本的に6つのタイプがあります。すなわち，グレイザーとストラウスの提案による当初のGTA（オリジナル版），その後コーディングの方法によってグレイザー版，ストラウス版，ストラウス・コービン版，社会構成主義からのGTAの再編を唱えたチャマーズ版，コーディング方法を中心に分化した客観主義的GTAや社会構成主義的GTAとも異なる実践的質的研究法の観点から提唱されたM-GTAです。ここでは，ストラウス版をもとに分析方法に工夫を凝らし，特定の研究領域についてあまり経験と知識をもたない研究者でも一定の成果を求めることが可能な比較的客観的な手続きを提示している戈木クレイグヒル滋子（2006, 2008）の方法のアウトラインを紹介します。

〈グラウンデッド・セオリー・アプローチのステップ〉
データの切片化
↓　　プロパティ　　：各切片に注目するなかで，文脈に縛られず，抽出されてきた現象を把握
　　　　　　　　　　するための切り口や視点を意味する。
　　　ディメンション：そのプロパティからみたときに，そのデータがどうであるのかを示すもの。
　　　　　　　　　　たとえば，食べ物に関しては，かりにカロリーというプロパティが抽出
　　　　　　　　　　されたとすると，カロリーの視点からみると，カロリーの高い食物とカ
　　　　　　　　　　ロリーの低い食物というディメンションの存在が考えられる。

ラベル名（コード名）をつける
↓　　プロパティとディメンション，メモを手がかりにラベルを考える文章の内容を端的に表わ
　　　すもの。

カテゴリーにまとめる
↓　　ラベル名を見ながら，何かしらの点で似たもの同士をグループにする。グループごとに，
　　　ラベル名を包括するようなカテゴリー名をつける。ラベル名とカテゴリー名はどちらも概
　　　念だが，カテゴリー名の方が抽象度高い。

カテゴリーの関係を捉える
↓　　パラダイム（paradigm：カテゴリー同士を関係づける枠組み）
　　　パラダイムの構成要素（状況・条件→行為・相互行為→帰結）
　　　カテゴリーの関連図
　　　現象の構造だけでなく，プロセスの把握

ストーリーラインを書く
↓　　現象の中で起きていることをカテゴリー関連図やメモをもとにして，中核となるカテゴリ
　　　ーについて説明したもの。

比　　較
↓　　概念を明確に捉えるため，適切な研究対象を知るため。

理論的サンプリング
↓　　カテゴリーのプロパティとディメンションを増やすため，さらなるデータ収集を行う。

理論的飽和
↓　　すべてのカテゴリーとそのプロパティやディメンションが出そろい，カテゴリー同士の関
　　　係がプロパティとディメンションによって詳細に把握でき，少数派事例に関しても十分に
　　　説明できる状態に至る。

理論の生成
↓　　カテゴリーとカテゴリーを統合して，複数の現象を包括する理論をつくる。

【引用文献】

土居健郎（1977）．方法としての面接　医学書院
Glaser, B. & Strauss, A. (1967). *The discovery of grounded theory: Strategies for qualitative research*. Hawthorne, NY: Aldine.（B. グレイザー＆ A. ストラウス（著）後藤　隆・大山春江・水野節夫（訳）（1996）．データ対話型理論の発見―調査からいかに理論をうみだすか　新曜社）
木下康仁（2014）．グラウンデッド・セオリー論　弘文堂
中村雄二郎（1986）．シンポジウム：事例研究とは何か　心理臨床学研究，3（2），26-27.
下山晴彦（2000）．事例研究　下山晴彦（編著）臨床心理学研究の技法　福村出版　pp. 86-92.
戈木クレイグヒル滋子（2006）．グラウンデッド・セオリー・アプローチ：理論を生みだすまで　新曜社
戈木クレイグヒル滋子（2008）．実践グラウンデッド・セオリー・アプローチ：現象をとらえる　新曜社
Stake, R. E. (1995). *The art of case study research*. London: Sage.
山本　力・鶴田和美（2001）．心理臨床家のための「事例研究」の進め方　北大路書房
Yin, R. K. (1994). *Case study research*. London: Sage.

# 第Ⅱ部

# 統計法

8. 変数とデータ

9. 分　布

10. 基本統計量とその利用

11. 2つの変数の関係

12. 検定の基礎

13. 平均値差の検定

14. そのほかの検定

15. 因子分析

# 8 変数とデータ

## 8.1. データにもとづくことの意義

　心理学研究の例を1つ紹介することからはじめましょう。バンデューラとシャンクというアメリカの心理学者は，算数の苦手な子どもたちにやる気を出させ成績を向上させるには，子どもたち自身が目標を適切に設定することが大事だと考えました。すなわち，「具体的で身近な目標を設定して学ぶときに，子どもたち自身の意欲が高まり，結果として成績も向上する」と考えたのです（Bandura & Schunk, 1981）。バンデューラたちの考え（仮説→ p.15）は正しいのでしょうか。正しさを示すにはどうしたらよいでしょうか。声高に主張するだけでは示したことになりません。相手を納得させるには，適切な方法でデータを集め分析した結果にもとづいて論じることが必要です。ここに統計法の出番があります。

　バンデューラとシャンクが集めたデータについて説明しましょう。彼らは，算数の苦手な小学生を対象とした1週間の学習指導プログラムを実施しました。このプログラムで子どもたちは，7セットからなる引き算の学習冊子を用いて自習形式で学習します。研究に協力した40名の小学生は，ランダムに10名ずつが4条件のいずれかに割り当てられました。①「近い目標」条件の子どもは，毎日1セット（6ページ）を終わらせるように誘導されました。②「遠い目標」条件の子どもは，7日目までに7セット（42ページ）を終えるように教示されました。③「目標なし」条件の子どもは，目標を設定せずに学習しました。④「統制」条件の子どもは，ほかの3群と違って，学習プログラムに参加しませんでした。学習が終了した後に，40名全員の内発的興味の強さ，成績などが測定されました。内発的興味とは，活動することそれ自体によってかき立てられる興味のことです。内発的興味が強ければ，自ら進んでその活動に取り組むと考えられます。

　結果はどうだったでしょう。図8-1を見てください。グラフの横軸は条件（目標設定の違い）です。左から順に「近い目標」「遠い目標」「目標なし」「統制」です。縦軸は，学習指導プログラム終了後に自発的に取り組んだ問題数の平均です。このグラフは条件ごとの内発的興味の強さを示すものと考えられます。グラフから，目標条件が違うと内発的興味の平均が違うこと，特に「近い目標」条件で平均が高いことを読み取ることができます。ここでは触れませんが，成績についても，「近い目標」条件の子どもたちの平均が高くなっ

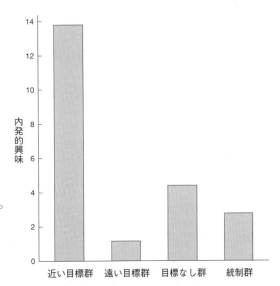

図8-1　条件ごとの自発的な問題回答数の平均
　　　　（内発的興味）

ていました。バンデューラとシャンクは，得られたデータを分散分析と呼ばれる統計手法によって分析し（分散分析→p.150），「漠然とした遠い目標を設定して学ぶよりも，具体的で身近な目標を設定して学ぶほうが，子どもたち自身の意欲が高まり，結果として成績も向上する」という仮説の正しさを高い説得力で示したのです。

データ（エビデンス＝証拠）にもとづいて判断することの大切さを，少しは実感してもらえたでしょうか。

## 8.2. 変　数

上の例では，目標設定の違いによって内発的興味の強さが違ってくるだろうと想定し，内発的興味に注意を向けました。内発的興味の強さは同じ目標設定をした人の間でもいろいろな値をとるでしょう。このように，個体ごとにいろいろな値をとり，リサーチクエスチョンに照らしてその研究が注目しているものを変数と呼びます。調査関心の対象が「体格」ならば，身長，体重や胸囲などが変数になるでしょう。「運動能力」の研究であれば，50m走のタイム，ソフトボール投げの記録，握力などを変数として選ぶかもしれません。

何らかの規則に従って変数に数値やカテゴリーを与えることを測定と呼びます。身長や50m走のタイムなどの変数は，何を指すのかが直観的に明快であり，広く共有された単位（cm，秒など）によって測定できます。これらの変数に比べると，バンデューラとシャンクの研究における内発的興味は，何を指すのか，どんな単位によって数値化するのかが自明ではありません。心理学では，社会的外向性，知的能力のように，心理学上の概念（構成概念）を変数として取り上げることがよくあります（構成概念→p.12）。構成概念を測定するときには，まず概念を適切に定義すること（概念的定義），つぎに概念に関する個人差を数値化する手順を明確にしておくこと（操作的定義）が重要です。社会的外向性の測定を例にとると，社会的外向性という概念で何を指すのかを十分に吟味してから，その概念を反映する質問項目をたくさん作って質問紙を構成し，質問紙への回答を得点化するという手順をとることがよくあります（質問紙法→p.63）。バンデューラとシャンクの研究では，「学習プログラムの終了後に子どもたちが自発的に取り組んだ問題の個数」によって，内発的興味を操作的に定義しています。研究を行う立場からも，読む側の立場からも，変数の概念的定義，操作的定義の適切さに注意を向けることが大切です。

## 8.3. データ

どのような変数に注目するのかが決まったら，複数の個体についてその値を得る段階に進みます。「個体」と書きましたが，心理学研究では多くの場合，個体＝人です。彼（女）らは被験者（subject）とか研究参加者（participant）と呼ばれます（以前は被験者と呼ぶのがふつうでしたが，受け身ではなく研究に主体的に参加してくれる人という意味で，研究参加者という表現が使われるようになっています）。研究の目的によっては，学校，都道府県，国あるいは動物などが個体として扱われることもあります。たとえば，PISAの略称で知られる「OECD生徒の学習到達度調査」の成績を国別に比較・検討したいのであれば，国を個体として扱うことになります。

複数の個体について変数の値を実際に求めたものの集合をデータと呼びます。求めた値は通常，個体×変数の形に整理します。データをイメージしてもらうために，2つの例を挙げます。

①**例1**　「身長」「通学時間」「サークル」「昼食」の4つの変数を用意して，心理統計法の履修者94名に回答を求めました。「身長」はセンチメートルの単位で，「通学時間」は自宅から大学までの片道に要する時間を分の単位で答えてもらいました。「サークル」ではサークルへの所属について「学内」「学外」「学内・学外両方」「なし」の4つの選択肢から1つを，「昼食」ではふだんの学内での昼食について「学食」「弁当」「その他」の3つの選択肢から1つを選んで答えてもらいました。集めた回答をExcelに入力したもの（一部）が表8-1です。行が一人ひとりの回答者に対応し，列が変数に対応しています。94名が回答してくれたのですが，ここでは10名分だけを示してあります。

表8-1　データ例1

| 身長 (cm) | 通学時間(分) | サークル | 昼食 |
|---|---|---|---|
| 153 | 90 | なし | 学食 |
| 164 | 50 | なし | 弁当 |
| 155 | 40 | なし | 弁当 |
| 155 | 75 | 学内・学外 | 学食 |
| 155 | 60 | なし | その他 |
| 157 | 60 | なし | 弁当 |
| 158 | 60 | なし | 弁当 |
| 158 | 30 | なし | 学食 |
| 152 | 50 | なし | 学食 |
| 159 | 5 | 学内 | 弁当 |

②**例2**　バンデューラとシャンクの研究で得られたデータは，表8-2のようなものだったでしょう（彼らの論文にはデータが示されていませんから，ここに示した数値は適当に与えた架空のものです）。小学生たちが割り当てられた条件の違いが，変数として表現されていることに注目してください。「近い目標」は1，「遠い目標」は2のように，条件の違いを異なる数値で表わすことで，各個体がどの条件に割り当てられたかを区別できます。このような情報を変数としてデータに含めることによって，条件別に内発的興味の平均を比べることができます。

表8-2　データ例2

| 条　件 | 内発的興味 |
|---|---|
| 1 | 12 |
| 1 | 15 |
| (略) | |
| 2 | 4 |
| 2 | 3 |
| (略) | |
| 4 | 5 |

## Column 8：母集団と標本

　研究で関心を向ける全対象を母集団，母集団の一部を抽出した実際の測定対象を標本（サンプル）といいます。バンデューラとシャンクの研究における母集団は，「算数の苦手な子どもたち」です。しかし，「算数の苦手な子どもたち」すべてを対象として研究を行うことはできません。彼らの研究にかぎらず，心理学研究ではほとんど例外なく，母集団を調べ尽くすことは不可能です。バンデューラとシャンクが実際に協力を求めたのは 40 名の小学生です。母集団と標本という観点からいうと，心理学研究は，想定される母集団を適切に代表するように標本を抽出し，たまたま抽出された 1 つの標本をデータとして進められるということになります。ほしいのは母集団についての結論なのに，使えるのは一部の標本だけというジレンマをどう解決するか，この問題に 12 章以降で取り組みます。

## 8.4. 変数の種類

　表 8-1 を見ると，「サークル」や「昼食」について，その値が「なし」とか「学内」のように文字で表わされています。「値が文字なのに変数？」と思うかもしれませんが，「数」にとらわれないでください。変数であることの要件は，個体によって異なる値が現われることです（変数を表わす英語 variable には，「数」を表わす意味はありません。variety, various などの単語を思い浮かべてください）。たとえば，共学の大学で学生調査を行うならば「性別」は欠かせない変数ですが，女子大学では「性別」は変数になりません。

　数値で表わされる変数を数値変数，文字を値とする変数のことを文字値変数と呼ぶこともあります。コーディングといって，あらかじめ「学内」→ 1，「学外」→ 2，のように約束を決めて，カテゴリーを数値に直しておくこともよくあります。表 8-2 における「条件」は，コーディング済みです。

　変数を質的変数と量的変数に区別することもあります。これは数値変数と文字値変数の区別よりも大事です。質的変数は対象の属性の質的な違いに着目するもので，性別やサークル所属，出身地などがその例です。質的変数には，あらかじめ定められたカテゴリーのいずれかに対象を分類することで値が与えられます。量的変数は，対象の属性の大小や強弱などの量的な違いを数値で表現するものです。身長，通学時間，立ち幅とびの記録などは量的変数の例です。

　これとは別に，変数が取りうる値の形式的な側面に注目して，変数を連続変数と離散変数に区別することもあります。身長や体重のように一定の範囲内の値すべてをとりうるのが連続変

表 8-3　変数の分類

|  | 連続変数 | 離散変数 |
|---|---|---|
| 量的変数 | 身長，体重，反応時間，テスト得点[注] | 家族の成員数，テストの正答数，1 週間の運動回数 |
| 質的変数 |  | 性別，職業別，血液型，喫煙習慣の有無 |

注）「テスト得点は，0 点から満点までの整数しかありえないから離散変数ではないか」と思う人もあるかもしれません。離散変数であっても，多くの異なる値をとる量的変数の場合には，連続変数と同じように扱います。また，「テストで測ろうとしているもの（たとえば学力）自体は連続的なのだが，データとしては整数に丸めた値しか得られない」と考えることもできます。

数，きょうだいの数や1週間の運動回数のようにとびとびの値しか現われないのが離散変数です。「量的か質的か」という分類と「連続か離散か」という分類を組み合わせると4通りの場合分けができるので，表8-3に整理しておきました。質的かつ連続という変数は存在しないので空白にしてあります。みなさんもそれぞれに入る変数の例を考えてみてください。

　比率尺度，間隔尺度，順序尺度，名義尺度という4つの尺度水準に分けることもあります。尺度水準については，第2章第2節（→ p.10）をご覧ください。

**【引用文献】**

Bandura, A. & Schunk, D. H. (1981). Cultivating competence, self-efficacy, and intrinsic interest through proximal self-motivation. *Journal of Personality and Social Psychology*, 41(3), 586-598.

# 9 分布

変数について複数の個体からのデータを集めたら，まず行うべきなのは，どういう値のデータが何個得られたのかという分布の様子をまとめることです。質的変数と量的変数とでまとめ方が違うので，分けて説明しましょう。

## 9.1. 質的変数の度数分布

質的変数では，現われる値（カテゴリー）それぞれの度数（人数）をカウントして整理します。たとえば，30名の学生にふだんの昼食をどうしているか，弁当持参，学食利用，その他の3カテゴリーで答えてもらったところ，それぞれが17名，9名，4名でした。この結果は，表9-1のような度数分布表に整理することができます。変数のカテゴリーを横軸にとり，それぞれの度数を縦軸の棒の高さで表わせば棒グラフができます（図9-1）。グラフにすることで，度数分布の様子を視覚的に把握できます。量的変数であっても，ごく少数の離散的な値しか表れない場合（例：1日の食事の回数）には，棒グラフが用いられます。

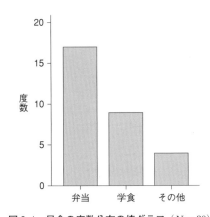

表 9-1 昼食の度数分布表 ($N = 30$)

| 昼食 | 度数 |
| --- | --- |
| 弁当 | 17 |
| 学食 | 9 |
| その他 | 4 |

図 9-1 昼食の度数分布の棒グラフ（$N = 30$）

## 9.2. 量的変数の度数分布

身長や通学時間などの連続的な量的変数では，ある範囲内であらゆる数値が現われうるので，1つひとつの値ごとに度数をカウントすることには無理があります。連続的な量的変数の度数分布表を作るときは，データの値をいくつかの区間に分けて，区間ごとに度数をカウントします。この区間のことを階級と呼びます。階級の個数は，データの個数が多いときには多めに，データの個数が少ないときには少なめにとるとよいでしょう。階級は連続的な値を区切ったものですから，境界値に等しいデータをどちらの階級に含めるか，データを数える前に決めておくことが必要です。

表9-2は，心理統計法の授業について，試験得点の範囲を10点幅で10個の階級に分け，階級ごとの度数をカウントしたものです。ここでは，0から10，10から20のように10点幅に階級を設定していますが，度数分布表で階級を「0～9点」のように表わしていることから，階級の境界（10点，20点，…）を，上の階級で数えていることが伝わります。たとえば，30点の人は「30～39点」の階級で数えます。階級の中点（階級の上限と下限の真ん中の値）を階級値と呼び，階級値で階級を代表させて度数分布表を作ることもあります。この例では，階級値は，5点，15点，25点のようになります。なお，このデータには100点の人が存在しなかったのですが，もし100点の人がいたら，「100～109点」という階級を作って，100点の人はそこでカウントします（あるいは，一番上の階級を「90～100点」としてしまうこともあります）。
　表9-2にあらわれる相対度数，累積度数，相対累積度数についても説明しておきましょう。度数分布表で必須の要素は階級およびその度数だけであり，相対度数，累積度数などは度数をもとにあとから計算できるものです。しかし，あらかじめ算出して度数分布表に含めておくと役に立つことがあります。相対度数は，各階級の度数を総度数で割った値です。同じ度数であっても総度数の大きさが変われば，意味合いが違ってきます。相対度数はこの違いを示してくれます。たとえば，総度数10における度数5の相対度数は0.5，総度数100における度数5の相対度数は0.05です。累積度数は値が小さい方からその階級までの度数を合計（累積）して求めます。たとえば，表9-2で「20点～29点」の累積度数は，1＋2＋5で8になります。29点以下（30点未満）の人数を知りたいときに便利です。累積度数を総度数で割れば，相対累積度数が得られます。20点～29点の相対累積度数を見れば，この分布において30点未満の人の割合が0.088（約9％）であることがわかります。
　階級分けした度数分布表をもとにして作るグラフをヒストグラム（柱状グラフ）といいます（図9-2。左図は表9-2の度数分布をヒストグラムにしたものです）。ヒストグラムを描くには，階級の幅を底辺，度数を面積に対応させた柱を並べます。通常はすべての階級幅を等しくしますので，その場合は「度数を柱の高さに対応させる」といっても同じことです。それでも，ある区間の度数を面積で読みとるくせをつけておくことは役に立ちます。また，階級は連続的な値を区切ったものなので，柱と柱の間に隙間を空けてはいけません（もちろん，該当する階級の度数が0であればそこには隙間ができます。図9-2右の「10点～19点」の階級はその例です）。ヒストグラムの柱は，特定の「得点」ではなく階級に対応しているので，ヒストグラムから読み取れる度数は得点範囲についてのものです。たとえば，「50点以上の人の割合」は，ヒ

表9-2　度数分布表

| 得点 | 度数 | 相対度数 | 累積度数 | 相対累積度数 |
|---|---|---|---|---|
| 0～9点 | 1 | 0.011 | 1 | 0.011 |
| 10～19点 | 2 | 0.022 | 3 | 0.033 |
| 20～29点 | 5 | 0.055 | 8 | 0.088 |
| 30～39点 | 20 | 0.220 | 28 | 0.308 |
| 40～49点 | 21 | 0.231 | 49 | 0.538 |
| 50～59点 | 20 | 0.220 | 69 | 0.758 |
| 60～69点 | 13 | 0.143 | 82 | 0.901 |
| 71～79点 | 7 | 0.077 | 89 | 0.978 |
| 80～89点 | 1 | 0.011 | 90 | 0.989 |
| 90～99点 | 1 | 0.011 | 91 | 1.000 |

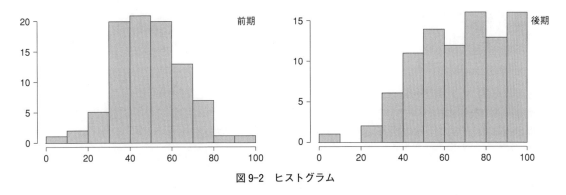

図 9-2 ヒストグラム

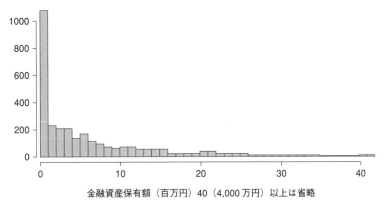

図 9-3 ヒストグラム（右に歪んだ分布）

ストグラム全体の面積（広さ）のうち，50 点から右の占める割合として，視覚的にすばやく把握することができます。たとえば，図 9-2 より，前期では 50 点を超える人がほぼ半数だが，後期では 50 点を超えた人がかなり多いことがわかります。

　テストの得点分布のヒストグラムは，受験者集団にとってむずかしい項目とやさしい項目が適度に混ざっていれば，図 9-2 左図のようにほぼ対称な形になります。しかし，やさしい項目が多いときにはヒストグラムは非対称で，図 9-2 右図のような形状になるでしょう。このとき，分布は左に歪んでいるといいます。むずかしい項目が多いときには，これとは逆に右に歪んだ分布になるでしょう。右に歪んだ分布の例として，ここでは金融資産保有額の世帯別分布のヒストグラムを示しておきます（図 9-3）。

　ヒストグラムは度数分布の図示法として最もよく使われるものです。しかし，連続変数の値を階級にまとめるため，階級内の値が区別できなくなるという泣き所があります。たとえば，図 9-2 のヒストグラムからは，最高点（最大値）や最低点（最小値）を読み取ることはできません。個々の値も知りたいときは，幹葉表示（幹葉図）が役に立ちます。図 9-4 は，表 9-2（図 9-2 左図）のデータの分布を幹葉表示で表したものです。左側に縦に並んだ 0 から 9 までの数値はテスト得点の 10 の位で，この部分を幹に見立てています。10 の位の数値の右に横に並んだ「葉」が 1 の位の数値です。10 の位と 1 の位の数値を組み合わせて読めば，最高点が 91 点，最低点が 8 点であること，15 点を取った人が 2 人

```
0 | 8
1 | 55
2 | 13789
3 | 00223355566777777999
4 | 00234444556667778888999
5 | 11123334456677788899
6 | 0222345678889
7 | 0013469
8 | 6
9 | 1
```

図 9-4 幹葉表示

いることなどがわかります。この幹葉図を反時計回りに 90 度回転させると，ヒストグラムのように見ることもできます。

## Column 9：確率分布

### 表か裏か

「これからコインを投げます。表と裏とどちらが出るでしょう」と聞かれても，当てずっぽうに答えるしかありません。しかし，「これから 10 回コインを投げます。表は何回出るでしょう」と聞かれたら，「5 回くらい」という答えが頭に浮かぶのではないしょうか。このとき，あなたは「表と裏の出やすさは同程度」と考えているはずです。表と裏が同じくらい出やすいということから，表（裏）の出やすさの確率を 0.5 と定義します。度数分布を得るには，表と裏の度数を実際に数えます。どんな度数分布が得られるかは，コインを実際に投げないとわかりませんし，繰り返しチャレンジすると違った度数分布が得られるかもしれません。これに対して，表と裏に確率を対応させた確率分布は，「こうなると考えられる」という，いわばモデルとしての分布であり，表と裏を実際に数えるのではありません。

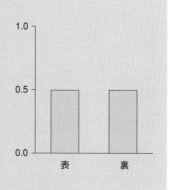

### 2 項分布

「コインを 10 回投げたときの表の回数」として「5 回」と答えたとしても，10 回投げを繰り返して表がいつでも 5 回になるとは思わないでしょう。表の出る回数は，0 回から 10 回まで 11 通りの可能性があります。10 回投げを何度も繰り返せば，表の出る回数の度数分布が得られますが，そんなことをしなくても，「表の出る確率がそれ以前の結果によらずいつでも 0.5」と仮定すれば，表の出る回数について，数学的に確率分布を導くことができます。高校の数学 B でも学ぶ 2 項分布がそれです。

いま，注目している事象（「表が出る」）が生じることを「成功」，生じないことを「失敗」と呼ぶことにします。1 試行あたりの成功確率を $\pi$（失敗確率は $1-\pi$），試行を独立に繰り返す回数を $n$ とすると，$n$ 回中 $x$ 回が成功である確率 $p(x)$ は，2 項分布の式によって計算できます（独立とは，「表の出る確率がそれ以前の結果に左右されないこと」です）。

$$p(x) = \binom{n}{x} \pi^x (1-\pi)^{n-x} \quad \text{ここで} \binom{n}{x} = {}_nC_x = \frac{n!}{x!\,(n-x)!}$$

コインを 10 回投げて 2 回の表が出る確率を求めるには，$n=10$，$\pi=0.5$，$x=2$ を代入して計算します。

$$p(x=2) = \binom{10}{2} 0.5^2 (1-0.5)^8 = 45 \times 0.5^{10} = 0.044$$

0 から 10 までの 11 通りの表の回数（$x$）のそれぞれの確率を求めてグラフにすると，図 9-5 が得られます。

表が 5 回になる確率が最も大きいこと，表が 4 回や 6 回になるのは稀ではないこと，10 回とも表あるいは裏になる確率はほとんど 0 であることなどがわかります。それぞれの棒の高さは確率を表わしますから，すべての棒の高さを合計すれば，1 になることにも注意を向けてください。

**図 9-5　表の出る確率の分布**

## 正規分布

ポアンカレ（J.-H. Poincaré: 1854-1912）（写真左）というフランスの有名な数学者のエピソードとして伝わる話を紹介させてください（Holland, 2002／邦訳, 2004）。

ポアンカレ　　　　ガウス

ポアンカレは毎日同じパン屋でパンを買うことを習慣としていた。ひとかたまりのパンの重さは1 kgだとうたわれていたが、ポアンカレはパン屋がごまかしをしていると疑っていた。あるひとかたまりの重さがたまたま1 kgを切っていたとしてもそれだけではごまかしの証拠とは言えない。別のかたまりは1 kgより重いかもしれないからである。ポアンカレは毎日買ったパンの重さを1年間はかり続け、パン屋がごまかしをしている動かぬ証拠を得た。

ポアンカレは、どのようにしてごまかしを見破ったのでしょう。同じ重さでパンを作るつもりでも、いつでもまったく同じ重さで作ることはできません。ある程度のバラツキは避けられません。ぴったり正確な値からずれる量を誤差（測定誤差）と呼びます。測定に誤差はつきもので、同じものの長さ、重さを繰り返し測るとき、多かれ少なかれ誤差を伴います。

測定誤差の研究を通じて、誤差の分布として正規分布を導いたのは、世界的に高名なドイツの数学者ガウス（C. F. Gauss: 1777-1855）（写真右）です。正規分布はベルの形あるいはスズランの花にたとえられる完璧に左右対称な分布です。誤差の分布のモデルとして用いられるとき、中央（＝平均）は0になります。正の誤差と負の誤差の現われ方が対称で、極端に大きな誤差は生じにくいことがわかります。また、正規分布の広がりは誤差の散らばり具合を反映し、分布の広がりが小さいことは測定が正確であることを表わします（広がりの程度を示す標準偏差については、後述します）。

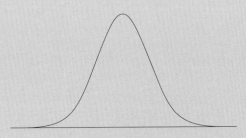

図 9-6　正規分布

パンの重さについて得たデータをポアンカレがヒストグラムで表わしたとき、950 gを中心とする正規分布によく似た形になったといいます。つまり、パン屋は950 gのパンを作ろうとしており、誤差によって重さが前後したというわけです。この話の後日談もなかなか興味深いものです。

パン屋がごまかしをしているというポアンカレの訴えは当局に受理され、当局はパン屋に警告を与えた。しかし、さらに1年分のデータによってポアンカレは、パン屋がごまかしを続けていると苦情を申し立てた。分布はもはや左右対称ではなく、右半分は以前と同じだったが、左側はずっと低く短くなっていた。パン屋はポアンカレの苦情を恐れて、手元にある一番大きなパンをポアンカレに渡していたことが露見した。

正規分布になるはずの分布が妙な形状であったことから、ポアンカレはパン屋の人為（ごまかし）を見抜いたのです。

正規分布は統計学において最重要の確率分布であり、いろいろな場面で非常によく使われます。モステラーら（Mosteller et al., 1973／邦訳, 1980, p. 19）には、正規分布が使われる4つの理由が挙げられています。

①測定誤差の分布として
②標本平均の分布として　心理学研究では母集団を調べ尽すことができず，手に入るデータは，母集団の一部を抽出した標本のものであることを，column 8で指摘しました。どんな母集団から標本を抽出する場合でも，標本平均の分布は近似的に正規分布に従うことが知られています。この事実は，標本のデータをもとに母集団について推論するときの理論的な根拠として重要です。
③生物学的な測定値の分布として　モステラーら（1980）には，非常に多くの人の身長を測り，その分布がほぼ正規分布をしていることに気づいたケトレー（L. A. J. Quételet: 1796-1874；19世紀に活躍した学者）の話が紹介されています。調べている個体数が少ないときには，ヒストグラムの不規則さが目立つかもしれません。しかし，多くの個体を集めてヒストグラムを描くと，不規な凸凹が消えて一定の傾向が見えてくることがよくあります。図9-7は，高校3年生の男女それぞれ2万人以上から得た身長の分布を示したものです。男女とも身長の分布の形状は，正規分布にきわめて似ています。

統計分析の中には，母集団分布が正規分布であることを仮定するものが多くあります。
④ほかの確率分布を近似する分布として　正規分布は多くの確率分布の近似としても有用です。たとえば，4肢択一の試験問題50問にでたらめに解答して18問以上正答する確率を知りたいとします。これは2項分布の問題です。4肢択一問題にでたらめに答えて正答する確率は0.25ですから，2項分布の式に $n = 50$，$\pi = 0.25$ を代入して得られる次の式を使って，$x = 18, 19, \cdots, 50$ のそれぞれについて計算して合計すれば，求める確率が得られます。

$$p(x) = \binom{50}{x}(1/4)^x(1-1/4)^{50-x}$$

$x = 0, 1, \cdots, 17$ までの確率を合計したものを1から引けば，計算量が減りますが，それでもかなり面倒な計算になります（Excelを使いこなせれば，そうでもありませんが）。計算結果は0.055になります。
（このあとの部分が難しければ，最初は読みとばしてもかまいません）成功確率 $\pi$，繰り返し回数 $n$ の2項分布は，平均 $n\pi$，標準偏差 $\sqrt{n\pi(1-\pi)}$ の正規分布で近似できることが知られています。図9-8の棒グラフは，成功確率 1/4，繰り返し回数 50 の2項分布，重ね描きされた曲線は平均 $= 50 \times (1/4) = 12.5$，標準偏差 $\sqrt{50 \times 1/4 \times (1-1/4)} = 3.06$ の正規分布です。2項分布と正規分布がよく重なり合っていることがわかるでしょう。

離散的な確率分布では，棒の高さが確率に対応しますから，2項分布での確率計算は該当する棒の高さを合計することに相当します。すべての棒の高さの合計は1です。連続的な確率分布では，曲線下の面積が確率に対応しますから，正規分布での確率計算は該当する範囲について正規曲線の下の面積を求めるこ

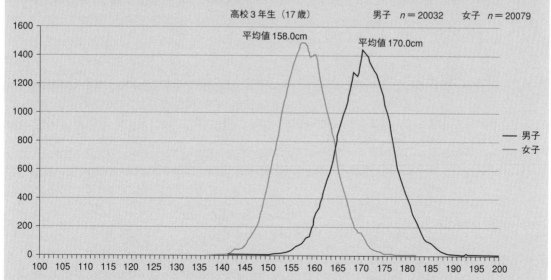

図9-7　高校3年生の身長の分布（文部科学省のHPに掲載されている「平成24年度学校保健統計調査の調査結果」http://www.mext.go.jp/component/b_menu/other/__icsFiles/afieldfile/2013/03/29/1331750_1.pdf）

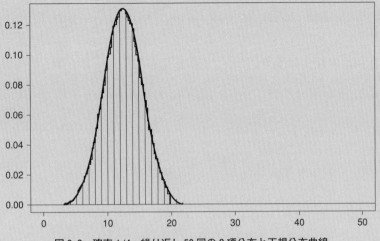

図 9-8　確率 1/4，繰り返し 50 回の 2 項分布と正規分布曲線

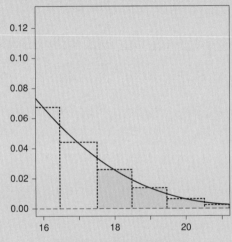

図 9-9　18 以降の確率の分布

とに相当します。全範囲についての曲線下の面積は 1 です。

ここでの例についていえば，2 項分布を用いた確率は，図 9-8 の 18 から 50 までの 33 本の棒の高さの合計です（右の方の確率は 0 に近いので，棒が見えませんが）。正規分布を近似計算に使うことは，18 − 0.5 を超える部分の正規曲線の下の面積を求めることに相当します。面積（＝確率）を求めるのはむずかしそうだと思うかもしれませんが，用意された数表を読むほかは簡単な計算だけであり，2 項分布を使って確率を求めるのと比べて，計算量はずっと少なくて済みます。

正規曲線の下の面積を求める方法は，次章の「10. 4. 標準化」で学ぶことにします。ここでは，なぜ 18 ではなく 18 − 0.5 から右の面積を求めるのかを説明しておきます。図 9-9 は図 9-8 の一部を拡大するとともに，2 項分布の棒グラフを階級幅 1 のヒストグラムで置き換えたものです。柱の底辺は 1 ですから，2 項分布の確率を表わす棒の高さと柱の面積は同じ値になります。2 項分布の正規近似は，2 項分布の確率を表わす棒の高さ（＝柱の面積）を，正規曲線の下の面積で代用するものです。18 の柱の左端は 18 − 0.5 ですから，18 の柱から右の柱の面積の合計に近づけるためには，18 ではなく 18 − 0.5 より右側について正規曲線の下の面積を求める方がよいのです。求めた結果は 0.052 であり，2 項分布で計算したときと近い結果が得られます。

【引用文献】

Holland, B. K. (2002). *What are the chances: Voodoo deaths, office gossip, and other adventures in probability.* Baltimore, MD: Johns Hopkins University Press.（B. K. ホランド（著）　林　大（訳）(2004). 確率・統計で世界を読む　白揚社）

Mosteller, F., Kruskal, W. H., Link, R. F., Pieters, R. S., & Rising, G. R. (Eds.) (1973). *Statistics by example.* Reading, MA: Addison-Wesley.（F. モステラー他（編）村上正康（監訳）(1980). やさしい例による統計入門・下　培風館）

写真

ポアンカレ
〈http://www.mlahanas.de/Physics/Bios/images/HenriPoincare.jpg〉

ガウス
〈http://www-groups.dcs.st-and.ac.uk/〜history/Mathematicians/Gauss.html〉

# 基本統計量とその利用

## 10.1. 分布の位置を示す値（代表値）

### (1) 平　　均

10人の研究参加者を5人ずつ2つの異なる条件に割り当てて実験をしました（実験法 → p.15）。10人の従属変数（0〜10点）の測定値は表10-1のとおりでした。図10-1には，分布を階級幅が1のヒストグラムで示してあります。データ値を階級値と考えてください。

表 10-1　実験測定値

| | | | | | |
|---|---|---|---|---|---|
| 条件1 | 2 | 3 | 3 | 4 | 5 |
| 条件2 | 1 | 2 | 3 | 3 | 4 |

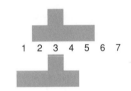

図 10-1　表 10-1 のヒストグラム
（上が条件1，下が条件2）

ヒストグラムを見ると，2つの分布は重なり合っていますが，全体として，条件1の分布が大きい方に位置しているといえそうです。分布の位置を表わすのに使われる指標のことを代表値と呼びます。最も代表的な代表値が平均です。条件1と条件2のデータの平均は，それぞれ3.4と2.6になり，分布の位置の違いを示しています。

$$条件1の平均：\frac{1}{5} \times (2+3+3+4+5) = 3.4$$

$$条件2の平均：\frac{1}{5} \times (1+2+3+3+4) = 2.6$$

もう1つ別の例を示しましょう。図10-2の2つのヒストグラムのうち，上の分布の位置が右に（大きい方向に）ずれています。平均は，上の分布で52.4，下の分布では45.5です。ヒストグラムはどちらも左右対称に近く，平均がそれぞれの分布のほぼ中心を指し示すことに気づいたでしょうか。平均の違いが2群の位置の違いを示していることを確認してください。

統計学ではデータの個数を $n$ で表わします（サンプルサイズと呼ぶこともあります）。また，小文字ではなく大文字の $N$ を使って表わすこともあります）。10人から集めたデータならば $n = 10$ です。変数 $x$ について $n$ 個のデータの1つひとつを $x_1, x_2, \cdots, x_n$ と書きます。平均は $n$ 個のデータを合計して $n$ で割って求めますから，これを公式で書くと

$$\bar{x} = \frac{1}{n}(x_1 + x_2 + \cdots + x_n)$$

となります。$\bar{x}$ はエックスバーと読み，変数 $x$ の平均を意味する記号です。

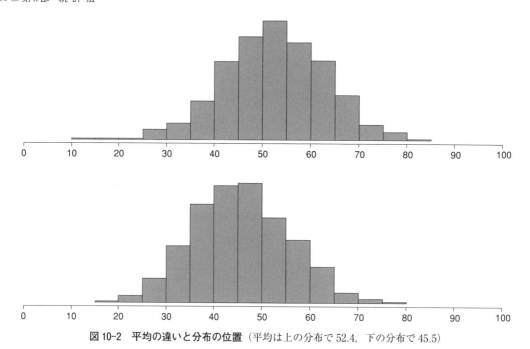

図 10-2　平均の違いと分布の位置（平均は上の分布で 52.4，下の分布で 45.5）

> **Column 10：シグマ記号**
>
> 　文系の方の中には，高校でシグマ記号（Σ）を学んでいない方もあるかもしれません。「見るのもいや」と言う人も少なくありませんが，Σ を使った式の「読み方」だけでもマスターすれば，統計の学習が促進されます。
>
> 　平均を求める公式に，$x_1 + x_2 + \cdots + x_n$ という表現が出てきました。データの個数が一般的に何個になるかわからないので，途中を「…」でぼかしてあるのです。シグマ記号を使うと，$x_1 + x_2 + \cdots + x_n$ を $\sum x_i$ のようにすっきりスマートに書けます。平均の公式は，$\bar{x} = \dfrac{1}{n}\sum x_i$ です。
>
> 　むずかしい計算をするわけではなく，単に足し算をするだけです。シグマ記号は，「$n$ 個を全部足しなさい」というマークです。合計を表わす英単語 Sum の先頭の S を示すために，対応するギリシャ文字 Σ（シグマ）を使ったといわれています。シグマ記号に慣れると，何を足すのかが一目で把握できて便利です。例を示しておきましょう。$x$ のデータは，5，3，7，5 だとします（$n = 4$，$\bar{x} = 5$）。
>
> (1) $\sum x_i^2 = x_1^2 + x_2^2 + x_3^2 + x_4^2 = 25 + 9 + 49 + 25 = 108$
>
> (2) $\sum (x_i - \bar{x}) = (x_1 - \bar{x}) + (x_2 - \bar{x}) + (x_3 - \bar{x}) + (x_4 - \bar{x}) = (5-5) + (3-5) + (7-5) + (5-5)$
>   $= 0 - 2 + 2 + 0 = 0$
>
> (3) $\sum (x_i - \bar{x})^2 = (x_1 - \bar{x})^2 + (x_2 - \bar{x})^2 + (x_3 - \bar{x})^2 + (x_4 - \bar{x})^2$
>   $= (5-5)^2 + (3-5)^2 + (7-5)^2 + (5-5)^2 = 8$

　平均は優れた代表値ですが，注意すべきこともあります。表 10-2 のデータについて平均を求めてみましょう。条件 1 のデータは前の例（表 10-1）と同じで平均は 3.4 ですが，条件 2 の平均は 3.8 です。平均の大きさから判断すると，条件 2 の分布の位置が右であるように受け取れます。たしかに 1 つのデータ値は大きく右に離れていますが，5 個のデータ値のうち 4 個は前の例の条件 2 と同じです。この例の条件 2 における 10 のように，ほかの大多数のデータからかけ離れているデータを外れ値と呼びます。データの中に外れ値があると，平均は外れ値に強く影響されてしまいます。

表 10-2　実験測定値

|  | | | | | |
|---|---|---|---|---|---|
| 条件 1 | 2 | 3 | 3 | 4 | 5 |
| 条件 2 | 1 | 2 | 3 | 3 | 10 |

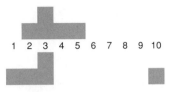

図 10-3　表 10-2 のヒストグラム

個々のデータと平均とのズレのことを（平均からの）偏差と呼びます。条件 2 の数値を例にして，データを偏差に直してみましょう。

| $x_i$ | 1 | 2 | 3 | 3 | 10 |
|---|---|---|---|---|---|
| $x_i - \bar{x}$ | $1 - 3.8$ $= -2.8$ | $2 - 3.8$ $= -1.8$ | $3 - 3.8$ $= -0.8$ | $3 - 3.8$ $= -0.8$ | $10 - 3.8$ $= 6.2$ |

偏差を合計すると 0 です。

$$-2.8 - 1.8 - 0.8 - 0.8 + 6.2 = 0$$

実は，この例に限らずどんなデータでも，偏差の合計は 0 になります。正の偏差の合計と負の偏差の合計の絶対値はかならず等しくなるのです。

$$(x_1 - \bar{x}) + (x_2 - \bar{x}) + \cdots + (x_n - \bar{x}) = (x_1 + x_2 + \cdots + x_n) - (\bar{x} + \bar{x} + \cdots + \bar{x})$$
$$= n\bar{x} - n\bar{x} = 0$$

偏差の合計が 0 になる点を重心といいます。上の式の平均を別の値に置き換えると，合計は 0 になりません。平均＝重心なのです。重心は，シーソーや「やじろべえ」でいえば，バランスがとれて釣り合う位置です。ヒストグラムを描くとき，度数 1 の柱をおもりに見立ててみましょう。分布が対称ならば，ちょうど真ん中で釣り合いますね。そこが平均です。一方，外れ値があるときや分布が歪んでいるときには，重心は，外れ値のあるほう，歪みの方向に引っ張られていきます。

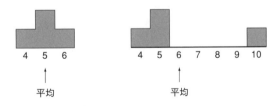

極端な値に影響されやすいという平均の特徴に対処するために，最大値と最小値を取り除いて残ったデータで平均を算出することもあります。このようにして求めた平均を調整平均とかトリム平均（trimmed mean）と呼びます。trim とは端の方を切り取って整えることです。たとえばフィギュアスケートの国際大会では 9 名の審判が採点し，最高点と最低点を除く 7 名の点数を平均していますが，これはトリム平均にほかなりません（トリミングという言葉は，日本語でも使いますね）。

## (2) 中 央 値

　7人のテスト得点が，3，4，4，6，9，12，17だったとしましょう。最大値と最小値を除いてトリム平均を求めると7(= (4 + 4 + 6 + 9 + 12)/5)です。ここで，大きい方と小さい方それぞれから3つずつデータを除くと，真ん中に6だけが残ります。これは，データを大きさの順に並べ替えたときに真ん中にくる値です。この値を中央値といいます（メディアン，中位数などと呼ぶこともあります）。データの個数（サンプルサイズ）が奇数の場合には，ちょうど真ん中に位置する値を中央値とし，データの個数が偶数の場合は，中央付近の2つの値の平均を中央値とします。

　ヒストグラムの柱を「おもり」に見立てるとき，平均は重心に相当しました。中央値についても「おもり」のたとえを使うならば，中央値はおもりの個数が左右で同じになる位置です。分布が中央値をはさんで対称であれば，その点は重心でもあります。つまり，中央値＝平均です。しかし，おもりの位置が左右で対称に配置されていなければ，中央値の位置は重心になりません（ある点の左と右とでおもりの個数が同じであっても，おもりの位置が偏っているとバランスがとれません）。分布が歪んでいるときや外れ値が存在するときには，平均は少数データの方向に引っ張られることになります。

　中央値は平均とくらべると，歪みの方向に引っ張られる度合いが小さく，外れ値の影響を受けにくくなります。たとえば，1，2，3，3，4と1，2，3，3，10とでは，平均は前者で2.6，後者で3.8ですが，中央値はどちらでも3です。また，図10-5に示した大きく右に歪んだ世帯別金融資産保有額の分布では，中央値は4.3（430万円）ですが，平均はこれよりずっと大きく

図10-4　歪んだ分布の例

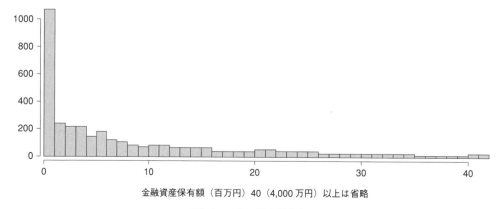

図10-5　右に歪んだ分布

11.52（1,152万円）です。

　平均を求めるには個々のデータの値をすべて使いますが，中央値は，データを大きさの順で並べ替えてしまえば，中央の1つ（データの数が偶数のときには2つ）のデータしか使いません。極端に離れたデータが少数あっても中央値に影響しないのはそのためです。しかし一方で，中央値は，データのもっている情報を十全に活用していないともいえます。したがって，データ間の間隔に意味があるとき（間隔尺度・比率尺度→ p.10）には，中央値ではなく平均を用いるのが原則です。また，統計の学習を進めるうちに現われる統計手法のほとんどは，分布の位置として中央値ではなく平均を用いています。ただし，分布が歪んでいるときや外れ値があるときには，中央値も算出して平均と併用するとよいでしょう。

## 10.2. 分布の広がりを示す値（散布度）

### （1）範　　囲

　代表値は分布の位置を教えてくれますが，分布の特徴を把握するのに代表値だけでは十分ではありません。たとえば，

データA：3,4,5,6,7

データB：1,3,5,7,9

はどちらも平均（中央値）は5で，代表値の大きさでは両者を区別できません。しかし，データAよりもデータBの方が大きく広がっているのは明らかです。分布の広がり（散らばり）の違いを示すのに使われる指標を散布度と総称します。代表値に平均，中央値などいろいろな指標があったのと同様に，散布度についてもいくつかの指標が存在します。最も単純な散布度は範囲です。範囲は，

$$範囲 = 最大値 - 最小値$$

で定義されます。データAとデータBの範囲はそれぞれ $7 - 3 = 4$，$9 - 1 = 8$ となり，2つの分布の広がりの違いがうまく表わされています。範囲は算出も解釈も単純で，このことは範囲の長所です。しかし，分布中の大多数の値の広がり（散らばり）がどうであれ，両端（最大値と最小値）の値だけで決まってしまうことは，範囲の大きな短所です。両端のデータを除けば広がりが小さくても，最大値または最小値が他のデータと大きく離れていれば，範囲は大きな値になってしまいます。

### （2）分散と標準偏差

　2つのデータについて，個々のデータを平均からの偏差に直すと

データA：$(3 - 5) = -2$, $(4 - 5) = -1$, $(5 - 5) = 0$, $(6 - 5) = 1$, $(7 - 5) = 2$

データB：$(1 - 5) = -4$, $(3 - 5) = -2$, $(5 - 5) = 0$, $(7 - 5) = 2$, $(9 - 5) = 4$

となり，データBの方に大きな偏差がみられます。分布が広がっているということは，平均か

ら離れたデータが現れるということですから，偏差の大きさには分布の広がりの大きさが反映されるのです。しかし，$n$ 個の偏差をそのまま平均（合計）するといつでも 0 になってしまいます（→ p. 101）から，偏差を 2 乗してから平均します。これが分散です。データ A とデータ B のそれぞれについて分散を求めてみましょう。

$$\text{データ A}: \frac{1}{5} \times \{(3-5)^2+(4-5)^2+(5-5)^2+(6-5)^2+(7-5)^2\}$$
$$= \frac{1}{5} \times \{(-2)^2+(-1)^2+(0)^2+(1)^2+(2)^2\} = 2$$

$$\text{データ B}: \frac{1}{5} \times \{(1-5)^2+(3-5)^2+(5-5)^2+(7-5)^2+(9-5)^2\}$$
$$= \frac{1}{5} \times \{(-4)^2+(-2)^2+(0)^2+(2)^2+(4)^2\} = 8$$

公式として書くと，$\frac{1}{n}\sum(x_i-\bar{x})^2$ となります。

まったく広がりがない分布，言い換えると全個体が同じ値をもつデータでは，すべてのデータが平均と等しいので，分散は 0 になります。そして，広がりが大きくなるほど，分散は大きくなっていきます。データ B の分散とデータ A の分散とを比べると，データ B の分散が大きく，広がりの違いが表わされています。

しかし，散布度として使おうとするとき，分散には欠点もあります。偏差を 2 乗してから平均しているので，分散の単位はもとの単位と変わってしまいます。たとえば，cm で表わされた身長の分散の単位は cm² です。また，データ B の広がりはデータ A と比べて 2 倍と解釈するのが適切ですが，分散は 4 倍になります。こうしたことから，散布度としては，分散よりも，分散の正の平方根をとった標準偏差が好まれます。

$$\text{データ A}: \sqrt{2} = 1.414$$
$$\text{データ B}: \sqrt{8} = 2\sqrt{2} = 2.828$$

標準偏差の単位はもとの変数と同じ（たとえば，「身長の標準偏差が 7.6 cm」のような言い方が許される）ですし，データ B はデータ A と比べて標準偏差は 2 倍になっています。標準偏差を求める公式は，$\sqrt{\frac{1}{n}\sum(x_i-\bar{x})^2}$ です。

**Column 11：不偏分散**

分散を求めるのに，$\frac{1}{n-1}\sum(x_i-\bar{x})^2$ という式が使われることがあります。この式で求められる分散は不偏分散と呼ばれ，不偏分散に対応する標準偏差は，$\sqrt{\frac{1}{n-1}\sum(x_i-\bar{x})^2}$ で計算されます。偏差の合計を $n$ ではなく $n-1$ で割る理由は，この本の範囲を超えるので触れません。しかし，統計ソフトでは $n-1$ で割ったものがよく使われることは知っておくとよいでしょう。たとえば，1, 3, 5, 7, 9（データ B）について SPSS というソフトで標準偏差を求めると，3.16228 という出力が得られます。これはつぎの式を計算した結果です。

$$\sqrt{\frac{1}{5-1} \times \{(1-5)^2+(3-5)^2+(5-5)^2+(7-5)^2+(9-5)^2\}} = \sqrt{10}$$

## (3) 四分位範囲

まず，5数について押さえておきましょう。データを大きさの順序で並べ替えたとき，最も大きな値が最大値，最も小さな値が最小値，ちょうど真ん中の値が中央値です。この3つの値に加えて，大きい方から4分の1に位置する値を第3四分位数，小さい方から4分の1の位置にくる値を第1四分位数と定義します。最大値，第3四分位数，中央値，第1四分位数，最小値の5つの数値で分布の様子をまとめることを5数要約（five number summary）と呼びます。

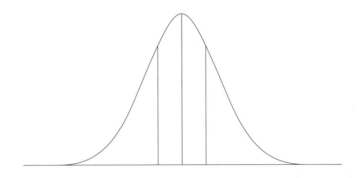

四分位範囲は，第3四分位数と第1四分位数を使って，つぎのように定義されます。

　　　　　四分位範囲＝第3四分位数－第1四分位数

外れ値に影響されやすいことが範囲の欠点だと指摘しましたが，四分位範囲は，大きい方と小さい方の4分の1（25％）ずつのデータを取り除いて，中央付近50％のデータで求めた範囲だといえます。

第3四分位数と第1四分位数の求め方を確認しておきましょう。

**データの個数（$n$）が偶数のとき**　データを大きさの順に並べ替えたあと，大きい方の半分（$n/2$ 個）と小さい方の半分（$n/2$ 個）に分けます。そして，大きい方の半分の中央値を第3四分位数，小さい方の半分の中央値を第1四分位数とします。

**データの個数（$n$）が奇数のとき**　データを大きさの順に並べ替えたあと，中央値を除く $n-1$ 個のデータを大きい方の半分（$(n-1)/2$ 個）と小さい方の半分（$(n-1)/2$ 個）に分けます。そして，大きい方の半分の中央値を第3四分位数，小さい方の半分の中央値を第1四分位数とします。

**例1**　$n=8$ のデータを並べ替えて，3，4，4，6，6，7，8，10 が得られたとします。第3四分位数は，6，7，8，10 の中央値を求めて 7.5，第1四分位数は 3，4，4，6 の中央値より 4 となります。四分位範囲は，$7.5 - 4 = 3.5$ です。

**例2**　$n=9$ のデータを並べ替えて，4，6，6，7，8，10，11，12，14 が得られたとします。中央値 8 を除いて半分に分けるので，第3四分位数は，10，11，12，14 の中央値を求めて 11.5，第1四分位数は 4，6，6，7 の中央値より 6 となります。四分位範囲は，$11.5 - 6 = 5.5$ です。

なお，ここでは高校数学Ⅰの教科書が採用する求め方を紹介しましたが，四分位数には他の求め方も存在します。統計ソフトウェアを使って四分位数を求めるとき，ここで紹介した方法を用いたときと異なる数値が出力されることがあることを付記しておきます。

箱ひげ図は，5数を図で表わしたものです。複数の分布を比較したいとき，箱ひげ図はとて

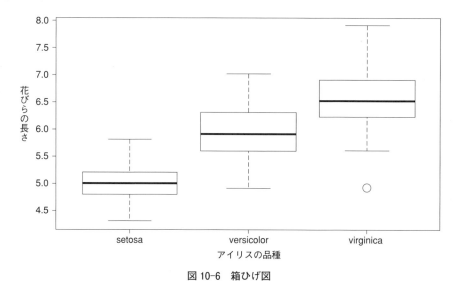

図 10-6　箱ひげ図

も役立ちます。

図 10-6 は 3 つの品種（setosa, versicolor, virginica）のアイリスそれぞれについて「花びらの長さ」の分布を箱ひげ図（平行箱ひげ図）で示したものです。箱の内側の横線の位置が中央値です。中央値が大きい方から順に，virginica > versicolor > setosa になっていることが一目で把握できます。箱の上底は第 3 四分位数，下底は第 1 四分位数です。四分位範囲 = 第 3 四分位数 − 第 1 四分位数ですから，箱の高さが四分位範囲に相当します。setosa の四分位範囲が他と比べて小さいことがわかります。ひげの上端が最大値，下端が最小値です。つまり，箱ひげの上から下までの長さは範囲に相当します[注1]。

## 10.3.　分布の歪み（歪度）と尖り（尖度）

歪度は歪みの指標です。分布が対称のときに 0，右に歪んでいるとき正の値，左に歪んでいるとき負の値をとります。正規分布の場合，完璧に対象ですから歪度は 0 です。

分布の尖り具合を示す指標が尖度です。尖りがきついほど大きな値をとります。正規分布の尖度が 3 になることから，尖度が 3 より大きいか小さいかによって，尖りを正規分布と比べることができます。正規分布の尖りが 0，大きな尖りで正の値，小さな尖りで負の値になるように，あらかじめ 3 を引いたものを尖度の指標として使うこともあります。

## 10.4.　標 準 化

ここでもう一度，標準偏差に戻ります。標準偏差が分布の広がりを示すこと，分布の広がりが 2 倍になれば，標準偏差も 2 倍になることは，しっかりと理解できたでしょうか。では，たとえば，標準偏差が 10 という分布の広がりは，いったいどの程度なのでしょうか。この問い

---

注 1）図 10-6 の virginica では，下のひげよりさらに下にプロットがうたれています。この箱ひげ図を描くのに用いた統計ソフトウェア R では，「第 3 四分位数または第 1 四分位数から四分位範囲の 1.5 倍以上離れたデータ値がある場合，そこまではひげを伸ばさずに，そのデータ値をプロットで描画する」というルールを採用しています。

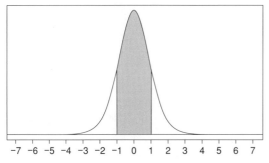
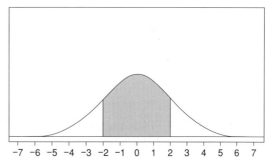

図 10-7　正規分布（左図：標準偏差 1.0，右図：標準偏差 2.0）

に答えるために，正規分布における標準偏差の意味を確認しておきましょう。

図 10-7 は，どちらも平均が 0 の正規分布ですが，標準偏差が違っています（左は 1.0，右は 2.0）。正規分布は確率分布ですから，曲線下の面積は確率に対応しています。したがって，正規曲線の下の面積＝確率は，標準偏差の値によらず，全体で 1 です。そして，図 10-7 で網掛けになっている領域の面積＝確率は，どちらの正規分布でも約 0.68 になります。網掛けの領域が，平均をはさんで，それぞれの標準偏差 1 個分の幅を左右にとっていることに注目してください。「平均±1 標準偏差の範囲の面積＝約 0.68」は，平均と標準偏差の値がいくつであっても成立する，正規分布の大切な性質です。

これを「平均±2 標準偏差の範囲の面積＝約 0.95」，「平均±3 標準偏差の範囲の面積＝約 0.997」と合わせて，ぜひ頭に入れておきましょう。そうすれば，標準偏差 10 についてもイメージできるでしょう。平均 50，標準偏差が 10 ならば，40 と 60 にはさまれた範囲の面積が約 0.68，30 と 70 にはさまれた範囲の面積が約 0.95，20 と 80 にはさまれた範囲の面積が約 0.997 になることがわかります（図 10-8）。この関係が厳密に成り立つのは正規分布のときであり，現実の分布は正規分布そのものではありません。しかし，標準偏差から分布の広がりをイメージする際のモデルとして，多くの場面で役立ちます。

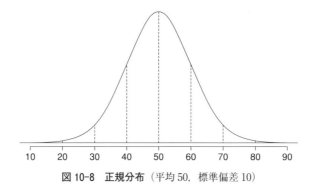

図 10-8　正規分布（平均 50，標準偏差 10）

このような知識があれば，「平均よりも標準偏差の 3 倍以上大きい値は，極端に大きな値である」「平均より標準偏差の 0.6 倍小さい値は，ひどく低い値とはいえない」などの解釈を導くことができます。つまり，ある特定の値（$x$）が分布のどのあたりに位置するかを知りたければ，その値が平均から標準偏差の何倍離れているかを見ればよいのです。そのためには，つぎの式で $x$ を $z$（$z$ 得点）に換算します。

$$z = \frac{x - 平均}{標準偏差}$$

zの絶対値は,「xが平均から標準偏差の何倍離れているのか」を示します.z = 1.7 ならば平均より標準偏差の 1.7 倍だけ上,z = −0.8 ならば標準偏差の 0.8 倍だけ下であることが伝わります.z = 0 ならば平均と同じです.平均 50, 標準偏差 10 のxについて,いくつかの値とzの対応を表にまとめてみました.

| x | 20 | 30 | 40 | 50 | 60 | 70 | 80 |
|---|----|----|----|----|----|----|----|
| z | −3 | −2 | −1 | 0  | 1  | 2  | 3  |

xの平均がzでは 0 に対応すること,xの 60(平均からちょうど 1 標準偏差)がzでは 1 に対応していることなどから,zの平均が 0,標準偏差が 1 であることを感じてもらえるでしょうか.平均と標準偏差がそれぞれ特定の値になるように変換することを標準化,標準化によって得られる得点を標準得点と呼びます.xをzに直すことは,最も基本的な標準化であり,z得点は標準得点の例です.xの分布が正規分布ならばzも正規分布であることも重要な事実です.平均 0,標準偏差 1 の正規分布を特に標準正規分布といいます.

zの使い方を練習しておきましょう.

**問** 「平均 50 点,標準偏差 5 点のテストにおける 60 点(A)」と「平均 45 点,標準偏差 10 点のテストにおける 60 点(B)」とでは,どちらが高い得点といえるか.

**解** AとBのそれぞれをz得点に直します.Aでは,z = (60 − 50)/5 = 2.0,Bではz = (60 − 45)/10 = 1.5 となります.分布内の相対的な位置は,Aにおける 60 点の方が上だといえます.

テスト得点が正規分布であると仮定すれば,私たちがすでにもっている知識(平均 ± 2 標準偏差の範囲内に約 0.95)を使って z = 2.0 を超える面積を求めることができます.−2.0 ≤ z ≤ 2.0 の面積が約 0.95 ですから,これより外側の面積は約 0.05(= 1 − 0.95)です.正規分布は対称ですから,z が 2.0 を超える面積と −2.0 を下回る面積は同じなので,z が 2.0 を超える面積は約 0.025(= 0.05/2)です.

一方,z = 1.5 を超える面積は,これまでの知識ではわかりません.必要な数値を数表から読み取って,面積(確率)を求める方法を紹介します.表 10-3 は,標準正規分布で「0 と z にはさまれた領域の面積」を読み取るためのものです.表の一番左の列で,zの整数部分と小数点以下 1 桁目,一番上の行で,zの小数点 2 桁目の数値を読みます.z = 1.5 ならば,1 列目で

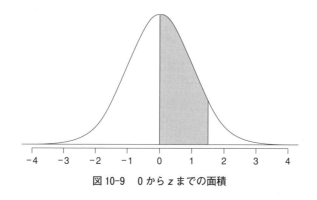

図 10-9　0 から z までの面積

表 10-3 標準正規分布表（0 と z にはさまれた領域の面積を求める表）

| z | .00 | .01 | .02 | .03 | .04 | .05 | .06 | .07 | .08 | .09 |
|---|---|---|---|---|---|---|---|---|---|---|
| 0.0 | .000 | .004 | .008 | .012 | .016 | .020 | .024 | .028 | .032 | .036 |
| 0.1 | .040 | .044 | .048 | .052 | .056 | .060 | .064 | .067 | .071 | .075 |
| 0.2 | .079 | .083 | .087 | .091 | .095 | .099 | .103 | .106 | .110 | .114 |
| 0.3 | .118 | .122 | .126 | .129 | .133 | .137 | .141 | .144 | .148 | .152 |
| 0.4 | .155 | .159 | .163 | .166 | .170 | .174 | .177 | .181 | .184 | .188 |
| 0.5 | .191 | .195 | .198 | .202 | .205 | .209 | .212 | .216 | .219 | .222 |
| 0.6 | .226 | .229 | .232 | .236 | .239 | .242 | .245 | .249 | .252 | .255 |
| 0.7 | .258 | .261 | .264 | .267 | .270 | .273 | .276 | .279 | .282 | .285 |
| 0.8 | .288 | .291 | .294 | .297 | .300 | .302 | .305 | .308 | .311 | .313 |
| 0.9 | .316 | .319 | .321 | .324 | .326 | .329 | .331 | .334 | .336 | .339 |
| 1.0 | .341 | .344 | .346 | .348 | .351 | .353 | .355 | .358 | .360 | .362 |
| 1.1 | .364 | .367 | .369 | .371 | .373 | .375 | .377 | .379 | .381 | .383 |
| 1.2 | .385 | .387 | .389 | .391 | .393 | .394 | .396 | .398 | .400 | .401 |
| 1.3 | .403 | .405 | .407 | .408 | .410 | .411 | .413 | .415 | .416 | .418 |
| 1.4 | .419 | .421 | .422 | .424 | .425 | .426 | .428 | .429 | .431 | .432 |
| 1.5 | .433 | .434 | .436 | .437 | .438 | .439 | .441 | .442 | .443 | .444 |
| 1.6 | .445 | .446 | .447 | .448 | .449 | .451 | .452 | .453 | .454 | .454 |
| 1.7 | .455 | .456 | .457 | .458 | .459 | .460 | .461 | .462 | .462 | .463 |
| 1.8 | .464 | .465 | .466 | .466 | .467 | .468 | .469 | .469 | .470 | .471 |
| 1.9 | .471 | .472 | .473 | .473 | .474 | .474 | .475 | .476 | .476 | .477 |
| 2.0 | .477 | .478 | .478 | .479 | .479 | .480 | .480 | .481 | .481 | .482 |
| 2.1 | .482 | .483 | .483 | .483 | .484 | .484 | .485 | .485 | .485 | .486 |
| 2.2 | .486 | .486 | .487 | .487 | .487 | .488 | .488 | .488 | .489 | .489 |
| 2.3 | .489 | .490 | .490 | .490 | .490 | .491 | .491 | .491 | .491 | .492 |
| 2.4 | .492 | .492 | .492 | .492 | .493 | .493 | .493 | .493 | .493 | .494 |
| 2.5 | .494 | .494 | .494 | .494 | .494 | .495 | .495 | .495 | .495 | .495 |
| 2.6 | .495 | .495 | .496 | .496 | .496 | .496 | .496 | .496 | .496 | .496 |
| 2.7 | .497 | .497 | .497 | .497 | .497 | .497 | .497 | .497 | .497 | .497 |
| 2.8 | .497 | .498 | .498 | .498 | .498 | .498 | .498 | .498 | .498 | .498 |
| 2.9 | .498 | .498 | .498 | .498 | .498 | .498 | .498 | .499 | .499 | .499 |
| 3.0 | .499 | .499 | .499 | .499 | .499 | .499 | .499 | .499 | .499 | .499 |

1.5，1 行目で .00 を探します。そして，1.5 の右，.00 の下の .433 を読み取ります[注2]。これが，$z=0$ と $z=1.5$ にはさまれた部分の面積です（図 10-9）。求めているのは，$z=1.5$ を超える面積ですから，0.5 から 0.433 を引いて，0.067 という答えが得られます（0.5 というのは正規分布の右半分の面積です）。「平均 ± 1 標準偏差の範囲内に約 0.68」，「平均 ± 2 標準偏差の範囲内に約 0.95」，「平均 ± 3 標準偏差の範囲内に約 0.997」も，この数表から読み取れます。「平均 ± 1 標準偏差の範囲内に約 0.68」については，$z=1.00$ のときの .341 を読んで，これを 2 倍すると .682（約 0.68）が得られます。また，$z=2.00$ に対応する .477 を 2 倍すると .954（約 0.95），$z=3.00$ のときの .499 を 2 倍すると .998 です（この表では面積が小数 3 桁まで示されていますが，4 桁まで示すと .4987 でありこれを 2 倍すると約 0.997 になります）。

このへんで，2 項分布の正規近似について決着をつけておきましょう。問題は，「4 肢択一の試験問題 50 問にでたらめに解答して 18 問以上正答する確率を求める」というものでした（p.96）。求めたいものは，平均 12.5，標準偏差 3.06 の正規分布において，$18-0.5$ を超える部分の面積でした。ここまで学んできたみなさんは，求めることができるはずです。

① $18-0.5$ を $z$ に換算する。

---

注2）.433 は 0.433 のことです。確率や相関係数のように絶対値が 1 を超えない数値を表わすとき，0 を省略して . から表記することがよくあります。

$$z = \frac{18 - 12.5 - 0.5}{3.06} = 1.63$$

これにより，$18 - 0.5$ が平均と比べ標準偏差の 1.63 倍大きいことがわかります。

②表 10-3 から，1.63 に対応する面積として .448 を読み取る。

この値は，標準正規分布で，平均 0 と $z = 1.63$ にはさまれた領域の面積です。必要なのは，$z = 1.63$ を超える部分の確率ですから，0.5 から 0.448 を引き，0.052 という答えを得ます。

> **Column 12：偏差値とパーセンタイル順位**
>
> $z$ 得点を代表的な例として，平均と標準偏差を特定の値にそろえる変換を標準化ということはすでに学びました。模擬テストなどを通じてみなさんがご存じの偏差値も，標準得点の 1 つです。
>
> $z$ 得点は，統計学では非常に重要なものです。しかし，テスト得点のフィードバックに使うことを考えると，平均以下のデータは負の値で示されますし，小数点以下の数値も含めたままでは，統計を学んでいない人には近寄りがたく，わかりにくいものでしょう。$z$ 得点を一般の人にもなじみやすい形に変えて使おうという工夫が偏差値です。
>
> 変数 $x$ を $y = a + bx$ の式で変換することを一次変換と呼びます。ここでは証明を省略しますが，$x$ の平均を $\bar{x}$，標準偏差を $s_x$，$y$ の平均を $\bar{y}$，標準偏差を $s_y$ で表わすことにすると，$\bar{y} = a + b\bar{x}$，$s_y = |b|s_x$ になることを，比較的簡単に示すことができます。このことから，$z$ を 10 倍して 50 を足してできる変数は，平均 50，標準偏差 10 になることがわかります（$z$ の平均が 0，標準偏差が 1 であることは覚えていましたか）。これが偏差値です。
>
> $$偏差値 = 50 + 10 \times z$$
>
> もとのテスト得点の平均と標準偏差がいくつであっても，$z$ 得点に換算することで平均 0，標準偏差 1 に揃い，さらに偏差値に直すことで，平均 50，標準偏差 10 に揃えることができるのです。
>
> 偏差値では，$z$ を 10 倍しますから，$z$ の小数点以下一桁目までを整数で示せます。平均が 50 というのも慣れやすい数字でしょう。また，正規分布では平均をはさんで標準偏差の 3 倍の幅の領域内に約 0.997 が含まれるという事実を思い出せば，20 から 80 の範囲を超えた偏差値が現われることは稀であることもわかります（図 10-8 を参照）。このように，$z$ 得点と比べて，偏差値は学力テスト結果のフィードバックに使いやすい性質をもっています。知能テストの場合にも，偏差値と同様の考え方に従って，平均 100，標準偏差 15 になるように標準化した偏差 IQ が使われることがあります。
>
> 得点を分布中における相対的位置に換算する方法には，$z$ 得点や偏差値などの標準得点のほかに，性格テストや職業興味検査などで使われることの多いパーセンタイル順位があります。パーセンタイル順位は，ある得点が分布のどのへんにあるかを，前章 9.2. で説明した相対累積度数と似た数値で示すものです。相対累積度数とパーセンタイル順位の違いを説明しましょう。5 人の得点が 5，6，7，8，10 であったとします。このとき，7 点の累積度数は 3（7 点以下に 3 人）ですから，7 点の相対累積度数は 0.6（= 3/5）です。しかし，0.6 という値は，この分布における 7 点の位置を示す数値としては，大きいような気がします。7 点は中央値であり，その位置を 0 から 1 の数値で表わすならば，0.5 がふさわしいのではないでしょうか。このようなことが起こるのは，累積度数では，7 点そのものの度数を小さい方からだけ数えるからです。パーセンタイル順位では，注目する得点の度数を，上からと下からと半分ずつに配分します。つまり，ある得点の位置を示すのに，相対累積度数の場合には，「その得点までの累積度数」を総度数で割りますが，パーセンタイル順位では，「その得点の 1 つ下の得点までの累積度数＋その得点の度数の半分」を総度数で割るのです。ここでの数値例でいえば，「7 点の累積度数（3 人）」を総度数（5 人）で割るのが相対累積度数，「6 点の累積度数（2 人）＋ 6 点の度数の半分（0.5 人）」を総度数（5 人）で割るのがパーセンタイル順位です。パーセンタイル順位では，最後に 100 を掛けることも忘れずに。今の例では，$(2 + 0.5)/5 \times 100 = 50$ ですから，7 点のパーセンタイル順位は 50 になります。この分布における 7 点の位置を示す値として，相対累積度数よりも適しているといえるでしょう。

得点範囲が0点から20点の大学生用の社会的外向性検査があったとしましょう。パーセンタイル順位を求めるには，「大学生」母集団を代表するように，数百人から数千人の大学生を選び，彼（女）らに検査を受けてもらいます。得られたデータをもとに得点の度数分布表を作成し，0点から20点の各得点をパーセンタイル順位に換算します。こうして，もとの得点をパーセンタイル順位に対応させる換算表ができます。換算表を使えば，受検者は自分の社会的外向性が大学生集団の中でどこに位置づけられるのかを知ることができるのです。

# 2つの変数の関係　11

## 11.1. 変数どうしの関係

ここまでは，変数を1つずつ取り上げて，分布の様子を図示する方法や特徴を要約する指標について学んできました。心理学の研究では，2つあるいは3つ以上の変数間の関係に関心を向けることがよくあります。

南風原（2002）は，変数間の関係について4つのタイプを区別して論じています。そして，研究で示したいのがどのタイプの関係であるのかによって，適したデータ収集の方法や分析法が違ってくることを指摘しています。

(1)「$x$が大きい人ほど，$y$も大きい」という集団における相関関係（「お腹が空いている人ほど怒りっぽい」）。この関係について明らかにしたいのであれば，適当な集団を対象に，2つの変数（$x, y$）の測定を行います。

(2)「$x$が大きくなるほど，$y$も大きくなる」という個人内の共変関係（「お腹が空いてくると怒りっぽくなる」）。このタイプの関係に関心があるならば，同一の個人について，2つの変数が時間的にどのような共変するかを測定します。

(3)「$x$を大きくすると，$y$も大きくなる」という処理−効果関係（「空腹にさせると怒りっぽくなる」）。このタイプについては，実際に条件を操作することが必要で，実験研究や実践研究を行うことになります（実験法→ p.15）。

(4)「$x$が大きいから，$y$も大きい」という因果関係（「お腹が空いているから怒りっぽいのだ」）。因果関係を直接的にデータで示すのは困難です。(3)の「処理−効果関係」にもとづいて，あるいは(1)や(2)の関係を根拠として推論をすることになります。

これらのすべてを詳細に扱うことは，本書の範囲を超えます。変数間の関係について探求をはじめる出発点として，本書では，(1)の集団における相関関係について学びます。集団から得られた2変数データを図示する方法や2変数の関係の強さを数値で示す方法などを，身につけていきましょう。

なお，日常的には「関係」とか「関連」などの語が使われますが，心理学研究あるいは統計の世界では，「相関」とか「連関」という言葉を用います。身長と体重，数学のテスト得点と英語のテスト得点などのような量的変数どうしの関係を「相関（correlation）」，性別と意見などのように質的変数どうしの関係を表わすときに「連関（association）」というように，相関と連関という言葉を使い分けることもよくあります。

## 11.2. 量的変数どうしの関係（相関）

### (1) 散布図

日常のいろいろな場面で，親子が似ていると感じることがよくあるでしょう。19世紀のイギ

リス人ゴールトン（F. Galton）は、「背の高い親の子ほど背が高い」ことを実証的に示そうと考えました。そのために彼は、205組の親と彼（女）らの成人した子928人の身長を測りました。そして、男女の身長の違いを考慮して女性の身長を1.08倍して補正したうえで、「親の身長」を（父親の身長＋補正された母親の身長）÷2で定義しました。そして、同じ親に複数の子がいる場合には、同じ親と異なる子の対を別の個体とみることで、928個体（「親子」の組）×2変数（「親の身長」と「子の身長」）のデータを得ました。表11-1に、データの一部を示します（ゴールトンのデータでは測定の単位がインチですが、ここではセンチに直してあります）。

表11-1 親の身長と子の身長

| parent | child |
|---|---|
| 176.5 | 175.8 |
| 174.0 | 175.8 |
| 176.5 | 163.1 |
| 174.0 | 165.6 |
| 171.4 | 170.7 |
| 171.4 | 178.3 |
| 174.0 | 175.8 |
| 174.0 | 175.8 |

このような2変数データが手に入ったとき、量的変数どうしの関係（相関）をみるための第一歩は、散布図（相関図と呼ぶこともあります）を描くことです。手順を確認しましょう。まず、親の身長を横軸に子の身長を縦軸にとってから、1個体（親子の組）を1つのプロット（点）で表現します。表11-1の最初の親子を例にとれば、横軸の座標176.5、縦軸の座標175.8の位置に1つプロットを打つのです。928組の親子すべてについて同様のことを繰り返せば、データの個数分のプロットが打たれます。こうしてできるのが散布図です（図11-1）。

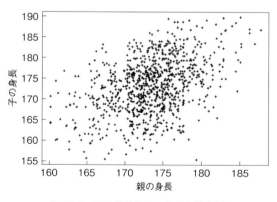

図11-1 親の身長と子の身長の散布図

親子の身長の散布図は右下と左上に空白が目立ち、プロットは左下から右上にかけてばらついているように見えます。右下は「親の背が高く子の背が低い」領域、左上は「親の背が低く子の背が高い」領域です。これらの領域にプロットが少ないということは、そのような親子の組がほとんどなかったことを意味します。プロットが左下から右上にかけて散らばっているということは、親の背が低ければ子の背も低く（左下）、親の背が高いときには子の背も高い（右上）傾向があることを示しています。つまり、この散布図から、親の身長が高いと子の身長も

高いという関係を読み取ることができるのです。

　一方の変数の値が大きいとき他方の変数の値も大きくなるという関係が見られるとき，2変数の間に正の相関があるといいます。正の相関があるときには，散布図は左下から右上にのびる直線のまわりにばらつくように見えます。これに対して，一方の変数の値が大きい個体ほど他方の変数の値が小さくなるときは，2変数の間には負の相関があるといいます。負の相関があるときの散布図では，左上から右下にかけてプロットが散らばります。図11-2は，ある性格検査に含まれる劣等感尺度と活動性尺度の得点の関係を表す散布図ですが，劣等感が高い人ほど活動性が低いという負の相関を読み取ることができます（柳井他，1990の巻末に掲載された男子大学生100名のデータにもとづいています）。

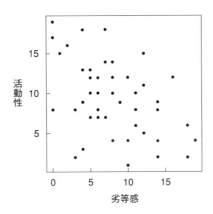

図11-2　劣等感と活動性の散布図

　小さなデータをもとに，実際に散布図を描いてみましょう。表11-2は，5名から得られた2変数$x$と$y$のデータです。最初の人は$x=3$，$y=5$ですから，この人を座標（3, 5）の位置にプロットします。2人目は座標（4, 4）です。同様にして5名全員のデータをプロットすれば，散布図のできあがりです（図11-3）。散布図から正の相関を読み取ることができます。

表11-2　2変数データ

| | $x$ | $y$ |
|---|---|---|
| | 3 | 5 |
| | 4 | 4 |
| | 5 | 8 |
| | 6 | 6 |
| | 7 | 7 |
| 平均 | 5 | 6 |

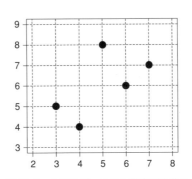

図11-3　2変数データから散布図を作る

　さて，こんどは図11-4の3つの散布図を見てください。これらの散布図はどれも右上がりの直線のまわりにプロットが散らばっており，正の相関を読み取ることができます。しかし，違いもあります。散布図（ア）ではすべてのプロットが完全に1つの直線上に並んでいますが，散布図（イ）（ウ）では直線からのばらつきが見られます。また，（ウ）のばらつきの方が大きいように見えます。相関の強さは，（ア）＞（イ）＞（ウ）の順だといえそうです。

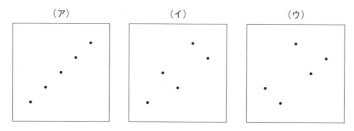

図 11-4 相関の強さの違う 3 つの散布図

散布図の描き方と読み方は理解できたと思いますので，つぎは相関の強さ（程度）を数値化する方法を学びます。相関の強さ（程度）を表わす指標を相関係数といいます。相関係数の説明をする準備として，まず共分散を見ることにしましょう。

## (2) 共 分 散

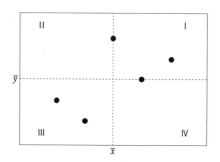

図 11-5 $x$ と $y$ の平均で 4 つの領域に区切られた散布図

図 11-5 の散布図には，$x$ の平均（$\bar{x}$）の位置に $y$ 軸と平行な直線，$y$ の平均（$\bar{y}$）の位置に $x$ 軸と平行な直線を引いてあります。2 本の直線で区切られる 4 つの領域それぞれを I，II，III，IV と記すことにします。

ここで，$x$ の値と $x$ の平均との偏差 $(x_i - \bar{x})$ の符号について考えます。プロットが I か IV にあるとき，そのプロットの $x$ の値は $x$ の平均より大きいので，$(x_i - \bar{x})$ は正になります。II か III にあるときは，$(x_i - \bar{x})$ は負です。同様に，$(y_i - \bar{y})$ は，I または II で正，III または IV で負です。

ここまでは $x$ の偏差と $y$ の偏差を別々に考えましたが，つぎに，$(x_i - \bar{x})(y_i - \bar{y})$ という偏差の積の符号を考えます。符号が同じ数値どうしを掛けると正，符号が異なるものどうしを掛け算すると負になりますから，$(x_i - \bar{x})(y_i - \bar{y})$ の符号が正になるのは，プロットが I か III にあるときで，負になるのは II か IV にあるときです。

表 11-3 $(x_i - \bar{x})(y_i - \bar{y})$ の正負

| | II | I |
|---|---|---|
| $\bar{y}$ | 負×正＝負 | 正×正＝正 |
| | 負×負＝正 | 正×負＝負 |
| | III | IV |

（$\bar{x}$）

図 11-5 の散布図を見ると，プロットは I と III にあり，II と IV にはありません（境界にも

プロットがありますが，これらについて偏差の積は0です）。図11-5にかぎらず，正の相関があるときの散布図では，プロットがⅠとⅢに多く，ⅡとⅣで少なくなると考えられます。ですから，$(x_i - \bar{x})(y_i - \bar{y})$ が正であるプロットが多くなります。負の相関のときにはこれと逆で，$(x_i - \bar{x})(y_i - \bar{y})$ が負になるプロットが多くなります。また，相関がない場合や曲線的関係の場合には，プロットはⅠからⅣにまんべんなく散るため，$(x_i - \bar{x})(y_i - \bar{y})$ は0に近い値になると考えられます。

このようなことから，「$n$ 個の個体の $(x_i - \bar{x})(y_i - \bar{y})$ を平均すれば，その正負によって正の相関と負の相関を見分けることができる」というのが共分散のアイディアです。$x$ と $y$ の共分散を求める公式はつぎのとおりです。$s_{xy}$ は，$x$ と $y$ の共分散を表わす記号です。

$$s_{xy} = \frac{1}{n} \sum (x_i - \bar{x})(y_i - \bar{y}) \tag{1}$$

さきの数値例について計算すると，

$$\frac{1}{5} \times \{(3-5)(5-6) + (4-5)(4-6) + (5-5)(8-6) + (6-5)(6-6) + (7-5)(7-6)\} = 1.2$$

5つの偏差の積の符号は，正，正，0，0，正で，計算結果はプラス1.2です。散布図から正の相関を読み取れましたが，共分散も正の値になります。

このように，共分散は，符号の正負によって相関の正負を見分けるのに役立ちます。しかし相関の強さ（程度）を示す指標としては，共分散には大きな短所があります。変数の測定の単位によって値が変わってしまうのです。たとえば，身長と体重の相関の強さを知りたくて，共分散を計算することを考えましょう。このとき，計算に使う身長の単位がセンチかメートルかで，共分散の値は変わってしまいます。測定単位が変わっても相関の強さは変わらないはずなのに，測定単位がセンチのときの共分散が100倍になるのです。

身長の測定の単位がセンチのときをメートルのときと比べると，標準偏差も100倍になります。同じ2変数の間の相関であっても，$x$ または $y$（あるいは両方）が標準偏差の大きな単位で測定されるとき，共分散の絶対値も大きくなるのです。ですから，共分散の値（絶対値）が大きいからといって2変数間の相関が強いとは言い切れませんし，そもそも共分散がいったいどのくらいの値であれば，相関が強いと言えるのかもよくわかりません。

### (3) 相関係数

変数 $x$ の標準偏差を $s_x$，変数 $y$ の標準偏差を $s_y$，変数 $x$ と変数 $y$ の共分散を $s_{xy}$ で表わすことにします。すると，これらの間には以下の関係式が成立します（南風原，2002）。

$$-s_x s_y \leq s_{xy} \leq s_x s_y \tag{2}$$

この式から，共分散の絶対値の上限が $s_x s_y$ であることがわかります。共分散の上限が得られるのは，散布図のプロットがすべて直線上にあるとき，すなわち最も強い相関のときです。

変数 $x$ と変数 $y$ の相関係数 $r$ は，共分散と $s_x s_y$ の比として求められます。

$$r = \frac{s_{xy}}{s_x s_y} \tag{3}$$

相関係数を表す記号として $r$ が使われます。「変数 $x$ と変数 $y$ の相関」であることを明示したいときには, $r_{xy}$ のように記すこともあります。$s_x\, s_y$ は負になることがありませんから, 相関係数の符号と共分散の符号はかならず一致します。つまり, 正の相関は正の相関係数, 負の相関は負の相関係数で表わされます。また, 相関係数は共分散と違い, 変数の測定の単位によって値が変わることはありません。身長と体重の相関係数を計算するときに, 身長がセンチで表わされていてもメートルで表わされていても, 相関係数の計算結果は同じです。

相関係数ではまた相関の強さが最大であるときの値も決まっています。式 (2) の各辺を $s_x\, s_y$ で割ると,

$$-1 \leq r \leq 1$$

となることからもわかるように, すべてのプロットが右上がりの直線に並ぶ完全な正の相関があるときには $r = 1$, 右下がりの直線上にプロットが並ぶ完全な負の相関があるときには $r = -1$ になります。

単に相関係数といえばこの相関係数を指すことが多いのですが, ほかにも何種類かの相関係数が存在するため, ほかとの区別を明確にするために, ここで示した相関係数を積率相関係数, ピアソン (Pearson) の相関係数, ピアソンの積率相関係数などと呼ぶこともあります。

3 変数以上のときには, 2 変数どうしの相関係数を相関行列 (または相関係数行列) にまとめます。表 11-4 左表は, 身長, 座高, 胸幅, 足長, 胸囲, 体重の 6 変数相互の相関係数を, 相関行列としてまとめたものです (もとになったデータは, 柳井, 1994 によっています)。身長と座高の相関が 0.756, 胸囲と体重の相関が 0.854 であることなどを読み取ることができます。左上から右下の対角線に 1 が並んでいるのは, 自分自身との相関はかならず 1 になるからです (横軸と縦軸の両方に身長をとって散布図を描けば, すべてのプロットは同じ直線の上に並びます)。また, 「身長と座高の相関」は, 「座高と身長の相関」と同じですから, 2 か所ずつに同じ相関係数が現れます。どんな相関行列でも左上から右下の対角線はかならず 1 ですし, 対角線をはさんで対称な 2 か所に同じ相関係数が入るのです。このことから, わかりきった数値を省略して相関行列を作ることもよくあります (表 11-4 右表)。

## (4) 相関係数に関する留意点

相関係数は, 2 変数間の関係を示すのに便利で, 心理学研究で非常によく使われる重要な統計量です。しかし, 相関係数を適用する際にいくつかのことに留意しなければ, 誤った解釈を導くことも起こり得ます。ここからは, そうしたいくつかの留意点を指摘します。とはいえ, これらすべてを十分に理解して使いこなすのは, 経験を積まないとむずかしいでしょう。使い

表 11-4 相関行列

|  | 身長 | 座高 | 胸幅 | 足長 | 胸囲 | 体重 |
|---|---|---|---|---|---|---|
| 身長 | 1.000 | 0.756 | 0.378 | 0.700 | 0.471 | 0.625 |
| 座高 | 0.756 | 1.000 | 0.232 | 0.619 | 0.462 | 0.597 |
| 胸幅 | 0.378 | 0.232 | 1.000 | 0.305 | 0.770 | 0.638 |
| 足長 | 0.700 | 0.619 | 0.305 | 1.000 | 0.456 | 0.538 |
| 胸囲 | 0.471 | 0.462 | 0.770 | 0.456 | 1.000 | 0.854 |
| 体重 | 0.625 | 0.597 | 0.638 | 0.538 | 0.854 | 1.000 |

|  | 身長 | 座高 | 胸幅 | 足長 | 胸囲 | 体重 |
|---|---|---|---|---|---|---|
| 身長 | — | 0.756 | 0.378 | 0.700 | 0.471 | 0.625 |
| 座高 |  | — | 0.232 | 0.619 | 0.462 | 0.597 |
| 胸幅 |  |  | — | 0.305 | 0.770 | 0.638 |
| 足長 |  |  |  | — | 0.456 | 0.538 |
| 胸囲 |  |  |  |  | — | 0.854 |
| 体重 |  |  |  |  |  | — |

方を誤ることを気にしすぎて相関係数の利用を躊躇するのではなく，使えそうな場面では相関係数を積極的に使いましょう。そして，先生や先輩に見てもらって，使い方や解釈に誤りがあるならば指摘してもらい，経験を重ねてください。

**①散布図を併用しよう**

図 11-6 は，アンスコームという人が用意した架空データにもとづく散布図です（Anscombe, 1973）。4つの散布図のもとになったデータから相関係数を計算すると，いずれも $r = .816$ になるのですが，散布図から読み取れる2変数の関係は相当に異なります。これらの中で，相関係数の利用がふさわしいのは（ア）のケースです。$r = .816$ の数値から予想されるとおり，プロットはかなりの程度，右上がりの直線のまわりに集中しており，強い正の相関を読み取れます。（イ）の散布図からは変数 $x$ と変数 $y$ の間の完全な曲線関係を読み取れますが，相関係数は1にはなりません。相関係数はあくまでも直線的な関係の強さを示す指標だということを意識してください。（ウ）と（エ）は明らかな外れ値を含んでいます。たとえば，（ウ）では1つのデータを除けば，相関係数は明らかに $r = 1$ ですが，上方のたった1つのプロットのために $r = .816$ になっています。このような事情は，相関係数の値だけではわかりません。最も簡単かつ基本的な対処法は，散布図を描くことです。相関に関心を向けるときには，相関係数を計算するだけでなく，ぜひ散布図も描くようにしましょう。

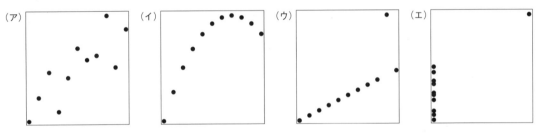

**図 11-6 アンスコームの4つの散布図**

**②層別化**

図 11-7 左図は，アイリスという花について，萼の長さと幅の関係を散布図で示したものです。このデータでは，3つの品種のアイリスが50個体ずつ混ざっています。散布図からは，はっきりした傾向を読み取りにくいのですが，あえていえば弱い負の相関があるように見えます。相関係数を計算すると，$r = -0.12$ です。萼が長いほど幅が短いという関係は，直観に反する

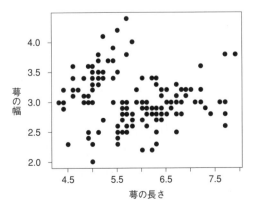
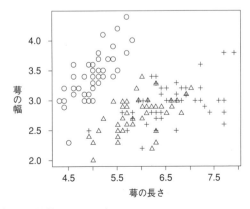

**図 11-7 萼の長さと幅の散布図**（3つの品種のアイリス）

結果です。3つの品種をプロットのマーカーの形で区別して描き直した散布図が図11-7右図です。同じ品種ごとに散布図を見ると，今度はかなりはっきりと正の相関を読み取ることができます。○のプロットで表わされた品種で $r = 0.74$，△のプロットの品種で $r = 0.53$，＋の品種のプロットで $r = 0.46$ のように，どの品種でも萼の長さと幅の間に正の相関が見出されます。このように，異なる集団を区別して扱うことを層別化といいます。複数の集団が混ざったデータでは，層別化をして相関係数を求めてみる価値がありそうです。

③第3の変数と疑似相関

図11-8は，全国の47都道府県を対象として，死亡率と婚姻率の関係を散布図で表わしたものです。死亡率と婚姻率は，いずれも人口1,000人当たりの該当人数です（2009年）（国立社会保障・人口問題研究所HPの人口統計資料集2011年版より）。散布図から死亡率と婚姻率の間に非常に強い負の相関を読み取ることができ，相関係数は，$r = -.858$ です。

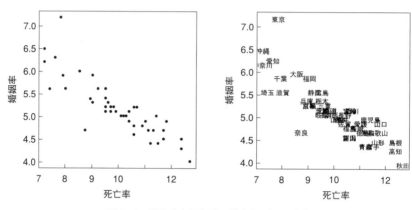

図11-8　死亡率と婚姻率の散布図（2009年）

死亡率と婚姻率の高い負の相関は，どう説明できるでしょうか。常識に照らしても，死亡率と婚姻率の間に因果関係がある（「死亡率が高いから婚姻率が低い」あるいは「婚姻率が高いから死亡率が低い」）とは到底思えません。では，「死亡率が高い都道府県ほど婚姻率が低い」のは，なぜなのでしょう。手がかり探るために，プロットを都道府県名で置き換えて散布図を描いてみました（図11-8右図）。右下には秋田，高知，島根，山形，青森，岩手などを見ることができ，左上には東京，沖縄，愛知，神奈川などが見えます。右下には若い世代が少なく老年人口が多い県，左上には若い世代の割合が高い都県が位置しているようです。若い世代が多い（老年人口が少ない）都道府県では婚姻率は高く死亡率は低く，若い世代が少ない（老年人口が多い）ほど，婚姻率が低く死亡率が高くなると考えれば，左図のような死亡率と婚姻率の負の相関が説明できそうです。つまり，2変数 $x$（死亡率）と $y$（婚姻率）の相関を見るつもりでいたのに，別の変数（年齢構成）が $x$ と $y$ の相関係数を押し上げている可能性があるのです。

この例のように，注目している2変数以外の変数が2変数の相関に影響しているとき，影響している変数のことを第3の変数（third variable）と呼ぶことがあります。また，第3の変数の影響を受けて，強まった相関を疑似相関と呼びます。心理学の研究で，第3の変数として機能することの多い変数として「年齢（月齢）」があります。乳児，幼児から中学／高校ぐらいまでの間に，人は大きく成長します。身長や体重などの体格，50m走やソフトボール投げの記録のような運動能力，そしてもちろん認知的能力などは，年齢とともに向上していきます。したがって，これらの変数と年齢の間には正の相関があるのがふつうです。年齢と正の相関がある

2つの変数 $x$ と $y$ について，さまざまな年齢の子を対象としてデータを集めれば，$x$ と $y$ の間に疑似相関が見られても不思議ではありません。たとえば，幼稚園児から中学3年生の子どもの身長と漢字の成績の間に正の相関が得られるかもしれません。

第3の変数の影響が疑われるとき，その影響を除いた2変数間の相関について知ることはできないのでしょうか。第3の変数の影響を除く方法の1つは，第3の変数を固定してデータをとることです。たとえば，同じ月齢の子だけを対象として，身長と漢字の力の相関係数を求めれば，月齢に影響されることはありません。しかし，調査対象の月齢を限定すれば，協力を得られる個体数は必然的に少なくなります。一定数の協力者を得ようとすると，大きな努力が必要になります。また，死亡率と婚姻率の例では，第3の変数の値をそろえることは，現実的に困難です。

第3の変数の影響を除くもう1つの方法は，統計的な解決法です。注目している2変数のほかに，影響が疑われる第3の変数についても測定して，偏相関係数と呼ばれる相関を計算するのです。偏相関係数の計算には，2変数 $x$ と $y$ の相関係数に加えて，第3の変数と $x$，第3の変数と $y$ の相関係数を用います。

「変数 $x$ と変数 $y$ から第3の変数の影響を取り除いた相関係数」と言われても，最初のうちはむずかしく感じるかもしれません。計算も若干面倒です。まず，使うべき場面をしっかりと理解してください（「第3の変数のために疑似相関が生じていると思われるとき，第3の変数として機能していることが疑われる変数についてもデータを求め，偏相関係数を計算せよ」）。計算については，SPSSなどの統計ソフトを使えば簡単に求められるので，心配はいりません。死亡率と婚姻率の例では，どうやら年齢構成が第3の変数として働いているようでした。偏相関係数を求めるには，年齢構成をデータとして入手しなければなりません。2009年の都道府県別，生産年齢（15〜64歳）人口，老年（65歳以上）人口のデータをインターネットで入手できましたので，老年人口指数（老年人口／生産年齢人口×100）を計算して第3の変数とし，SPSSで偏相関係数を求めてみました。結果は，$r' = -.389$ でした。0にはなりませんでしたが，死亡率と婚姻率の積率相関係数の $r = -.858$ と比べると，絶対値がずいぶん小さくなりました。

## 11.3. 質的変数どうしの関係（連関）

### (1) クロス集計表

質的変数どうしの関係（連関）に興味があるときは，まずクロス集計表を作ります。ある意見に対する賛成と反対の現われ方が性別で違うかどうかに関心を持ち，表11-5のデータを得たとします。

2つの変数，性別と意見はいずれも2つのカテゴリーを持っています。性別のカテゴリーのそれぞれ（男性，女性）について，意見の2つのカテゴリーのそれぞれ（賛成，反対）の度数をカウントします。男性については，賛成が2，反対が2です。女性については，賛成が5，反対が1です。性別と意見の2つの変数に同時に注目してカウントした度数は，同時度数といいます。表11-6左が，同時度数をまとめたクロス集計表です。表11-6右のクロス集計表には，男性について賛成2と反対2を合計した4，女性について賛成5と反対1を合計した6，賛成について男性2と女性5を足した7，反対について男性2と女性1を足した3を書き込んであ

表 11-5 性別と意見のデータ

| 性別 | 意見 |
|---|---|
| 女性 | 賛成 |
| 女性 | 賛成 |
| 男性 | 賛成 |
| 女性 | 反対 |
| 男性 | 賛成 |
| 男性 | 反対 |
| 女性 | 賛成 |
| 女性 | 賛成 |
| 女性 | 賛成 |
| 男性 | 反対 |

ります。これらを周辺度数と呼びます（表の周辺に配置されます）。周辺度数は，2つの変数それぞれの度数分布になっています。クロス集計表のいちばん右下に書き込まれた10は，総度数を表わします。

表 11-6 クロス集計表

| | 賛成 | 反対 | 計 |
|---|---|---|---|
| 男性 | 2 | 2 | |
| 女性 | 5 | 1 | |
| 計 | | | |

| | 賛成 | 反対 | 計 |
|---|---|---|---|
| 男性 | 2 | 2 | 4 |
| 女性 | 5 | 1 | 6 |
| 計 | 7 | 3 | 10 |

クロス集計表の読み方もとても大事です。表11-7の3つのクロス集計表を見てください（ここでは同時度数のみのクロス集計表にしてあります）。これらの中に，まったく連関が見られないもの，完璧な連関の見られるものが混ざっています。どれだかわかりますか。

表 11-7 さまざまなクロス集計表

(ア)

| | 賛成 | 反対 |
|---|---|---|
| 男性 | 8 | 4 |
| 女性 | 6 | 3 |

(イ)

| | 賛成 | 反対 |
|---|---|---|
| 男性 | 8 | 4 |
| 女性 | 4 | 5 |

(ウ)

| | 賛成 | 反対 |
|---|---|---|
| 男性 | 12 | 0 |
| 女性 | 0 | 9 |

クロス集計表（ア）では，男性の行と女性の行には違う数値が並んでいますが，これは男女の人数が違うからです。男女における賛成と反対の比率は，どちらも2対1で同じです。つまり，男性であるか女性であるかによる賛否の現われ方に差がないのです。これはまったく連関がない状態で，2つの変数は独立であるといいます。これとは反対に，クロス集計表（ウ）では，男性は全員が賛成，女性は全員が反対というように，性別によって賛否の現われ方がまったく異なります。これが完璧な連関です。クロス集計表（イ）はその中間で，ある程度の連関を読み取ることができます。

現実の例で見てみましょう。シャクター（S. Schachter）という研究者は，親和傾向（他の人と一緒にいたいという傾向）には個人差があり，強い不安条件下では特に長子や一人っ子が親和傾向を示すと考えました。そこで，彼は，「長子」と「それ以外」を含む実験参加者を高不安条件においたうえで，実験が始まるまで他の実験参加者と「一緒に待つ」か，「一人で待つ」かを選んでもらいました。「長子」で「一緒に待つ」と答える者が多く「それ以外」では「一人で待つ」と答える者が多ければ，シャクターの予想が裏づけられることになるでしょう。結果を

整理したクロス集計表が表11-8です。「長子」では「一緒に待つ」が「一人で待つ」の2倍であるのに対して，「それ以外」では「一人で待つ」の回答が上回っており，シャクターの予想と矛盾しない結果になったようです（この例は，齊藤，1987によりました）。

表11-8 「誰と待つか」のクロス集計（Schachter, 1959／斉藤，1987）

|  | 一緒に待つ | 一人で待つ | 計 |
|---|---|---|---|
| 長子 | 32 | 16 | 48 |
| それ以外 | 21 | 39 | 60 |
| 計 | 53 | 55 | 108 |

岩田・保田（2007）は，離婚を経験した後に再婚したかどうかを男女別にまとめています。男性では再婚した者としていない者がほぼ同数である一方，女性では再婚しなかった人が2倍で，性別と再婚の有無の間にはある程度の連関がありそうな結果となっています。

表11-9 「離婚後再婚したか」のクロス集計（岩田・保田，2007）

|  | 再婚した | 再婚していない | 計 |
|---|---|---|---|
| 男性 | 33 | 32 | 65 |
| 女性 | 27 | 54 | 81 |
| 計 | 60 | 86 | 146 |

## (2) φ（ファイ）係数

2つの量的変数どうしの相関の強さを相関係数で表わしたのと同じように，2つの質的変数の連関についても，連関の強さを数値化できると便利です。表11-7におけるクロス集計表（イ）と（ウ）とはどちらも連関がありますが，連関の強さは明らかに違います。

連関の強さ（程度）の違いを数値化する指標は連関係数と総称されます。いくつかの指標が提案されていますが，2つの変数が両方とも2値の場合に使える指標として，φ係数があります（φはギリシャ文字の1つでファイと読みます）。

2×2のクロス集計表の度数を $a, b, c, d$ で表わすことにします。

| $a$ | $b$ |
|---|---|
| $c$ | $d$ |

このとき，$\phi = \dfrac{ad - bc}{\sqrt{(a+b)(c+d)(a+c)(b+d)}}$ で求められます。分子には4つの同時度数，分母には4つの周辺度数が使われています。連関がまったくないときには，$a:b = c:d$ ですから，$ad = bc$ になります。これより，$ad - bc = 0$ となり，$\phi = 0$ が導かれます。一方，完璧な連関がある場合には，クロス集計表の対角線に0が入ります。表11-7の（ウ）のように，右上と左下が0ならば，$\phi = \dfrac{ad - 0}{\sqrt{(a)(d)(a)(d)}} = 1$ です。左上と右下が0ならば $\phi = \dfrac{0 - bc}{\sqrt{(b)(c)(c)(b)}} = -1$ です。クロス集計表（ウ）のφ係数は1ですが，（ウ）の1行目と2行目を入れ換えたクロス集計表からφ係数を計算すると $-1$ になることに注意しましょう。

カテゴリー間に大小関係がない質的変数のφ係数では，符号には意味づけできません。

表11-10　表11-7の(ウ)からの変更

|  | 賛成 | 反対 |
|---|---|---|
| 女性 | 0 | 9 |
| 男性 | 12 | 0 |

2変数が独立なときに0，完全な連関があるときに1または−1であったことから示唆されるように，$-1 \leq \phi \leq 1$が成立します（2値変数を1と0でコーディングして，積率相関係数を計算する式を適用すると，φ係数と同じ値が得られます）。

表11-7の3つのクロス集計表について，φ係数を計算すると，（ア）では$\phi = 0$，（イ）では$\phi = \frac{8 \times 5 - 4 \times 4}{\sqrt{12 \times 9 \times 12 \times 9}} = 0.222$，（ウ）では$\phi = 1$になります。また，表11-8および表11-9の実例については，それぞれ$\phi = \frac{32 \times 39 - 16 \times 21}{\sqrt{48 \times 60 \times 53 \times 55}} = 0.315$，$\phi = \frac{33 \times 54 - 32 \times 27}{\sqrt{65 \times 81 \times 60 \times 86}} = 0.176$となります。

## (3) 期待度数とクラメールの連関係数

φ係数の式からわかるように，ファイ係数を求められるのは，2×2クロス集計表のときだけです。2×2よりもサイズの大きなクロス集計表に適用できる連関係数も何種類かがあります。ここではクラメールの連関係数を示しますが，その説明の前に期待度数について説明しておかなければなりません。

表11-11　連関のあるクロス表

| 7 | 3 | 10 |
|---|---|---|
| 3 | 7 | 10 |
| 10 | 10 | 20 |

表11-11のクロス集計表では，2変数の間には連関があります（独立ではない）。ここで，「周辺度数を変えないという条件で，どんな同時度数であれば2変数が独立になるか（2変数が独立だとすると，どんな度数が期待されるか）」という問いを立てます。期待度数は，この問いに対する答えです。表11-12の周辺度数（と総度数）は表11-11と同じですが，同時度数は表11-11と違って独立なパターンになっています。期待度数と区別する意味で，最初のクロス集計表の同時度数を観測度数と呼びます。

表11-12　期待度数のクロス集計表

| 5 | 5 | 10 |
|---|---|---|
| 5 | 5 | 10 |
| 10 | 10 | 20 |

いまの例の場合，パズルを解くようにして期待度数が求まったかもしれません。しかし，いつでも答えが簡単に見つかるわけではありません。たとえば，表11-8のクロス集計表（観測度数）から求めた期待度数のクロス集計表は，表11-13です。

表 11-13　表 11-8 から求めた期待度数のクロス集計表

|  | 一緒に待つ | 一人で待つ | 計 |
|---|---|---|---|
| 長子 | 23.56 | 24.44 | 48 |
| それ以外 | 29.44 | 30.56 | 60 |
| 計 | 53 | 55 | 108 |

周辺度数は表 11-8 と変わっておらず，同時度数はたしかに独立なパターンになっています（23.56：24.44 ＝ 29.44：30.56）。しかし，期待度数がこのような小数点以下のある数値になるときに，答えを「思いつく」のは困難です。でも安心してください。期待度数を求めるための，簡単な公式があります。

$i$ 行 $j$ 列目のセルの期待度数 ＝（$i$ 行目の周辺度数 × $j$ 列目の周辺度数）÷ 総度数

これだけです。たとえば，シャクターのクロス集計表で，長子で一緒に待つというセル（1行1列目）の期待度数は，$(48 \times 53) \div 108 = 23.56$ です。この式は，$2 \times 2$ を超える（行または列の数が3以上の）クロス集計表でも，同じように使うことができます。

最初から独立な観測度数が得られているときは，観測度数と期待度数が同じになることは理解できるでしょうか。反対に，連関が強い観測度数から求められる期待度数は，観測度数との違いが大きくなります。$\chi^2$（カイ2乗）は，セルごとに $\dfrac{(観測度数-期待度数)^2}{期待度数}$ を求めて，それらを合計したものです。表 11-11 の例についての計算は以下のとおりです。

$$\chi^2 = \frac{(7-5)^2}{5} + \frac{(3-5)^2}{5} + \frac{(3-5)^2}{5} + \frac{(7-5)^2}{5} = 3.2$$

観測度数が独立なときには，$\chi^2 = 0$ です。

期待度数は $2 \times 2$ を超えるクロス集計表でも求められますから，カイ2乗も大きなサイズのクロス集計表について求めることができます。クラメールの連関係数は，カイ2乗をもとにして定義されています。

$$V = \sqrt{\frac{\chi^2}{n(m-1)}}$$

式中の $n$ は総度数，$m$ は2変数のカテゴリー数の少ない方の数です。たとえば，クロス集計表のサイズが $4 \times 3$ ならば，$m = 3$ です。$2 \times 2$ クロス集計表の場合には $m = 2$ ですから，クラメールの連関係数は，$V = \sqrt{\dfrac{\chi^2}{n}}$ と書けます。この式は $\chi^2 = nV^2$ と書き直せます。実は，$\phi$ 係数とカイ2乗の間には，$\chi^2 = n\phi^2$ という関係があります。つまり，$2 \times 2$ クロス集計表で求めた $V$ の値と $\phi$ 係数の絶対値は同じ値になります。$V$ の取りうる値の範囲は，$0 \leq V \leq 1$ です。

## (4) クロス集計表の解釈における留意点

クロス集計表は簡単に作れて単純でわかりやすく，とても有用です。しかし，データの取り方に注意を向けなければ，解釈を誤る場合もあります。1つの例として，つぎのような問題を考えてみましょう。

### シンプソンのパラドックス

男女それぞれ150名ずつの協力者に，2つの映画（AとB）のどちらかを観てもらい，好きか嫌いかを評定してもらいました。男性150名の回答を集計したのが表11-14，女性150名の回答を集計したのが表11-15です。

表11-14　2つの映画の好き嫌い（男性の回答）

|  | 好き | 嫌い | 計 |
| --- | --- | --- | --- |
| 映画A | 80 | 20 | 100 |
| 映画B | 40 | 10 | 50 |
| 計 | 120 | 30 | 150 |

表11-15　2つの映画の好き嫌い（女性の回答）

|  | 好き | 嫌い | 計 |
| --- | --- | --- | --- |
| 映画A | 10 | 40 | 50 |
| 映画B | 20 | 80 | 100 |
| 計 | 30 | 120 | 150 |

表11-14から，男性では，映画Aについても映画Bについても「好き」と「嫌い」の比率が4：1であることがわかります。また表11-15からは，女性では映画A，映画Bとも「好き」「嫌い」の比率が1：4であるとわかります。つまり，男性だけあるいは女性だけに注目すると，映画Aと映画Bとで「好き」という回答の比率は同じです。ところが，男女を合併してクロス集計表にまとめると，表11-16のように，映画Aでは「好き」「嫌い」の比率が9：6（3：2）であるのに対して，映画Bでは「好き」「嫌い」の比率が6：9（2：3）となり，「好き」の比率が映画によって違ってきます。

表11-16　2つの映画の好き嫌い（男女込み）

|  | 好き | 嫌い | 計 |
| --- | --- | --- | --- |
| 映画A | 90 | 60 | 150 |
| 映画B | 60 | 90 | 150 |
| 計 | 150 | 150 | 300 |

このように，複数の集団をまとめて分析したときと集団を分けて（層別化して）分析したときとで，得られる関係が変わる現象は，シンプソンのパラドックス（Simpson's paradox）として知られています。集団を合併するか集団ごとに分析するかで，いつでもシンプソンのパラドックスが生じるわけではありません（広津，2004）が，集めたデータの中に異なる特徴をもった複数の集団が含まれるときには，適切な層別化を施して分析することも大切です。

### 回顧調査と予見調査

ある病気とある薬の服用との間に関係があるという疑いが生じました。そこで，この病気に罹った患者と健常者それぞれ100名に協力を求めて，過去に薬の服用経験があるかどうかを調べた結果が，表11-17のようなクロス集計表にまとめられました。

表11-17　病気の罹患と薬の服用経験（1）

|  | 患者 | 健常者 | 計 |
| --- | --- | --- | --- |
| 服用経験あり | 80 | 60 | 140 |
| 服用経験なし | 20 | 40 | 60 |
| 計 | 100 | 100 | 200 |

このクロス集計表から，服用経験者は患者で8割，健常者では6割であり，病気と薬の服用

の間には連関がありそうです。ファイ係数を求めると，$\phi = \dfrac{80 \times 40 - 60 \times 20}{\sqrt{140 \times 60 \times 100 \times 100}} = 0.218$ です。

ここで注意してほしいのは，このような調査で得られたクロス集計表では，患者および健常者ごとに服用経験「あり」の比率を求めることには意味があるけれど，服用経験の「あり」「なし」の群ごとに患者の比率を求めることには意味がないということです。

表 11-18　病気の罹患と薬の服用経験（2）

|  | 患者 | 健常者 | 計 |
|---|---|---|---|
| 服用経験あり | 40 | 60 | 100 |
| 服用経験なし | 10 | 40 | 50 |
| 計 | 50 | 100 | 150 |

表 11-18 では，協力を求めた患者が表 11-17 の半分の 50 名になっていますが，患者のうち服用経験「あり」の比率は表 11-17 と同じく 8 割です。ところが，服用経験「あり」あるいは「なし」に占める患者の比率は，表 11-17 と表 11-18 では違っています。服用経験「あり」における患者の比率は，表 11-17 では約 57%（＝［80/140］× 100）で半数を超えていますが，表 11-18 では 40%（＝［40/100］× 100）と半分以下です。服用経験「なし」における患者比率も，表 11-17 では約 33%（＝［20/60］× 100），表 11-18 では 20%（＝［10/50］× 100）になります。

ここでの例のように，結果が得られた後に結果（病気に罹ったか否か）にもとづいて群を決めて行う調査を回顧調査とか後向き調査と呼びます。服用経験の「あり」と「なし」で病気に罹る比率を検討したければ，原因となる変数（「服用したか否か」）で群を分けて，経過を観察する形で調査する必要があります。このようにして行う調査を予見調査とか前向き調査と呼びます（永田，1996）。

クロス集計表そのものはデータの収集法は示してくれません。しかし，クロス集計表を解釈する際に，データがどのように集められたのかという情報も大切です。ぜひ，データの収集法にも注意を向けてください。

## Column 13：統計ソフトウェアの利用

　コンピュータを使えない時代の統計分析を想像してみましょう。たとえば，ヒストグラム。描き方自体はむずかしくありませんが，度数を数え上げるのはけっこうな手間ですし，きれいにグラフを作るのにも時間を要します。ヒストグラムから受ける印象は，階級の分け方によっても変わりますから，できれば何通りかの階級分けでヒストグラムを描きたいところです。平均はどうでしょう。計算は簡単ですが，データの個数が大きくなると（たとえば1,000以上）気が遠くなります。中央値は簡単に求まりそうですけれど，実は並べ替えが意外にたいへんです。分散や標準偏差の計算式は，見るからにむずかしそうです。本格的に統計を使い出すと，さらにむずかしい計算がつぎつぎに出てきます。

　心理学を学ぶ人には文系出身者が多く，数学や統計に苦手意識をもつ人が少なくありません。数学が得意だという人でも，面倒な計算は避けたいところです。そこで，コンピュータの出番です。統計学という学問と方法論自体が，コンピュータの利用可能性の広がりとともに発展してきた面があります。コンピュータを使えれば，ごく簡単にいろいろな分析ができます。データを実際に分析することを体験すれば，統計が今まで以上に身近に感じられるはずです。

　コンピュータで統計分析を行うためのツールには，いろいろな選択肢があります。ここでは，Excel, SPSS, Rという3つのソフトウェアについて紹介します。これらのうちのどれか1つにでも慣れておくと，データを分析する際のとても強い味方になってくれます。なお，紙数の制約もありますので，ここでできる解説はごく簡単なものです。詳しくはインターネットで検索してください。適切にキーワードを指定すれば，多くの情報が得られるはずです。

### Excel（エクセル）

　**長所**　Excelは広く普及しており，あなたもきっと使ったことがあるでしょう。もしかしたらすでに

図11-9　Excelの分析ツール

かなり習熟しているかもしれません。周囲に使いこなしている人がいる可能性も高いでしょうし，インターネットを通じて情報を手に入れることも容易です。こうしたことは，Excel の利用を後押ししてくれるでしょう。統計関数をはじめとする関数にはぜひ慣れておきたいですし，分析ツールやピボットテーブル，グラフ作成などの機能を活用すれば，かなりのことができます。

**短所**　Excel は統計解析の専用ソフトではありませんから，行えない，あるいは行うのがむずかしい統計手法も少なくありません。

**度数分布表**　質的変数の度数分布表を作るには，ピボットテーブルが便利です。COUNTIF 関数が役に立つこともあるかもしれません。量的変数の度数分布表を作るのは，少し手間がかかります。あらかじめ階級を決めて，階級の境界値を昇順に入力しておく必要があります。そのあとで，分析ツールの［ヒストグラム］を使います（図 11-9）。

**度数分布のグラフ**　質的変数の棒グラフは，度数分布表ができていればすぐに作れます。量的変数については，階級の境界値を昇順に入力してから，分析ツールの［ヒストグラム］を使います。度数分布表と同時にヒストグラムを描くことができます。ただし，Excel の棒グラフの機能を使って描かれるため，できたときには棒と棒の間に隙間があります。棒の間隔を 0 に設定しないとヒストグラムらしく見えませんし，本来は柱の端にくるべき境界値が，柱（棒）の真ん中に目盛られてしまいます。

**基本統計量**　平均や標準偏差などを求めるために，以下の統計関数の名称と使い方を覚えておきましょう。分散を求める関数が 2 つありますが，このうち VARP は $n$ で割る式を使い，VAR は $n-1$ で割る式を使う分散です（→ column 11 p. 104）。標準偏差も同様で，STDEVP は $n$ で割る式，STDEV は $n-1$ で割る式を使います。分析ツール（基本統計量）を使うと，平均，中央値，標準偏差，分散，尖度，歪度，最小，最大などを一気に求めてくれます。

```
平均………… AVERAGE           中央値…… MEDIAN
標準偏差…… STDEVP（STDEV）    最大値…… MAX
分散………… VARP（VAR）        最小値…… MIN
```

**箱ひげ図**　簡単に作れません。ここでは省略します。
**散布図**　グラフの機能で簡単に作れます。
**相関係数**　CORREL 関数を使います（図 11-10）。

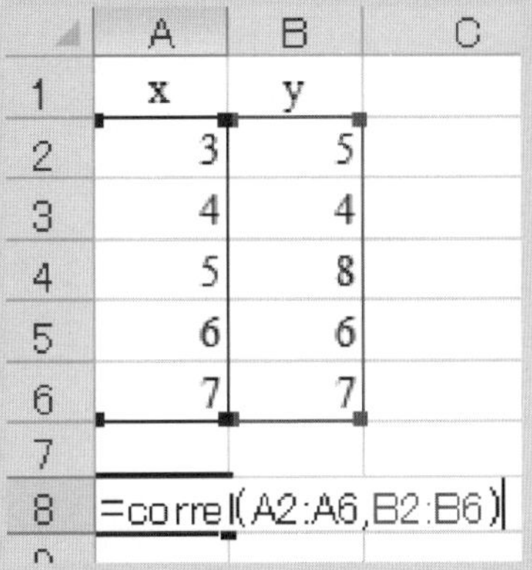

**図 11-10　CORREL 関数の使い方**

3 つ以上の変数について相関行列を得たいときには，分析ツールの［相関］が便利です。

**クロス集計表**　ピボットテーブルの機能を使って作ります。

## SPSS（エスピーエスエス）

**長所**　Excel に入力したデータを読み込むことができます。SPSS の画面は Excel と似ていますが，［分析］や［グラフ］などのメニューがあり（図 11-11），適切なメニュー項目を選ぶことで，種々の分析やグラフ作成を簡単に実行できます。

**短所**　かなり高価であるため，たいていの学生にとって購入は適切な選択肢とはいえません。大学の情報処理教室などで使うことになるでしょう。

図 11-11　SPSS の画面：メニューに注目

**度数分布表**　質的変数については，［分析］→［記述統計］→［度数分布表］で，簡単に度数分布表を作れます。しかし，量的変数の階級分けは自動的には行われません。データとして現われた個々の値の度数分布表ができてしまいます。階級分けした度数分布表を作成するためには，あらかじめ階級分けをしておく準備が必要です。

**度数分布のグラフ**　棒グラフは［グラフ］→［レガシーダイアログ］→［棒］で，ヒストグラムは［グラフ］→［レガシーダイアログ］→［ヒストグラム］で描くことができます。度数分布表の場合とは違い，ヒストグラムは自動的に階級分けをして描かれます。階級分けを変更したければ，分析者が設定することもできます。

**基本統計量**　［分析］→［記述統計］→［記述統計］あるいは［分析］→［記述統計］→［探索］などのメニューにより，平均，標準偏差，歪度，尖度などを求めることができます。

**箱ひげ図**　［分析］→［記述統計］→［探索］を使えば，多くの基本統計量とともに，幹葉表示や箱ひげ図が出力されます。箱ひげ図だけが必要ならば，［グラフ］→［レガシーダイアログ］→［箱ひげ図］を

選びます。

**散布図**　［グラフ］→［レガシーダイアログ］→［散布図］を選びます。

**相関係数**　［分析］→［相関］→［2 変量］を選びます。3 変数以上の相関行列を求めるときにも同じメニューです。

**クロス集計表**　［分析］→［記述統計］→［クロス集計表］を選んで，行変数と列変数を指定します。

**R（アール）**

長所　インターネットを通じてフリーで入手でき，入手後すぐに使いはじめることができます。非常に高機能で柔軟なソフトウェアで，統計分析やグラフィック作成について，ほとんど何でもできます。この本に載せた図の多くは，R を用いて描いたものです。

短所　ある壁を越えると使いやすく感じるはずですが，最初の敷居が高いかもしれません。

Excel のデータを R に読み込む方法はいくつかありますが，ここではそのうちの 1 つだけを紹介しておきます。もっと詳しく知りたい方は，他書あるいはインターネットで調べてください。図 11-12 は Excel に入力されている 94 名の学生データの一部です。1 行目は変数名です。「クラス」「身長」「通学時間」「サークル」「昼食」の 5 つの変数があります。

①変数名を含めてデータの範囲を選択し，コピーする（「Ctrl キーを押しながら C」など）。

② R に移動して，次のコマンドを入力する。

```
gakusei <- read.table("clipboard", header = TRUE)
```

これで，gakusei という名前のデータフレーム（R では，データのことをこう呼びます）ができます。

| | A | B | C | D | E | F | G |
|---|---|---|---|---|---|---|---|
| 1 | クラス | 身長 | 通学時間 | サークル | 昼食 | | |
| 2 | B | 153 | 90 | なし | 学食 | | |
| 3 | A | 164 | 50 | なし | 弁当 | | |
| 4 | B | 155 | 40 | なし | 弁当 | | |
| 5 | B | 155 | 75 | 学内・学外 | 学食 | | |
| 6 | A | 155 | 60 | なし | その他 | | |
| 7 | B | 157 | 60 | なし | 弁当 | | |
| 8 | A | 158 | 60 | なし | 弁当 | | |
| 9 | B | 158 | 30 | なし | 学食 | | |
| 10 | B | 152 | 50 | なし | 学食 | | |

心理カウンセリング20100506

**図 11-12　Excel で用意したデータを R に読み込む**

**度数分布表**　質的変数については，table(gakusei$ サークル）あるいは summary(gakusei$ サークル）とすれば，サークルについての度数分布表を作ります。量的変数の度数分布については，ここでは触れません。

table や summary などは関数と呼ばれます。R の分析では関数がとても大事な役割を果たします。「関数名（変数）」という使い方は，Excel の関数とちょっと似ています。

**度数分布のグラフ**　barplot(table(gakusei$ サークル)) のようにすれば，質的変数の棒グラフを描けます。量的変数のヒストグラムは，hist(gakusei$ 身長）のようにします。階級分けは自動的に行われますが，hist 関数のカッコ内で適切なオプションを記述して，階級を自在に設定できます。

**基本統計量**　mean(gakusei$ 身長）で身長の平均，sd(gakusei$ 身長）で身長の標準偏差が求まります。sd で求められる標準偏差は，$n-1$ で割る不偏分散の平方根（→ column 11 p. 104）です。中央値を求める関数は median，最大値は max，最小値は min です。変数が欠測値* を含む場合には，mean(gakusei$ 身長，na.rm = TRUE）のように，na.rm = TRUE というオプションを記述する必要があります。

＊欠測値とは何らかの理由で数値が得られなかったデータのことです。欠損値と呼ぶこともあります。R では欠測値は NA で入力します（NA は Not Available の略）。

**箱ひげ図**　　boxplot(gakusei$通学時間~gakusei$クラス)で，クラスごとの通学時間の分布を比較する箱ひげ図を描けます。
**散布図**　　plot(gakusei$身長, gakusei$通学時間)で，身長と通学時間の散布図を描けます。
**相関係数**　　cor(gakusei$身長, gakusei$通学時間)で，身長と通学時間の相関係数を求められます。
**クロス集計表**　　度数分布表を作るのと同じtableという関数を使いますが，table(gakusei$クラス, gakusei$サークル)のように，行変数と列変数の名前をカンマで区切ってカッコ内に並べます。

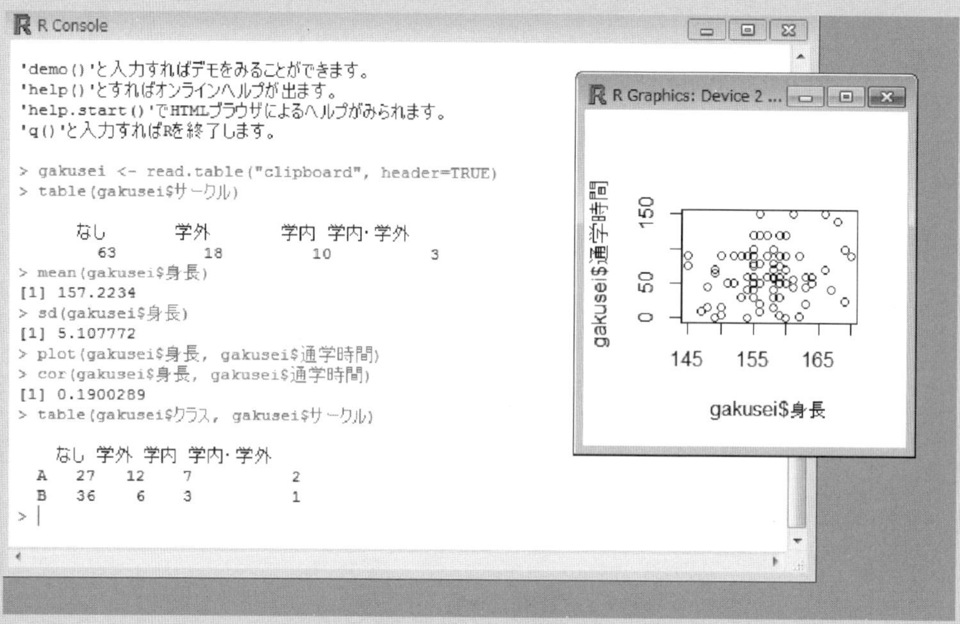

図11-13　Rの画面

## 【引用文献】

Anscombe, F. J. (1973). Graphs in statistical analysis. *The American Statistician*, **27**, 17-21.
南風原朝和（2002）．心理統計学の基礎　有斐閣
岩田紀子・保田時男（2007）．調査データ分析の基礎　有斐閣
齊藤　勇（編）（1987）．対人社会心理学重要研究集2―対人魅力と対人欲求の心理　誠信書房
Schachter, S. (1959). *The psychology of affiliation*. Stanford, CA: Stanford University Press.
永田　靖（1996）．統計的方法のしくみ―正しく理解するための30の急所　日科技連
広津千尋（2004）．医学・薬学データの統計解析―データの整理から交互作用多重比較まで　東京大学出版会
柳井晴夫（1994）．多変量データ解析法―理論と応用　朝倉書店
柳井晴夫・繁桝算男・前川眞一・市川雅教（1990）．因子分析―その理論と方法　朝倉書店

# 12 検定の基礎

## 12.1. 母集団と標本という考え方

　第8章は，バンデューラとシャンクの研究（Bandula & Schunk, 1981）の紹介からはじめました。彼らは，「具体的で身近な目標を設定して学ぶとき，子どもたち自身の内発的興味が高まる」という仮説の正しさを確かめようと，小学生40名を「近い目標」など4条件のいずれかに分けて実験を行いました。結果は，「内発的興味の平均点が，「近い目標」条件の10人の子どもで高い」というものでした（→図8-1 p.85）。図を見ると，「近い目標」条件の平均が明らかに高く，結果は仮説に合致しています。しかし，分析をこの段階で終えるわけにはいかないのです。それはなぜでしょう。

　バンデューラとシャンクは，「算数の苦手な子ども」に関心を向けています。「算数の苦手な子ども」をどう定義するかにもよりますが，ある時点，あるいは過去，未来における「算数の苦手な子ども」を調べ尽くすことはできません。どんなに努力しても，実際に調べられるのは「算数の苦手な子ども」のほんの一部です。

　ここで思い出してほしいのが，「母集団」と「標本」を区別する考え方です。関心を向ける全対象が母集団，実際の測定対象として母集団の一部を抽出したものが標本（サンプル）でした（→ column 8 p.88）。バンデューラとシャンクは，「算数の苦手な子ども」（母集団）に関心を向け，その母集団を代表するように40名の小学生（標本）を選び出してデータを得たのでした。彼らの研究で示されている4条件の平均値は，標本のデータを分析した結果です。一方，研究で求める結論は，今ここで得た標本に限定されるものでなく，母集団についてのものです。

　では，一部にすぎない標本にもとづくだけでは，母集団について何もわからないのでしょうか。そんなことはありません。標本は母集団のほんの一部ですが，母集団についての情報をもっています。統計学を応用することで，標本にもとづいて母集団についての推論を行うことができます。

## 12.2. 標本分布

　研究で関心を向ける平均や標準偏差，あるいは比率，相関係数は，母集団についてのものです。これに対して，私たちが手に入れられるのは，標本の平均，標準偏差，比率あるいは相関係数です。標本のデータにもとづいて算出されるこれらの値のことを標本統計量といいます。標本が変われば，データが変わりますから標本統計量の値も変わります（図12-1）。

　同じ母集団から何度も標本を抽出して得られる標本統計量の分布のことを標本分布と呼びます。標本分布という名称は，ある1つの標本における分布（度数分布）であるかのような印象を与えます。しかしそうではなく，何度も繰り返し標本を抜き出したときに得られる無数の標本統計量の分布が標本分布です（標本分布は英語では，「sampling distribution ＝標本抽出に伴

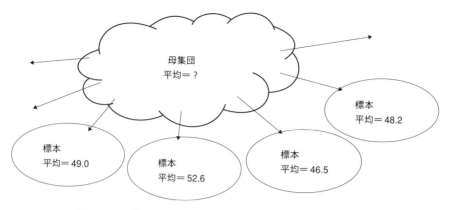

図12-1 母集団からの標本抽出と標本統計量の分布（標本分布）

う分布）です。「sample distribution＝標本の分布」ではありません）。

　標本分布は，実際に標本を何度も抽出して求められるのではなく，理論的に導出される確率分布です（コインを実際に投げずに，その確率分布を得たことを思い出してください（→ column 9 p.94）。標本分布という概念は，標本から母集団を推論するための基礎になる，とても大切なものです。

### (1) コインを $n$ 回投げて出る表の回数の標本分布

　標本統計量の例として，最初に，「コインを $n$ 回投げて出る表の回数」の分布を取り上げます。$n=10$ として考えてみましょう。表の回数はコインを10回投げるごとに変わり，いろいろな値をとるでしょう。コイン10回投げ1セットを1つの標本とみなせば，10回投げを何度も繰り返して得られる表の回数の分布は標本分布と考えられます。ここで思い出してほしいのが，94ページで説明した2項分布です。そこでも，コイン投げで表の出る回数の確率を例として挙げました。表の出る回数の標本分布は，$\pi=0.5$ の2項分布でモデル化できます。$n$ 回繰り返しコインを投げて表が $x$ 回である確率は，つぎの式によって求められます。

$$p(x)=\binom{n}{x}0.5^x(1-0.5)^{n-x},\ x=0,1,...,n$$

　図12-2は，$n=10$ として0から10までの11通りの $x$ について，その確率をグラフにしたものです。

　標本分布に関するこの知識が推論の場面でどのように役立つのかは，このあと12.3.で説明

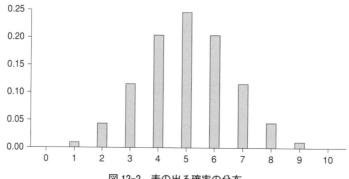

図12-2 表の出る確率の分布

## (2) 標本平均の標本分布

つぎに標本平均の標本分布を見ましょう。その準備として，母集団の平均，標準偏差，分散（それぞれ，母平均，母標準偏差，母分散と呼ぶこともあります）を表わす記号を導入しておきます。標本については，平均 $\bar{x}$，標準偏差 $s$，分散 $s^2$ という記号を使いましたが，母集団の値（母数といいます）を表わす記号にはギリシャ文字を使うのが慣例です。母平均は $\mu$ です。$\mu$ はアルファベットでいえば，m に相当するギリシャ文字で，ミューと読みます。mean（平均）の m です。母標準偏差は $\sigma$（シグマ）です。$\sigma$ は s に相当するギリシャ文字です（和を求める際の記号 $\Sigma$ は，$\sigma$ の大文字です）。母分散は $\sigma^2$ です。

さて，標本平均の標本分布とは，標本を何度も繰り返し抽出するときの標本平均 $\bar{x}$ の分布です。といっても，実際に何度も標本を繰り返し抽出して求めるのではなく，数学的に導出されるものです。導出法は本書の範囲を超えますので説明しませんが，以下のことは覚えておくと役立ちます。

> $x$ の母集団分布が平均 $\mu$，標準偏差 $\sigma$ の正規分布であるとき，この母集団から抽出される大きさ $n$ の標本から計算される標本平均 $\bar{x}$ の標本分布は，平均 $\mu$，標準偏差 $\sigma/\sqrt{n}$ の正規分布になる。

たとえば，平均が 60，標準偏差が 8 の正規母集団（$\mu = 60$，$\sigma = 8$）から，大きさ $16$（$n = 16$）の標本を抽出するとき，$\bar{x}$ の標本分布は，平均 60，標準偏差 $8/\sqrt{16} = 2$ の正規分布になります。標本の大きさが $64$（$n = 64$）ならば，$\bar{x}$ の標本分布の平均は 60，標準偏差は $8/\sqrt{64} = 1$ です。標本のサイズ（$n$）が大きくなるほど，$\bar{x}$ の散らばりが小さくなることは，直観と矛盾しないでしょう。なお，母集団分布が正規分布でないときにも，標本の大きさ $n$ を大きくしていくと，標本平均の標本分布が正規分布に近づいていくことが知られています（中心極限定理）。また標本分布の標準偏差のことを，特に標準誤差と呼ぶことも覚えておくとよいでしょう。標本平均の標本分布に関する知識の使い道については，12.4. で説明します。

## 12.3. 検定について（2項分布を利用した検定を例として）

標本分布の知識を活用して母集団について推論する例を示します。現実味が感じられないかもしれませんが，ご容赦ください。

> **例題 1**
> コインを投げて表が出るか裏が出るかで賭けをしている。あなたは，賭けの相手がコインに細工をして表が出る確率を変えたのではないかと疑っている。しかし，コインの外見からは細工を見破ることができない。そこで，コインを 10 回投げてみたところ，表の回数は 8 回であった。この情報を手掛かりとして，このコインの表の出る確率が 0.5 ではないと判断できるだろうか。

推論したい母集団の値は，このコインの表の確率です。実際にコインを 10 回投げるという標本の結果にもとづいて，「表の確率が $1/2$（$= 0.5$）ではない」と言えるか，言えないか，結論しようとしているのです。母集団の値について，このように 2 つに 1 つの形で答えを導こうとする推論形式を，検定（test）と呼びます。

この問題を提示されたとき，あなたはどのように考えたでしょうか。「細工のない通常のコイン（表の確率が0.5）だったら，最も起こりやすいのは10回中5回だろう。8回は生じにくいのではないか」のように考えませんでしたか。これはまさに検定の考え方です。

検定では，母集団に関して仮の前提を設定してから推論を始めます。この前提のことを仮説（hypothesis）とか帰無仮説（null hypothesis）といいます（このことから検定のことを仮説検定（hypothesis test）と呼ぶこともあります）。この例では，このコインで「表の確率が0.5」（これを $\pi = 0.5$ と書くことにします）」が帰無仮説です。検定の結論は，「帰無仮説を採択」「帰無仮説を棄却」のいずれかで得られます。「帰無仮説を棄却」できれば，「このコインの表の確率が0.5でない」と示せたことになるのです。

さて，コインを10回投げるとき，表の回数は0回から10回まで11通りの可能性があります。$\pi = 0.5$ という帰無仮説をおくことで，11通りそれぞれの確率を計算できます。ここで，2項分布の知識が生きるのです。$p(x) = \binom{n}{x} \pi^x (1-\pi)^{n-x}$ の式で，$n=10$，$\pi=0.5$ にすれば，0から10までの $x$ についての確率を求めることができます（表12-1）。

表12-1 帰無仮説（$\pi = 0.5$）が正しいときの表の回数の確率

| 表の回数 | 0 | 1 | 2 | 3 | 4 | 5 | 6 | 7 | 8 | 9 | 10 |
|---|---|---|---|---|---|---|---|---|---|---|---|
| 帰無仮説のもとでの確率 | .001 | .010 | .044 | .117 | .205 | .246 | .205 | .117 | .044 | .010 | .001 |

これをグラフで表わしたものが図12-3です。

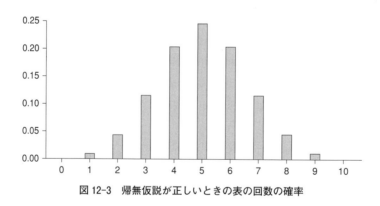

図12-3 帰無仮説が正しいときの表の回数の確率

表あるいは図より，$\pi = 0.5$ だとすると最も生じやすい表の回数は5回であること，表が4回あるいは6回になる確率はこれよりやや減り，表の回数が5回から遠ざかるほど確率が小さくなることがわかります。帰無仮説が正しいとき生じやすい順に表の回数を並べると，以下のようになります。

5回＞4回と6回＞3回と7回＞2回と8回＞1回と9回＞0回と10回

実際にコインを投げて表の回数がわかったとき，帰無仮説のもとでの得られやすさがその回数と同等かそれより得られにくい回数の確率を合計した値を $p$ 値（p-value）と呼びます。少しわかりにくいかもしれませんので，例を挙げましょう。10回投げてみたら，表が1回だったとします。帰無仮説が正しいとき，表が9回の生じやすさは表が1回のときと同等です。これら

より生じにくいのは，表が0回と10回です．ですから，表が1回のときの$p$値は，表が1回，9回，0回，10回のときの確率を合計した値です．表12-1を参考にして計算すると，$(.010 + .001) \times 2 = .022$ になります[注1]．

表の回数が0回から10回までのそれぞれについて，$p$値を表12-2にまとめました．

表12-2 表の回数ごとの$p$値

| 表の回数 | 0 | 1 | 2 | 3 | 4 | 5 | 6 | 7 | 8 | 9 | 10 |
|---|---|---|---|---|---|---|---|---|---|---|---|
| $p$値 | .002 | .021 | .109 | .344 | .754 | 1.000 | .754 | .344 | .109 | .021 | .002 |

帰無仮説のもとで最も生じやすいのは表が5回ですが，このときの$p$値は1.00です．表の回数が帰無仮説のもとで生じにくくなるほど，$p$値が小さくなって（0に近づいて）いきます．$p$値が小さいほど，帰無仮説の正しさが疑わしくなると言えます．この例において$p$値が最も小さいのは，表0回または10回のときの.004です．とても小さな確率ですが0ではありませんから，帰無仮説のもとで絶対に生じないとは言えません．仮説検定では，「一定の小さな値をあらかじめ定めておき，$p$値がその値よりも小さいときに帰無仮説を棄却する」というルールで結論を決めます．あらかじめ定めておく小さな値を有意水準と呼び，その値としてふつう0.05，0.01などが使われます（有意水準はギリシャ文字の$\alpha$（アルファ）で表されることがよくあります）．$p$値が0.05より小さければ（$p < .05$），帰無仮説を棄却して「表の確率は$1/2$（$\pi = 0.5$）」ではないと結論するのです．このことを「5％水準で有意」と表現します．$p$値がさらに小さくて0.01を下回っている（$p < .01$）ときは「1％水準で有意」です．コインを10回投げる例では，表が0回，10回のとき$p < .01$，1回，9回のときに$(.01 <) p < .05$ですから，表が0回か10回ならば1％水準で有意，1回か9回ならば5％水準で有意という結論になります．一方，表が2回以上8回以下のときには，$p$値が.05を超えていますから帰無仮説は採択され，結果は有意とは言えません（有意水準を大きく設定して$\alpha = .10$にすることもあります．しかし，今の例では表2回または8回の$p$値が.109ですから，有意水準を.10にしても有意とは言えません）．検定における結論の出し方をまとめておきましょう．

表12-3 $p$値の大きさと検定の結論

| $p$値の大きさ | 帰無仮説 | 結果の書き方 |
|---|---|---|
| $p > \alpha$ | 採択 | 有意とは言えない |
| $p < \alpha$ | 棄却 | $100\alpha$％水準で有意．$\alpha = .05$ならば「5％水準で有意」 |

このように検定では，$p$値が有意水準より小さいとき帰無仮説を棄却しますが，$p$値が小さくても帰無仮説のもとで「決して生じない」とは言い切れません（たとえば，コインを10回投げて10回とも表（または裏）ということはきわめて生じにくいですが，絶対に起こらないとも言えません）．帰無仮説が「本当は正しかった」ならば，帰無仮説を棄却することは誤った決定です．このような誤り，すなわち「帰無仮説が正しいときに帰無仮説を棄却する誤り」は第1種の誤り（Type I error）と呼ばれます．いつでもかならず帰無仮説を採択すると決めないかぎり，第1種の誤りを犯す確率を0にすることはできません．しかし，有意水準を0.05，

---

注1）表12-1には小数点以下3桁までしか示していませんが，小数点以下はもっと続きます．正確に計算した後，小数点以下3桁で示すと計算結果は.021になります．

0.01のような小さな値に設定することで，その確率を小さく抑えることができるのです。

では，帰無仮説を採択するという結論が誤っているのは，どんなときでしょう。仮説検定における結論は2つに1つの二者択一です。いまの例でいえば，$\pi = 0.5$（帰無仮説を採択）か$\pi \neq 0.5$（帰無仮説を棄却）のどちらかです。一方，「真実」は私たちには不明ですが，論理的に言えば，こちらも$\pi = 0.5$か$\pi \neq 0.5$のどちらかです。整理すると，表12-4が得られます。2種類の誤りを区別できることがわかるでしょう。「帰無仮説が正しいときに帰無仮説を棄却する誤り（第1種の誤り）」と「帰無仮説が正しくないときに帰無仮説を採択する誤り」です。後者の誤りを第2種の誤り（Type II error）と呼びます。

表12-4 検定における2種類の誤り

|  |  | 真実 | |
|---|---|---|---|
|  |  | $\pi = 0.5$ | $\pi \neq 0.5$ |
| 検定での結論 | 帰無仮説（$\pi = 0.5$）を採択 | 正しい結論 | 第2種の誤り |
|  | 帰無仮説（$\pi = 0.5$）を棄却 | 第1種の誤り | 正しい結論 |

たとえば，コインを10回投げて表が3回出たときの$p$値は0.344です。$p$値は0.05より大きいので，帰無仮説は採択されます。けれど，「本当は$\pi \neq 0.5$」のときにも10回中3回の表が生じるのではないでしょうか。たとえば，$\pi = 0.3$だったとしたら…。

第1種の誤りは帰無仮説が正しいことを前提としていますから，$\pi = 0.5$の2項分布を使って確率を計算しました。これに対して，第2種の誤りは，帰無仮説が正しくないことが前提です。その確率は0.5を除くすべての$\pi$の値（$\pi \neq 0.5$）の関数として求めなければなりません。いま仮に$\pi = 0.3$（表の確率が0.3）だとして，表の回数0回から10回のそれぞれの確率を求めると，表12-5が得られます。最も生じやすい表の回数が3回であることを見ることができます。

表12-5 $\pi = 0.3$のときの表の回数の確率

| 表の回数 | 0 | 1 | 2 | 3 | 4 | 5 | 6 | 7 | 8 | 9 | 10 |
|---|---|---|---|---|---|---|---|---|---|---|---|
| $\pi=0.3$のときの確率 | .028 | .121 | .233 | .267 | .200 | .103 | .037 | .009 | .001 | .000 | .000 |

←―――――――――帰無仮説採択―――――――――→

仮説検定の結論は，帰無仮説が正しいことを前提とした確率の計算にもとづいて決まります。帰無仮説が「本当は」正しかろうが正しくなかろうが，コイン10回投げの例でいえば，（有意水準5％として）表が2回以上8回以下であれば「帰無仮説を採択」が結論です。表12-5で，表が2回から8回までの確率を太字で示してありますが，これらの確率の合計が$\pi = 0.3$のときの第2種の誤りの確率ということになります。計算すると，この値は0.851にもなります。

第2種の誤りの確率はややわかりにくく面倒なので，ふつうはいちいち求めません（求めなくても，検定はできます）。しかし，この誤りの確率がかなり大きくなることがあるということは念頭に置いてください。有意水準を小さな値に設定することで，第1種の誤りの確率は小さいことが保証されますので，検定の結果が「有意である」というとき，「$\pi \neq 0.5$である」という結論には，かなりの信頼がおけます。しかし一方，「有意でない」ときに「$\pi = 0.5$であることが示された」と強く結論することには慎重であるべきです。

なお，帰無仮説が正しくないときに，帰無仮説を（正しく）棄却する確率のことを検定力と

## Column 14：両側検定と片側検定

コイン投げの検定の例で，帰無仮説（「表の確率が 1/2」$\pi = 0.5$）が棄却されたときの結論は「表の確率が 1/2 とは言えない」（$\pi \neq 0.5$）でした。検定は，$\pi = 0.5$ と $\pi \neq 0.5$ の 2 つの選択肢（「仮説」）から 1 つの解答を選ぶ手順だと言えます。帰無仮説（$\pi = 0.5$）を棄却するとき自動的にもう一方の仮説が結論として採択されると言うわけです。帰無仮説を棄却するときに採択される仮説を対立仮説と呼びます。

ところで，$\pi \neq 0.5$ という対立仮説は，$\pi > 0.5$ と $\pi < 0.5$ に分けられます。何らかの根拠があるときには，どちらか一方だけを対立仮説として検定を行うことがあります。たとえば，賭の相手が表の回数が多いときに有利になるシチュエーションでは，$\pi > 0.5$ を疑うのが自然です。このとき帰無仮説を $\pi = 0.5$，対立仮説を $\pi > 0.5$ として検定をします。帰無仮説が棄却されたときには $\pi > 0.5$ が結論となります。この検定では，標本分布の右側（表の回数が多い方向）だけで $p$ 値を計算します。$\pi < 0.5$ を対立仮説にするときはこれと反対に，$p$ 値は左側（表の回数が少ない方向）だけで計算します。これらを片側検定と呼び，$\pi \neq 0.5$ を対立仮説にする両側検定と区別します。

帰無仮説 $\pi = 0.5$，対立仮説 $\pi > 0.5$ として，コインを 8 回投げて表が 7 回のときの $p$ 値を求めてみましょう。帰無仮説が正しいときの表の確率は，表 12-6 のとおりです。

表 12-6　帰無仮説のもとでの表の回数

| 表の回数 | 0 | 1 | 2 | 3 | 4 | 5 | 6 | 7 | 8 |
|---|---|---|---|---|---|---|---|---|---|
| 帰無仮説のもとでの確率 | .004 | .031 | .109 | .219 | .273 | .219 | .109 | .031 | .004 |

表が 7 回のときの $p$ 値を計算するのに，両側検定では表が 7 回，8 回，そして 1 回，0 回のときの確率を合計するのでした。計算すると，$(.031 + .004) \times 2 = .070$ になります。対立仮説 $\pi > 0.5$ の片側検定の $p$ 値は，表が多い方だけ，すなわち 7 回，8 回のときの確率を合計します。したがって，$p$ 値は $.034 + .004 = .035$ です。対立仮説と同じ方向（$\pi > 0.5$ なら表の回数が多い方向）であれば，片側検定の $p$ 値は同じ表の回数に対する両側検定の $p$ 値の半分になり，有意な結果が得られやすくなります。コインを 8 回投げて表が 7 回のとき，両側検定では有意ではありませんが，片側検定では 5％水準で有意という結論になります。一方，対立仮説と反対（$\pi > 0.5$ なら表の回数が少ない）方向については，結果がどんなに極端であっても，結論は「有意ではない」です。今の例でいえば，表が 0 回のとき $p$ 値は 1.00 であり有意ではありません。

表 12-7　両側検定のときの $p$ 値

| 表の回数 | 0 | 1 | 2 | 3 | 4 | 5 | 6 | 7 | 8 |
|---|---|---|---|---|---|---|---|---|---|
| 両側検定での $p$ 値 | .008 | .070 | .289 | .727 | 1.000 | .727 | .289 | .070 | .008 |

表 12-8　片側検定（対立仮説 $\pi > 0.5$）のときの $p$ 値

| 表の回数 | 0 | 1 | 2 | 3 | 4 | 5 | 6 | 7 | 8 |
|---|---|---|---|---|---|---|---|---|---|
| 対立仮説が $\pi > 0.5$ のときの $p$ 値 | 1.000 | .996 | .965 | .855 | .637 | .363 | .145 | .035 | .004 |

片側検定を用いるときは，データを集めて計算をする前に，対立仮説の方向を決めるのがルールです。サイコロを投げる前には 1 の目が出る確率は 6 分の 1 ですが，投げた結果が奇数だとわかってからだと 1 の目の出る確率はもはや 6 分の 1 ではありません。これと同じように，コインを 10 回投げて表が 7 回になるのを見た後では，$\pi = 0.5$ を対立仮説にして 5％水準で有意と結論することはできません。片側検定を採用する理由を明確に説明できないのであれば，両側検定を選んでください。

呼びます。帰無仮説が正しくないときに、帰無仮説を採択する誤りが第2種の誤りですから、検定力＝1－第2種の誤りの確率です。第2種の誤りの確率が大きい（小さい）ということは、検定力が低い（高い）ということです。ほかの条件が同じならば、サンプルサイズが大きいほど、検定力が高くなることも覚えておきましょう。

## 12.4. 平均値の検定

平均値の検定では、標本平均の標本分布の知識を使います。

> **例題2**
> 日本全国の高校生を対象とする大規模テストについて、得点分布が平均100点、標準偏差15点の正規分布であることがわかっている。いま、$X$県の高校生から25名を無作為に選んで、このテストを受けさせたところ、平均点は106点であった。$X$県の高校生の平均は全国平均と異なると言えるか。

この問題に答えるには、$X$県の高校生の母集団平均が100である（$\mu = 100$）という帰無仮説を設定して、平均の検定を行います。帰無仮説が棄却されれば、「$X$県の高校生の平均が全国平均と異なる」と示せたことになります。

平均の検定の基礎にあるのは、標本平均の標本分布です。平均$\mu$、標準偏差$\sigma$の正規母集団から抽出された、大きさ$n$の標本平均の標本分布は、平均$\mu$、標準偏差$\sigma/\sqrt{n}$の正規分布になるのでした（→ p.135）。例題では母標準偏差15、標本の大きさ25ですから、帰無仮説（$\mu = 100$）が正しければ、標本平均は平均100点、標準偏差$15/\sqrt{25} = 3.0$点の正規分布に従うことになります。$X$県で抽出された25名の平均は$\bar{x} = 106$でした。帰無仮説のもとで、これと同等またはより生じにくい標本平均は、「106点以上」または「94点以下」です。この範囲の確率を求めれば、この数値例における$p$値となります（図12-4）。

$p$値を求めたいとき、2項分布のような離散的な分布では該当する個々の値の確率を合計しました。正規分布のような連続的な分布では、該当する範囲の面積が$p$値になります。正規分布に従う変数で特定の値以上（あるいは以下）の確率（面積）を求めるには、値を$z$得点に直してから標準正規分布の数表を読めばよかったことを思い出しましょう（→ pp.107-109）。

帰無仮説で設定する$\mu$の値を$\mu_0$と表わすと、標本平均を$z$に直す式は以下のように書くことができます。

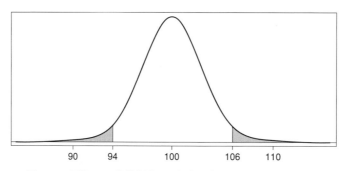

図12-4　平均100、標準偏差3の標本分布における106点の$p$値

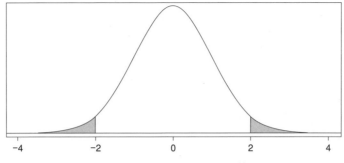
図 12-5　$z = 2.00$ のときの $p$ 値

$$z = \frac{\overline{x} - \mu_0}{\sigma/\sqrt{n}}$$

例題の数値を式に当てはめると

$$z = \frac{106 - 100}{15/\sqrt{25}} = 2.00$$

になります．標準正規分布の数表（p.109）から $z = 2.00$ を上回る部分の領域の面積が .023（$= 0.5 - 0.477$）であることがわかりますから，これを 2 倍した .046 が $p$ 値です．$p < .05$ ですから，「5％水準で有意」が結論です．

さて，ここまで説明した手順では，$z$ を計算するために母集団の標準偏差（$\sigma$）の値が必要です．しかし，現実の問題で，母標準偏差（あるいは母分散）を使えることは，ほとんどありません．現実的な代案は，母標準偏差のかわりに，標本から計算できる不偏分散の平方根を使うことです．$z$ の式の $\sigma$ のかわりに不偏分散 $\widehat{\sigma}^2 = \dfrac{1}{n-1}\sum(x_i - \overline{x})^2$（→ column 11 p.104）の平方根 $\widehat{\sigma}$ を使うと，$t$ の式が得られます．

$$t = \frac{\overline{x} - \mu_0}{\widehat{\sigma}/\sqrt{n}}$$

この $t$ の値ならば，標本データにもとづいて求めることができます．統計量 $t$ の分布は標準正規分布にはならず，自由度 $n-1$ の $t$ 分布という分布に従います．$t$ 分布の導出や自由度とは何かといった説明は，他の教科書に任せることにして，ここではつぎのことを指摘するにとどめます．頭に入れておくと役に立ちます．

- $t$ 分布は，（自由度に依らず）0 を中心とした左右対称な分布で，標準正規分布とよく似ている．
- 自由度 $\infty$ の $t$ 分布は標準正規分布と同一の分布である．
- 自由度が小さいほど中央の山が低くなり裾が広がる．

図 12-6 には，標準正規分布，自由度 16 の $t$ 分布，自由度 4 の $t$ 分布を重ねて描いてあります．

さきの例題について，標本で計算された不偏分散の平方根が 15 だったとしましょう．このとき，

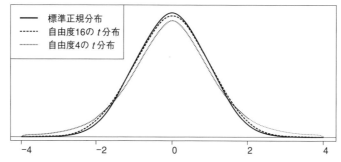

図 12-6 標準正規分布と自由度 16 の t 分布，自由度 4 の t 分布

$$t = \frac{106 - 100}{15/\sqrt{25}} = 2.00$$

表 12-9　t 分布表

| 自由度 | 有意水準（両側） | | | |
|---|---|---|---|---|
| | .10 | .05 | .01 | .001 |
| 1 | 6.31 | 12.71 | 63.66 | 636.62 |
| 2 | 2.92 | 4.30 | 9.92 | 31.60 |
| 3 | 2.35 | 3.18 | 5.84 | 12.92 |
| 4 | 2.13 | 2.78 | 4.60 | 8.61 |
| 5 | 2.02 | 2.57 | 4.03 | 6.87 |
| 6 | 1.94 | 2.45 | 3.71 | 5.96 |
| 7 | 1.89 | 2.36 | 3.50 | 5.41 |
| 8 | 1.86 | 2.31 | 3.36 | 5.04 |
| 9 | 1.83 | 2.26 | 3.25 | 4.78 |
| 10 | 1.81 | 2.23 | 3.17 | 4.59 |
| 11 | 1.80 | 2.20 | 3.11 | 4.44 |
| 12 | 1.78 | 2.18 | 3.05 | 4.32 |
| 13 | 1.77 | 2.16 | 3.01 | 4.22 |
| 14 | 1.76 | 2.14 | 2.98 | 4.14 |
| 15 | 1.75 | 2.13 | 2.95 | 4.07 |
| 16 | 1.75 | 2.12 | 2.92 | 4.01 |
| 17 | 1.74 | 2.11 | 2.90 | 3.97 |
| 18 | 1.73 | 2.10 | 2.88 | 3.92 |
| 19 | 1.73 | 2.09 | 2.86 | 3.88 |
| 20 | 1.72 | 2.09 | 2.85 | 3.85 |
| 22 | 1.72 | 2.07 | 2.82 | 3.79 |
| 24 | 1.71 | 2.06 | 2.80 | 3.75 |
| 26 | 1.71 | 2.06 | 2.78 | 3.71 |
| 28 | 1.70 | 2.05 | 2.76 | 3.67 |
| 30 | 1.70 | 2.04 | 2.75 | 3.65 |
| 35 | 1.69 | 2.03 | 2.72 | 3.59 |
| 40 | 1.68 | 2.02 | 2.70 | 3.55 |
| 50 | 1.68 | 2.01 | 2.68 | 3.50 |
| 70 | 1.67 | 1.99 | 2.65 | 3.44 |
| 100 | 1.66 | 1.98 | 2.63 | 3.39 |
| ∞ | 1.64 | 1.96 | 2.58 | 3.29 |

になります。

$t$ を使った検定の結論を求めるには，$t$ 分布の数表を使います。標準正規分布と $t$ 分布とでは数表の作られ方が違い，読み方・使い方も違います。標準正規分布の数表では，行（整数部分）と列（小数点以下の部分）の組み合わせで $z$ の値を指定して，その上側確率を読み取ります。読み取った値を 2 倍すれば $p$ 値です。これに対して，$t$ 分布の数表では，行では自由度を，列では有意水準を指定します。たとえば，自由度 24（行），有意水準 .05（列）であれば，2.06 という数値を読み取れます。これは，自由度 24 の $t$ 分布で $p$ 値が 0.05 になるのが $t = 2.06$ のときであるということです。この値を有意水準 5 ％の臨界値と呼びます。$t$ 分布における $p$ 値は，$t = 0.0$ のとき 1.00 です。$t$ の絶対値が大きくなる（0 から遠ざかる）ほど $p$ 値は 0 に近づいていきます。このことから，自由度 24 の $t$ 分布では，$|t| < 2.06$ のとき $p$ 値は .05 より大きく，$|t| > 2.06$ で $p$ 値が .05 より小さくなることがわかるでしょう。臨界値は，「有意」と「有意ではない」の境目を示してくれるのです。$t$ の絶対値が臨界値より小さいとき帰無仮説を採択すればよいことから，$|t| <$ 臨界値の範囲を採択域と呼びます。$t$ の絶対値が臨界値を超えると $p$ 値が有意水準より小さくなり帰無仮説を棄却しますから，$|t| >$ 臨界値の範囲は棄却域です。例題についていえば，$t = 2.00$ は採択域に入りますから，「有意とはいえない」が結論になります。

なお，$t$ の式として不偏分散を用いる式 $t = \dfrac{\bar{x} - \mu_0}{\hat{\sigma}/\sqrt{n}}$

を示しました。$\hat{\sigma}$ と $s$ の間には，$\hat{\sigma} = s\sqrt{\dfrac{n}{n-1}}$ という関係がありますから，$\hat{\sigma} = \sqrt{\dfrac{1}{n-1}\sum(x_i - \overline{x})^2}$ の代わりに $s = \sqrt{\dfrac{1}{n}\sum(x_i - \overline{x})^2}$ を使うと，$t$ を求める式は $t = \dfrac{\overline{x} - \mu_0}{s/\sqrt{n-1}}$ になります。

**【引用文献】**
Bandura, A. & Schun K, D. H. (1981). Cultivating competence, self-efficacy, and intrinsic interest through proximal self-motivation. *Journal of Personality and Social Psychology*, 41(3), 586–598.

# 平均値差の検定　13

「課題に取り組むときに，近くに観察者が存在するかしないかで，作業の成績が変わる」。このような仮説を立て，その正しさを検証しようとするとき，心理学で典型的に用いられる研究法は実験（→ p.15）です。「観察者のある条件とない条件を設定し，集めた研究参加者を2群に分けて，どちらかの条件に割り当て作業をしてもらう」といった手順が考えられます。実験法で，研究者が操作する変数を独立変数，独立変数の値によって分布に違いが生じると想定される変数を従属変数と呼びます（→ p.16）。いまの例では，2つの値（「観察者あり」または「観察者なし」）をもつ実験条件が独立変数，何らかの方法で測定された作業成績が従属変数です。平均値差の検定は，質的な独立変数の値ごとに，量的な従属変数の平均に差があると言えるかどうかを分析する方法だと言えます。質的な独立変数の値が2つのときに使われる$t$検定と3つ以上のときに使われる分散分析があり，どちらも心理学の研究で非常によく用いられます。

## 13.1. $t$ 検 定

$t$検定は，実験法においてだけではなく，性差を調べたい，小学6年生と中学3年生を比較したいというように，2群における従属変数の平均値差を分析したいときにも広く使われます。

表 13-1　$t$検定を用いる例

| 独立変数<br>（2値の質的変数） | ⇒ | 従属変数<br>（量的変数） |
|---|---|---|
| 実験条件<br>（観察者有り・観察者無し） | ⇒ | 作業成績 |
| 性<br>（男・女） | ⇒ | 他者への共感力 |
| 学年<br>（小6・中3） | ⇒ | スマホの使用時間 |

$t$検定という名称は当然$t$分布と関係があります。$t$分布は平均の検定にも登場しましたし，ほかの検定にもしばしば用いられるのですが，$t$検定という名称は2群の平均値差の検定を指して使われます。

「条件の違いによって作業成績が変わる」という研究仮説の正しさを実証的に示そうとするとき，各条件への参加者の割り当て方は，大きく2通りに区別できます。

**独立な群（対応のない群）**　標本抽出した研究参加者を無作為に2群に分けて，それぞれの条件に割り当てる。性差を検討するために男女それぞれを無作為に標本抽出するという例のように，2つの群から独立に標本抽出を行う場合もこれに該当する。

**対応のある群**　何らかの方法で参加者を対にして，各対から1人ずつを異なる条件に割り当てる。たとえば，作業成績と正の相関をもつ変数データをあらかじめ入手し，その値が同等

の参加者を対にして，対ごとに1人をどちらかの群に割り当てる。抽出した参加者全員に2つの条件を割り当てる場合もこれに該当する。

条件への割り当てがどちらの方法で行われたかによって，t 検定の計算式が変わります。まず，独立な2群の t 検定を見ましょう。

## (1) 独立な2群の平均値差の検定

> **例題3**
> 実験条件と統制条件とで作業成績が変わるという研究仮説の正しさを示したい。そこで，20人の研究参加者を無作為に10人ずつの2群に分けて，それぞれの条件に割り当てて実験を行った。一定時間内に完成した課題の個数の平均を求めたところ，実験群では18.4，統制群では14.6 だった。

標本抽出された参加者を無作為に2群に分けていますので，独立な群として扱うことになります。母平均を表わす記号は $\mu$ ですが，ここでは2群を考えますから，$\mu_1$, $\mu_2$ のように $\mu$ の右下に添え字を付けて2群の母平均を区別します。平均値差の検定の帰無仮説は，$\mu_1 - \mu_2 = 0$（または $\mu_1 = \mu_2$）です。条件が違っても母平均は同じということです。帰無仮説を棄却できれば，母平均に差があると示せたことになります。

平均値差の検定では，$\bar{y}_1 - \bar{y}_2$ の標本分布に注目します。$\bar{y}_1 - \bar{y}_2$ の標本分布は，平均 $\mu_1 - \mu_2$，標準偏差 $\sqrt{\dfrac{\sigma_1^2}{n_1} + \dfrac{\sigma_2^2}{n_2}}$ の正規分布になることがわかっています。$\sigma_1^2$ と $\sigma_2^2$ は，2条件それぞれの母分散です。また，帰無仮説が正しければ，平均 $\mu_1 - \mu_2 = 0$ になります。

$\bar{y}_1 - \bar{y}_2$ を $z = \dfrac{\bar{y}_1 - \bar{y}_2}{\sqrt{\dfrac{\sigma_1^2}{n_1} + \dfrac{\sigma_2^2}{n_2}}}$ によって標準化して $z$ が得られたら，標準正規分布の数表を使って $p$ 値を求めることができます。$p$ 値が求まれば，これを有意水準と比較して結論を導くというのは，ほかのあらゆる検定と共通です。$p$ 値が有意水準よりも小さい（$p < \alpha$）とき，平均値差は $100\alpha$ ％水準で有意（$\alpha = .05$ に設定すると，$p < .05$ で「5％水準で有意」）という結論になります。

(例題3への解答その1)

$\sigma_1^2 = 14$, $\sigma_2^2 = 15$ がわかっていたとします。$\bar{y}_1 - \bar{y}_2 = 18.4 - 14.6$, $n_1 = n_2 = 10$ ですから，$z = \dfrac{18.4 - 14.6}{\sqrt{\dfrac{14}{10} + \dfrac{15}{10}}} = 2.23$ が得られます。数表 (p.109) より $z = 2.23$ の上側確率は，0.13（$= .5 - .487$）ですから，$p$ 値は $.013 \times 2 = .026$ です。検定の結論は，「平均値差は5％水準で有意」となります。

この方法では，$z$ を求める式に母集団の分散が現われます（$\sigma_1^2$ と $\sigma_2^2$）。しかし，現実場面では母集団分散は未知ですから，$z$ は求められません。そこで，以下のような順をたどることで，平均の検定の場合と同様に $t$ を用いる検定に行き着きます。

まず，2群の母集団分散が等しい（$\sigma^2 = \sigma_1^2 = \sigma_2^2$）と仮定します。これを等分散の仮定と呼びます。こう仮定するのは，母集団分散が実際に等しいことを保証できるからではなく，検定に用いる式を数学的に導出するうえで都合がよいからです。等分散の仮定をおくと，$z$ の式が以下のように簡略化されます。

$$z = \frac{\overline{y}_1 - \overline{y}_2}{\sqrt{\dfrac{\sigma^2}{n_1} + \dfrac{\sigma^2}{n_2}}} = \frac{\overline{y}_1 - \overline{y}_2}{\sqrt{\sigma^2\left(\dfrac{1}{n_1} + \dfrac{1}{n_2}\right)}}$$

2群に共通の母分散 $\sigma^2$ を推定量 $\dfrac{(n_1-1)\widehat{\sigma}_1^2 + (n_2-1)\widehat{\sigma}_2^2}{(n_1-1)+(n_2-1)}$ で置き換えると，$t$ が得られます．

$$t = \frac{\overline{y}_1 - \overline{y}_2}{\sqrt{\left(\dfrac{(n_1-1)\widehat{\sigma}_1^2 + (n_2-1)\widehat{\sigma}_2^2}{n_1+n_2-2}\right)\left(\dfrac{1}{n_1}+\dfrac{1}{n_2}\right)}}$$

$t$ の自由度は $(n_1-1)+(n_2-1) = n_1+n_2-2$ です．式中にあらわれる不偏分散 $\widehat{\sigma}^2$ のかわりに $s^2$ を用いるとき，$t$ の式は以下のようになります．

$$t = \frac{\overline{y}_1 - \overline{y}_2}{\sqrt{\left(\dfrac{n_1 s_1^2 + n_2 s_2^2}{n_1+n_2-2}\right)\left(\dfrac{1}{n_1}+\dfrac{1}{n_2}\right)}}$$

（例題3への解答その2）

2群それぞれの不偏分散が $\widehat{\sigma}_1^2 = 14$，$\widehat{\sigma}_2^2 = 15$ だったとします．$\overline{y}_1 - \overline{y}_2 = 18.4 - 14.6$，$n_1 = n_2 = 10$ ですから，$t = \dfrac{18.4 - 14.6}{\sqrt{\left(\dfrac{(10-1)\times 14 + (10-1)\times 15}{10+10-2}\right)\left(\dfrac{1}{10}+\dfrac{1}{10}\right)}} = 2.23$ が得られます．数表（p.142）で自由度18の行，有意水準 .05 の列から，臨界値 2.10 を読み取れます．2.23 は臨界値を超えていますから，$p$ 値は5％より小さいことがわかります．つぎに，有意水準 .01 の臨界値を読むと 2.88 です．2.23 はこれを超えていません．したがって，結論は「平均値差は5％水準で有意」です．

検定の結論（有意か有意でないか）を知るには $p$ 値だけで足りるのですが，$p$ 値は $t$ と自由度によって決まる値であり，3つの値をすべて書くことで，記述がより確かなものになります．レポートにまとめるとき，特に結果が有意であったときには，$t$ と自由度も必ず記しましょう．上の例でいえば，「$t(18) = 2.23$，$p < .05$」のように書けばよいでしょう．

---

**例題 4**

ある記憶課題の成績が2つの学習条件で違うことを確認したい．そこで，10名の学生を無作為に5名ずつの2群に分け，2つの学習条件のいずれかに割り当てた．学生たちの成績（再生できた課題の数）は，以下の表のとおりであった．$t$ を計算し，検定の結論を述べなさい．

|  | 条件1 | 条件2 |
|---|---|---|
|  | 8 | 7 |
|  | 6 | 11 |
|  | 12 | 5 |
|  | 11 | 6 |
|  | 10 | 8 |
| 平均 | 9.40 | 7.40 |
| 不偏分散 | 5.80 | 5.30 |

(例題 4 への解答)

$$t = \frac{9.4 - 7.4}{\sqrt{\left(\frac{4 \times 5.8 + 4 \times 5.3}{5 + 5 - 2}\right)\left(\frac{1}{5} + \frac{1}{5}\right)}} = 1.34$$

自由度 8 の $t$ 分布における $\alpha = .05$ の臨界値は 2.31 であるから，1.34 は採択域にある。平均値差は有意ではない。

表 13-2 は，この例題を統計ソフトの SPSS で分析したときの出力の一部です。SPSS の出力では，自由度は df（degrees of freedom のことです），$p$ 値は有意確率と表記されます。「有意確率（両側）」とあることからわかるように，示されているのは両側検定の $p$ 値です（両側検定 → column 14 p. 139）。

表 13-2 例題 4 の検定（独立サンプルの検定）

| | | 等分散性の Levene の検定 | | 2 つの母平均の差 | | |
|---|---|---|---|---|---|---|
| | | F | 有意確率 | t | df | 有意確率（両側） |
| 課題成績 | 等分散が仮定されている | .097 | .763 | 1.342 | 8 | .216 |
| | 等分散が仮定されていない | | | 1.342 | 7.984 | .216 |

SPSS の出力では，$t$，自由度，$p$ 値が「等分散が仮定されている」「等分散が仮定されていない」という 2 つの行に示されています。「等分散が仮定されている」の行に示されている方が，これまで説明してきた方法によるものです（→ p.146）。「等分散が仮定されていない」の行には，母集団分散が等しくない場合に使う近似的な方法による結果が示されています。この方法では，「等分散が仮定されている」のとは違う式を用いて，$t$ および自由度を計算します。「等分散が仮定されている」「等分散が仮定されていない」のどちらを見ればよいかを決めるのに役立つのが「等分散性のための Levene の検定」です。この検定については，帰無仮説が $\sigma_1^2 = \sigma_2^2$ であることだけ念頭におけばよく，検定の詳細を知る必要はありません。$p$ 値（有意確率）を見ると .763 ですから帰無仮説が採択され，「等分散が仮定されている」と判断できます。ですから，2 行目を無視して 1 行目の $t$，自由度，$p$ 値だけを見ればよいのです。

**Column 15：効果量**

検定は，「有意」か「有意ではない」かの 2 つに 1 つの答えを出す方法であり，平均値の差の大きさを示すものではありません。「有意」という結論は，差の大きさについて（「差が 0 ではない」ということ以外）何も示してくれません。$p$ 値が小さいほど差が大きいと解釈されることもありますが，これは正しくありません。$t$ の式は，以下のように書き直すことができます。

$$t = \frac{\bar{y}_1 - \bar{y}_2}{\sqrt{\left(\frac{(n_1-1)\widehat{\sigma}_1^2 + (n_2-1)\widehat{\sigma}_2^2}{n_1 + n_2 - 2}\right)}} \times \sqrt{\frac{n_1 \times n_2}{n_1 + n_2}}$$

右辺の第 2 項は，サンプルサイズが大きくなればいくらでも大きくなります。たとえば，$n_1 = n_2 = 10$ のとき $\sqrt{10 \times 10/(10+10)} = 2.24$，$n_1 = n_2 = 100$ のとき $\sqrt{100 \times 100/(100+100)} = 7.07$，$n_1 = n_2 = 500$ のとき $\sqrt{500 \times 500/(500+500)} = 15.81$ です。平均値差の大きさに関わらず，サンプルサイズを大きくす

れば，$t$ の絶対値が大きくなり $p$ 値は小さくなるのです。
　差の大きさを示すのに役立つのは，右辺の第1項です。

$$ES = \frac{\bar{y}_1 - \bar{y}_2}{\sqrt{\left(\frac{(n_1-1)\hat{\sigma}_1^2 + (n_2-1)\hat{\sigma}_2^2}{n_1 + n_2 - 2}\right)}}$$

　これは効果量（effect size）あるいは標準化された平均値差と呼ばれるもので，測定単位に依存しない平均値差の指標として有益です。効果量についてもっと知りたい人には，大久保・岡田（2012）をおすすめします。

## (2) 対応のある2群の平均値差の検定

　研究参加者を無作為に2群に分けて別々の条件に割り当てるという手順は，心理学研究，特に実験法においてよく用いられる基本的なものです。しかし，平均の比較の精度という点から見ると，この手順には問題がないわけではありません。記憶成績を従属変数として，学習条件の違いによる記憶成績の平均値差に関心を向ける場面を考えてみましょう。参加者を無作為に2群に分けるとき，たまたまどちらかの群に認知能力が高い参加者が偏ることがあります。記憶成績と認知能力は正の相関をもつと考えられますから，認知能力が高い人が第1群に集中すれば $\bar{y}_1 - \bar{y}_2$ が大きめに，第2群に集中すれば $\bar{y}_1 - \bar{y}_2$ は小さめに偏った値になるでしょう。このようなことから，$\bar{y}_1 - \bar{y}_2$ の標準誤差が大きくなり，検定の精度が落ちる（$\mu_1 - \mu_2 \neq 0$ であるのに，有意な結果が得られにくくなる）と考えられるのです。

　ここで，参加者の認知能力に関する何らかのデータ，たとえば知能テストの得点を利用できるならば，得点が1番高い参加者と2番目に高い参加者，3番目に高い参加者と4番目に高い参加者のように2人ずつを対にして，各対から無作為に1人ずつをそれぞれの条件に割り当てることで，平均値差の標準誤差を小さくできます。このようにして作られる群が対応のある群です。参加者の対を作る操作をマッチングと呼び，マッチングによってできた参加者の対をブロックと呼びます。双生児や夫婦を無作為に1人ずつ別の条件に割り当てる場合，双生児や夫婦は自然にマッチングされたブロックだとみなせます。また，同一の参加者を，2つの異なる条件の両方に割り当てる場合も，各参加者をブロックとした対応のある2群として扱います。学習プログラムの効果を見るために参加者全員についてプログラム前後で測定を行うケースは，特に反復測定と呼ばれますが，これも対応のある2群の例になります。

　独立な群の場合は，異なる群の従属変数の値は互いに独立です。しかし，対応のある群では，それぞれの群に含まれる従属変数の値の間に正の相関が生じることから，平均値差の標本分布が独立な群の場合と変わります。したがって，平均値差の検定の計算法も違ってきます。

　対応のある2群の $t$ 検定では，対ごとの差を求めて，$t$ の計算にその差を用います。対ごとの差を $d$ で表わすことにすると，$d$ の平均が

$$\bar{d} = \bar{y}_1 - \bar{y}_2$$

となることからわかるように，$\bar{y}_1 - \bar{y}_2$ の標本分布は $\bar{d}$ の標本分布の問題と考えることができます。$d$ の母平均を $\mu_d$，母分散を $\sigma_d^2$，対の個数を $n$ で表すと，$\bar{d}$ の標本分布の平均は $\mu_d$，標準偏差は $\frac{\sigma_d}{\sqrt{n}}$ になります。

このあとの展開は，平均値の検定や独立な 2 群の $t$ 検定と同様です。帰無仮説 $\mu_d = 0$ のもとで，$\bar{d}$ は

$$z = \frac{\bar{d}}{\sigma_d / \sqrt{n}}$$

によって標準化できます。この式中の $\sigma_d$ は未知ですから，この部分を $d$ の不偏分散の平方根 $\widehat{\sigma}_d$ で置き換えると，$t$ の式が得られます。

$$t = \frac{\bar{d}}{\widehat{\sigma}_d / \sqrt{n}}$$

この $t$ の自由度は $n - 1$ です。

---

**例題 5**
ある記憶課題の成績が 2 つの学習条件で違うことを確認したい。順序効果を相殺するために，6 名の学生を無作為に 3 名ずつに分けて，片方の 3 名には条件 1，条件 2 の順で，残りの 3 名には条件 2，条件 1 の順で学習してもらった。各条件のもとでの成績を以下のように整理した。2 つの条件での平均値差は有意と言えるか。

| | 条件 1 | 条件 2 | 対の差 ($d$) |
|---|---|---|---|
| | 11 | 8 | 3 |
| | 6 | 5 | 1 |
| | 7 | 8 | −1 |
| | 14 | 12 | 2 |
| | 9 | 5 | 4 |
| | 12 | 9 | 3 |
| 平均 | 9.83 | 7.83 | 2.00 |
| 不偏分散 | 9.37 | 6.97 | 3.20 |

---

$\bar{d} = 2.00$，$\widehat{\sigma}_d^2 = 3.20$，$n = 6$ ですから，$t$ の計算は以下のとおりになります。

$$t = \frac{2.00}{\sqrt{3.20/6}} = 2.74$$

数表（p.142）より，自由度 5 の $t$ 分布の臨界値は，有意水準 .05 のとき 2.57，有意水準 .01 のとき 4.03 です。平均値差は 5 ％水準で有意という結論になります。

## 13.2. 分散分析

$t$ 検定と同様，分散分析は，質的な独立変数の値による従属変数の平均の違いを分析する方法です。分散分析では，質的な独立変数を要因，要因の値を水準と呼ぶことがよくあります。水準という言葉を使って言うと，「水準が 2 個のときは $t$ 検定を使い，水準が 3 個以上になると分散分析を使う」[注1]ということです。

$t$ 検定では，$\mu_1 = \mu_2 (\mu_1 - \mu_2 = 0)$ という帰無仮説のもとで，平均値差 $\bar{y}_1 - \bar{y}_2$ にもとづいて

---

注1）実は，分散分析は水準数が 2 のときにも使えます。2 群のデータに分散分析を適用すると，$t$ 検定（両側検定）のときと同じ $p$ 値が得られ，検定の結論は両者で一致します。

$t$ を計算し，$t$ の値の大きさによって検定の結論を導きました。分散分析では，$\mu_1 = \mu_2 = \cdots = \mu_a$（$a$ は水準の個数）という帰無仮説を設定し，$a$ 個の平均のバラツキ（分散）から $F$ という統計量を計算し，検定の結論を導きます。平均のバラツキが大きいことが，帰無仮説を疑う根拠となるのです。分散分析という名称はここから来ています。分散分析は ANOVA（アノーバ）と呼ばれることも多いのですが，これは **ana**lysis **of va**riance の略です。analysis は分析，variance は分散ですから，まさに分散分析です。帰無仮説（$\mu_1 = \mu_2 = \cdots = \mu_a$）が棄却されるとき，「水準（群）間の平均値差が有意である」という結論が得られます。「要因の効果が有意である」という表現も使われます。

表 13-3 分散分析を用いる例

| 独立変数<br>（多値の質的変数） | | 従属変数<br>（量的変数） |
| --- | --- | --- |
| 目標の近さ<br>（近い・遠い・目標なし・統制） | ⇒ | 内発的興味の強さ |
| 学年<br>（小学生・中学生・高校生） | ⇒ | 学習時間 |

$t$ 検定のところで，「独立な群（対応のない群）」と「対応のある群」の説明をしました。この区別は分散分析でも重要です。水準への割り当てをどんな方法で行うのかによって，分散分析の計算が変わります。

**独立な群（対応のない群）**　まとめて標本抽出した研究参加者を無作為に群分けして，それぞれの条件に割り当てる。あるいは，学年差を検討するために，小学生，中学生，高校生それぞれを無作為に標本抽出するという例のように，それぞれの群ごとに独立に標本抽出を行う。

**対応のある群**　参加者を何らかの方法で組にして，各組から 1 人ずつ異なる条件に割り当てる。たとえば，作業成績の条件差を検討する際に，作業成績と正の相関をもつ変数のデータをあらかじめ入手してその値が同等の参加者を組にしておき，すべての組から 1 人ずついずれかの群に割り当てる。抽出した参加者全員にすべての条件を割り当てる場合もこれに該当する。

まず，対応のない要因の分散分析から見ていきましょう。

## (1) 対応のない要因の分散分析

分散分析の計算の出発点として，平方和という統計量が重要です。従属変数 $y$ の平方和は，以下の式で求められます。

$$\sum (y_i - \overline{y})^2$$

たとえば，$y$ が「7, 5, 1, 9, 3（$\overline{y} = 5$）」のとき，$y$ の平方和は，

$$(7-5)^2 + (5-5)^2 + (1-5)^2 + (9-5)^2 + (3-5)^2$$
$$= 2^2 + 0^2 + (-4)^2 + 4^2 + (-2)^2 = 40$$

です（平方和を $n$ で割れば分散，$n-1$ で割れば不偏分散です）。

いま，12 名の参加者を無作為に 4 名ずつ 3 群に分けて，3 つの水準に割り当てて実験を行っ

たところ，従属変数 $y$ の値が表 13-4 のとおり得られたとしましょう。

表 13-4　3 水準の従属変数データ

| 水準 1 | 水準 2 | 水準 3 |
|---|---|---|
| 5 | 10 | 3 |
| 7 | 8 | 5 |
| 9 | 6 | 3 |
| 7 | 8 | 1 |

12 名の従属変数の値の平均は $\bar{y}=6.00$ ですから，$y$ の平方和は，

$$(5-6)^2 + (7-6)^2 + (9-6)^2 + (7-6)^2 + (10-6)^2 + (8-6)^2$$
$$+ (6-6)^2 + (8-6)^2 + (5-6)^2 + (3-6)^2 + (1-6)^2 = 80$$

になります。

従属変数 $y$ の値をそれぞれの水準の平均で置き換えると，表 13-5 が得られます。

表 13-5　各水準ごとの平均で置き換える

| 水準 1 | 水準 2 | 水準 3 |
|---|---|---|
| 7 | 8 | 3 |
| 7 | 8 | 3 |
| 7 | 8 | 3 |
| 7 | 8 | 3 |

水準ごとに求めた平均から計算される平方和は，平均の違いが水準間で大きいほど大きくなります。群間平方和と呼ばれるこの平方和は，従属変数 $y$ のバラツキのうち「要因で説明できるバラツキの大きさ」を表わすと考えることができます。表 13-5 をもとに群間平方和を計算すると，

$$4 \times \{(7-6)^2 + (8-6)^2 + (3-6)^2\} = 56$$

になります（「$4 \times \cdots\cdots$」となっているのは，計算中に $(7-6)^2$，$(8-6)^2$，$(3-6)^2$ が 4 回ずつ出てくるからです）。

表 13-6 は，従属変数 $y$ の値とその水準における平均との差をまとめたものです。

表 13-6　同じ水準内の従属変数データと平均の差

| 水準 1 | 水準 2 | 水準 3 |
|---|---|---|
| $-2$ | 2 | 0 |
| 0 | 0 | 2 |
| 2 | $-2$ | 0 |
| 0 | 0 | $-2$ |

同じ水準内での個体差を表わす平方和は群内平方和と呼ばれ，「要因で説明できないバラツキ（誤差）の大きさ」と解釈できます。この例の群内平方和は，

$$(-2)^2 + 0^2 + 2^2 + \cdots + 0^2 + (-2)^2 = 24$$

になります。

ここまでに見た「全体の平方和」,「群間平方和」,「群内平方和」の間には,

全体の平方和＝群間平方和＋群内平方和

という関係が成立します。これを平方和の分割と呼びます。それぞれの平方和には自由度とよばれる数値がセットになっていて，それらの自由度についても分割が成り立ちます。

全体の平方和の自由度＝群間平方和の自由度＋群内平方和の自由度

参加者総数を $N$, 水準の数を $a$ とすると，それぞれの自由度は以下のようになります。

$$N - 1 = (a - 1) + (N - a)$$

群間平方和，群内平方和をそれぞれの自由度で割ると，平均平方が得られます。

$$群間の平均平方 = \frac{群間平方和}{群間平方和の自由度}$$

$$群内の平均平方 = \frac{群内平方和}{群内平方和の自由度}$$

ここでの数値例を当てはめると，

$$群間の平均平方 = \frac{56}{3 - 1} = 28$$

$$群内の平均平方 = \frac{24}{12 - 3} = 2.67$$

です。群間の平均平方（分子）と群内の平均平方（分母）の比を $F$ とよびます。

$$F = \frac{群間の平均平方}{群内の平均平方}$$

例の数値を当てはめると，

$$F = \frac{56/2}{24/9} = 10.5$$

になります。

帰無仮説のもとで $F$ が自由度 $a - 1$（分子の自由度）と $N - a$（分母の自由度）の $F$ 分布と呼ばれる分布に従うことを示したのが，20 世紀最大の統計学者フィッシャーです。$F$ 分布の $F$ は，フィッシャー（R. A. Fisher）にちなんだものです。

平均平方は負の値になりませんから，平均平方の比である $F$ は必ず 0 以上です。そして，$F$ 分布は（標準正規分布や $t$ 分布と異なり）左右対称ではなく，2 つの自由度によって形状が変わります。$F$ の分子（群間の平均平方）の自由度，分母（群内の平均平方）の自由度が，この順番で $F$ の自由度になります。今の例でいえば，自由度が 2 と 9 の $F$ 分布を用いて検定を行います。図 13-1 には自由度が違う 3 つの $F$ 分布を重ねて描いてあります。このうち実線で示し

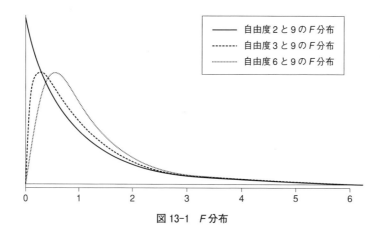

図 13-1　$F$ 分布

てあるのが自由度 2 と 9 の $F$ 分布です。

　帰無仮説が正しいとき，理論的に，$F$ の分母と分子は近い値になると期待され，$F$ の値は 1 近辺である確率が高くなります。$F$ が 1 より小さいということは，分子（群間の平均のバラツキ）が分母（誤差のバラツキ）より小さいということで，これは帰無仮説を棄却することにつながりません。したがって，分散分析では，帰無仮説を棄却する方向として，$F$ が 1 より大きい（分子が分母より大きい＝群間のバラツキが誤差のバラツキより大きい）方向だけを考えま

表 13-7　$F$ 分布の表

| $F$ の臨界値：有意水準 5 ％ | | | | | $F$ の臨界値：有意水準 1 ％ | | | | |
|---|---|---|---|---|---|---|---|---|---|
| 分母の自由度 | 分子の自由度 | | | | 分母の自由度 | 分子の自由度 | | | |
|  | 1 | 2 | 3 | 4 |  | 1 | 2 | 3 | 4 |
| 2 | 18.51 | 19.00 | 19.16 | 19.25 | 2 | 98.50 | 99.00 | 99.17 | 99.25 |
| 3 | 10.13 | 9.55 | 9.28 | 9.12 | 3 | 34.12 | 30.82 | 29.46 | 28.71 |
| 4 | 7.71 | 6.94 | 6.59 | 6.39 | 4 | 21.20 | 18.00 | 16.69 | 15.98 |
| 5 | 6.61 | 5.79 | 5.41 | 5.19 | 5 | 16.26 | 13.27 | 12.06 | 11.39 |
| 6 | 5.99 | 5.14 | 4.76 | 4.53 | 6 | 13.75 | 10.92 | 9.78 | 9.15 |
| 7 | 5.59 | 4.74 | 4.35 | 4.12 | 7 | 12.25 | 9.55 | 8.45 | 7.85 |
| 8 | 5.32 | 4.46 | 4.07 | 3.84 | 8 | 11.26 | 8.65 | 7.59 | 7.01 |
| 9 | 5.12 | 4.26 | 3.86 | 3.63 | 9 | 10.56 | 8.02 | 6.99 | 6.42 |
| 10 | 4.96 | 4.10 | 3.71 | 3.48 | 10 | 10.04 | 7.56 | 6.55 | 5.99 |
| 11 | 4.84 | 3.98 | 3.59 | 3.36 | 11 | 9.65 | 7.21 | 6.22 | 5.67 |
| 12 | 4.75 | 3.89 | 3.49 | 3.26 | 12 | 9.33 | 6.93 | 5.95 | 5.41 |
| 13 | 4.67 | 3.81 | 3.41 | 3.18 | 13 | 9.07 | 6.70 | 5.74 | 5.21 |
| 14 | 4.60 | 3.74 | 3.34 | 3.11 | 14 | 8.86 | 6.51 | 5.56 | 5.04 |
| 15 | 4.54 | 3.68 | 3.29 | 3.06 | 15 | 8.68 | 6.36 | 5.42 | 4.89 |
| 16 | 4.49 | 3.63 | 3.24 | 3.01 | 16 | 8.53 | 6.23 | 5.29 | 4.77 |
| 17 | 4.45 | 3.59 | 3.20 | 2.96 | 17 | 8.40 | 6.11 | 5.18 | 4.67 |
| 18 | 4.41 | 3.55 | 3.16 | 2.93 | 18 | 8.29 | 6.01 | 5.09 | 4.58 |
| 19 | 4.38 | 3.52 | 3.13 | 2.90 | 19 | 8.18 | 5.93 | 5.01 | 4.50 |
| 20 | 4.35 | 3.49 | 3.10 | 2.87 | 20 | 8.10 | 5.85 | 4.94 | 4.43 |
| 22 | 4.30 | 3.44 | 3.05 | 2.82 | 22 | 7.95 | 5.72 | 4.82 | 4.31 |
| 24 | 4.26 | 3.40 | 3.01 | 2.78 | 24 | 7.82 | 5.61 | 4.72 | 4.22 |
| 26 | 4.23 | 3.37 | 2.98 | 2.74 | 26 | 7.72 | 5.53 | 4.64 | 4.14 |
| 28 | 4.20 | 3.34 | 2.95 | 2.71 | 28 | 7.64 | 5.45 | 4.57 | 4.07 |
| 30 | 4.17 | 3.32 | 2.92 | 2.69 | 30 | 7.56 | 5.39 | 4.51 | 4.02 |

す。$F$分布にもとづく$p$値も，標本から得られた$F$を超える（右側の）領域の確率（面積）ということになります。いまの数値例でいえば，自由度2と9の$F$分布で$F = 10.5$を超える領域の確率（面積）が$p$値です。

$F$分布の数表は，$t$分布の数表と同様に，特定の有意水準に対応する臨界値を示すものです。$F$分布では2つの自由度だけで行と列が使われますから，有意水準ごとに別の表が用意されます。表13-7の左が，有意水準5％の臨界値を読み取るための表です。これを読むと，自由度2と9の$F$分布における有意水準5％の臨界値が4.26であることがわかります。標本で得られる$F$の値がこれより小さいとき$p$値は0.05より大きく，$F$の値がこれより大きければ$p$値は0.05より小さいということです。また，有意水準1％のための右の表より，有意水準1％の臨界値が8.02であることがわかります。いまの例において，$F = 10.5$ですから，$p < .01$であり，検定の結論は「1％水準で有意」となります。

なお，統計解析ソフトRでは，関数pfを使い，$F$の値，2つの自由度から$p$値を求められます。

pf($F$の値，分子の自由度，分母の自由度，lower.tail = FALSE)

ここでの数値例では，pf(10.5, 2, 9, lower.tail = FALSE)とすることで，0.004という結果が得られます。

以上の分散分析の計算過程をわかりやすくまとめた表が分散分析表です。

表13-8 分散分析表（対応のない1要因）

| 要因 | 平方和 | 自由度 | 平均平方 | $F$ |
|---|---|---|---|---|
| 群間 | 56.00 | 2 | 28.00 | 10.50 |
| 群内 | 24.00 | 9 | 2.67 | |
| 全体 | 80.00 | 11 | | |

$t$検定のときと同じく（特に有意であるとき），分散分析の結果をレポートにまとめる際に，$p$値だけでなく，$F$の値と自由度も記載しましょう。ここでの例であれば，$F(2, 9) = 10.50$, $p < .01$と記せばよいでしょう。なお，ここで説明した「対応のない要因の分散分析」は，完全無作為1要因デザイン，1要因参加者間デザインなどと呼ばれることもあります。バンデューラとシャンクが分析に用いたのも，この分散分析です。

分散分析で有意（要因の効果が有意）な結果が得られたとき，結局のところ何が言えるのでしょう。分散分析の帰無仮説は，$\mu_1 = \mu_2 = \cdots = \mu_a$（すべての水準における母平均が等しい）でした。帰無仮説が棄却されるということは，$a$個の水準の母平均のうち少なくとも1つが他とは異なるということです。分散分析の手順は，$a$個の平均のバラツキに注目するものですから，個別の水準対間の平均値差の有無については言及できません。どの水準対の間に有意な差があるかを確認したければ，2水準ずつの比較だから$t$検定を使えばよいと思うかもしれません。たとえば，注目している要因の水準数が4だとすると，2水準ずつの選び方は6通りありますから，$t$検定を6度繰り返せば，水準対ごとに平均値差を検定できそうな気がします。しかし，このやり方は第1種の誤りの確率を大きくしてしまうので，行ってはいけません。有意水準が0.05の検定を6度繰り返すとき，各検定が互いに独立ならば，全体としての第1種の誤りの確率は，$1 - (1 - 0.05)^6 = 0.2649$になってしまうのです[注2]。この問題に対処するため

の方法がいろいろと考案されていて，それらの方法を総称して多重比較と呼びます。多重比較を用いれば，全体としての有意水準を守りながら，複数の対について有意性検定を行うことができます。分散分析で有意な結果を確認した後に多重比較を行うことが多く，このときには事後検定と呼ぶことがあります。

## (2) 対応のある要因の分散分析

**例題6**
記憶課題の成績が学習条件（3種類）によって変わることを確認するために，6名の学生を3つの条件A，B，Cのすべてに割り当てて学習してもらった。割り当てる順序の違いが結果に影響するのを避けるために，条件を割り当てる順序は，参加者ごとに変えた（A-B-C，A-C-B，B-C-A，B-A-C，C-A-B，C-B-Aの6通りの順序があるので，6名を6通りの順序のいずれかに無作為に割り当てた）。各条件のもとでの成績は，下の表のとおりだった。条件間における平均値の違いは有意といえるか。

|    | 条件A | 条件B | 条件C | 平均 |
|----|-------|-------|-------|------|
|    | 11    | 7     | 6     | 8.00 |
|    | 6     | 2     | 4     | 4.00 |
|    | 8     | 5     | 8     | 7.00 |
|    | 12    | 9     | 9     | 10.00|
|    | 8     | 8     | 11    | 9.00 |
|    | 15    | 11    | 10    | 12.00|
| 平均 | 10.00 | 7.00 | 8.00 | 8.33 |

この例題のデータを表13-4のデータと比べると，見た目はよく似ていますけれど，データの得られ方は違います。表13-4のデータは，まとめて抽出したデータを無作為に各水準に割り当てたものでした。このような場合や水準ごとにデータを独立に抽出するときには，異なる水準のデータ値どうしは独立です。それぞれの水準内でデータ値を並べ替えても，分散分析の計算に一切影響しません。

これに対して，本例題では，表中で隣り合ったデータ値は同じ参加者から得られたものであり，異なる水準間に対応があります。対応のある要因の分散分析について，対応のある2群の$t$検定の場合と同様のことがいえます。

被験者の組を作る操作をマッチングと呼び，マッチングによってできた参加者の組をブロックと呼ぶ。マッチングによって作られたブロックのそれぞれから無作為に1人ずつ選んでいずれかの条件に割り当てることで，検定の精度が高くなる（検定力が高くなる）。同一の参加者を，3つ以上の異なる条件のすべてに割り当てる場合も，各参加者をブロックとした対応のある要因として扱う。

---

前ページの注2）つぎの問題を考えてみてください。「6個の部品でできている機械がある。この機械は，部品の少なくともどれか1つが故障しているときに故障する。個々の部品の故障率はどれも5％である。この機械の故障率は何％か」。どれか1つが故障している確率，どれか2つが故障している確率，…を個別に計算するのは面倒です。そこでまず6個の部品すべてが故障していない確率を求めます。それぞれの部品が故障していない確率は$(1-0.05)$ですから，6個の部品すべてが故障していない確率は$(1-0.05)^6$です。これを1から引けば「少なくともどれか1つが故障している確率」が求まります。この問題における「故障率」を「有意水準」に読み替えてください。

対応のある要因の分散分析では，ブロックについても平均を求め，その平均の変動について平方和を計算します。今の例では，6組のブロックの平均が，8，4，7，10，9，12ですから，ブロックの平方和は以下のようにして求まります。式のはじめに「3×」とあるのは，各ブロックとも3つの測定値を含んでいるからです。

$$3 \times \{(8-8.33)^2 + (4-8.33)^2 + (7-8.33)^2 + (10-8.33)^2 + (9-8.33)^2 + (12-8.33)^2\} = 112$$

全体の平方和と要因の平方和（群間平方和）については，対応のない要因の分散分析のときと同じです。全体の平均が8.33ですから，個々のデータ値と8.33の差を2乗したものを合計すると，全体の平方和が得られます。

$$(11-8.33)^2 + (6-8.33)^2 + (8-8.33)^2 + \cdots + (11-8.33)^2 + (10-8.33)^2 = 166$$

要因の平方和は，水準ごとの平均の変動です。どの水準も6個ずつの測定値をもつので，

$$6 \times \{(10-8.33)^2 + (7-8.33)^2 + (8-8.33)^2\} = 28$$

となります。

対応のある要因の分散分析では，以下の平方和の分割が成立します。

全体の平方和＝ブロックの平方和＋要因の平方和＋残差の平方和

この関係式を使うと，残差の平方和は $166 - 112 - 28 = 26$ であることがわかります。自由度については，つぎの分割が成立します。$n$ はブロックの個数，$a$ は水準の個数です。

$$na - 1 = (n-1) + (a-1) + (n-1)(a-1)$$

いまの例では，

$$6 \times 3 - 1 = (6-1) + (3-1) + (6-1)(3-1)$$

となります。

要因の効果を見るには，要因の平方和を自由度で割った平均平方を分子，残差の平方和を自由度で割った平均平方を分母として，$F$ を求めます。

$$F = \frac{28/(3-1)}{26/(6-1)(3-1)} = \frac{14}{2.6} = 5.385$$

自由度2と10の $F$ 分布における5％水準の臨界値は4.10，1％水準の臨界値は7.56であることから，5％水準で有意という結論になります（→ p.154）。分散分析表は，表13-9のようになります。

分散分析表を見るとわかるように，対応のある要因の分散分析では，注目している要因についてだけでなく，ブロックについても $F$ が求まります。しかし，ブロック（参加者）のバラツキは研究の関心外ですから，この値をレポートで示す必要はなく，解釈もしなくてかまいません。

分散分析における $F$ の計算では，一般に，注目する要因の平均平方（平方和÷自由度）が分

表 13-9　分散分析表（対応のある 1 要因）

| 要因 | 平方和 | 自由度 | 平均平方 | $F$ |
|---|---|---|---|---|
| 要因 | 28.00 | 2 | 14.00 | 5.38 |
| ブロック | 112.00 | 5 | 22.40 | 8.62 |
| 残差 | 26.00 | 10 | 2.60 | |
| 全体 | 166.00 | 17 | | |

子，残差の平均平方（平方和÷自由度）が分母になります。対応のない要因の分散分析と比べると，対応のある要因の分散分析では，$F$ の分母の計算に使われる平方和が，ブロックの平方和の分だけ小さくなります。つまり，分子（要因の平均平方）が同じであれば，対応のある要因の分散分析の $F$ の方が大きな値になり，検定力が高くなるのです。

### (3) 対応のない 2 要因の分散分析

$t$ 検定と分散分析の使い分けについて，150 ページで「水準が 2 個のときは $t$ 検定を使い，水準が 3 個以上になると分散分析を使う」と説明しました。$t$ 検定と分散分析とでは，もう 1 つ大きな違いがあります。$t$ 検定と異なり，分散分析では 2 つ以上の要因の効果について同時に分析することができるのです。

いま，「指導法が成績に与える影響」に関心をもっているとしましょう。注目する要因が指導法だけならば，比較対象となる指導法の種類によって（指導法が 2 種類のとき）$t$ 検定，（指導法が 3 種類以上のとき）分散分析のように使い分けることになるでしょう。ここで，あなたが

　　　　2 種類の指導法の効果が，学習者の対人積極性の程度によって一律でない可能性

に注目しているとしましょう。たとえば，「学習者の対人積極性が高いときには指導法 1 が成績を上げるが，対人積極性の低い学習者には指導法 2 が効果的」というような場合です。このようなときには，2 つの要因（指導法と対人積極性）を同時に取り上げて分散分析を行うことにより，「対人積極性の水準ごとにみた指導法の効果の違い」（「指導法の水準ごとにみた対人積極性の効果の違い」と言っても同じことです）についても検定できるのです。2 つの要因のうち一方の要因の水準ごとにみたときの他方の要因の効果のあり方の違いを，交互作用効果といいます。交互作用効果に対して，2 つの要因それぞれの効果は，主効果と呼ばれます。つまり，2 要因の分散分析を行うことで，2 つの主効果と 1 つの交互作用効果，併せて 3 つの効果の有意性について，検定することができるのです。

---

**例題 7**
学習者の対人積極性の程度によって 2 種類の指導法の効果が異なる可能性に注目している。そこで，対人積極性の高群，中群，低群，それぞれ 8 名ずつを選び，各群をさらに無作為に 4 名ずつ 2 群に分けて，2 種類の指導法のいずれかに割り当てた。参加者は一定期間の指導を受けたのち，学習成果を確認するためのテストに解答した。「指導法」（2 水準）と「対人積極性」（3 水準）を組み合わせると 6 通りの条件がある。下の表は，学習者の成績（従属変数）を 6 条件ごとに整理したものである。指導法の主効果，対人積極性の主効果，指導法と対人積極性の交互作用効果のそれぞれについて，どのような結論が得られるか。

|  | 対人積極性 | | |
|---|---|---|---|
|  | 低 | 中 | 高 |
| 指導法1 | 29 | 34 | 38 |
|  | 32 | 37 | 40 |
|  | 34 | 32 | 44 |
|  | 37 | 41 | 46 |
| 指導法2 | 37 | 32 | 31 |
|  | 40 | 35 | 34 |
|  | 42 | 38 | 37 |
|  | 45 | 43 | 42 |

　この例における2つの要因（指導法と対人積極性）の各水準への参加者の割り当ては，「対応のない」形で行われています。2要因を組み合わせた6つの条件ごとに成績を平均すると，表 13-10 のようになります。表 13-10 には，2水準×3水準の6条件の平均のほかに，一方の要因のみに注目したときの水準ごとの平均も示してあります。

表 13-10　条件ごとの平均

|  | 対人積極性 | | | 対人積極性込み |
|---|---|---|---|---|
|  | 低 | 中 | 高 |  |
| 指導法1 | 33 | 36 | 42 | 37 |
| 指導法2 | 41 | 37 | 36 | 38 |
| 指導法込み | 37 | 36.5 | 39 | 37.5 |

　2要因の組合せに関して得られる6個の平均を，グラフで表わしてみましょう。縦軸に成績の平均，横軸に対人積極性の水準をとり，マーカー●で指導法1の3つの平均（対人積極性の低・中・高）を，マーカー▲で指導法2の3つの平均（対人積極性の低・中・高）をプロットすると，図 13-2 が得られます。

　図 13-2 を見ると，指導法1では対人積極性が高いほど成績の平均が高くなり，指導法2では対人積極性が低いほど成績の平均が高いことを読み取ることができます。つまり，指導法の水準ごとに対人積極性の効果のあり方が違う（＝交互作用効果がある）ことが示唆されます。

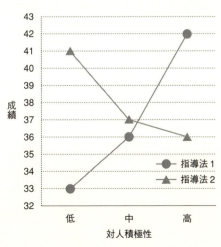

図 13-2　条件ごとの平均のプロット

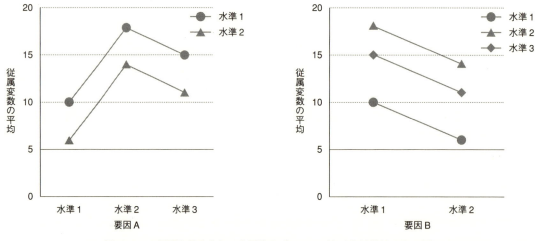

図13-3　2要因を組み合わせた平均のプロット（交互作用効果がない例）

　一般に，2要因の組み合わせから得られる平均をこのような図で表わすとき，すなわち，縦軸に従属変数の平均，横軸に一方の要因（かりに要因Aとしましょう）をとり，他方の要因（要因Bとします）を水準ごとに折れ線で表すとき，折れ線の上がり下がりの具合から，交互作用効果の有無についての情報を得ることができます。図13-3（左）のように，折れ線が互いに平行になるとき，要因Bのどの水準でも要因Aの効果のあり方が同じということであり，「交互作用効果がない」ことがわかります。同じデータについて，要因Aのかわりに要因Bを横軸にとって描くとき，要因Aの水準ごとの線は，やはり平行になります。

　これに対して2本の線が平行ではない図13-2からは，「交互作用効果がありそう」なことを読みとれます。「交互作用効果がある̇ ̇」と書かずに「ありそう̇ ̇ ̇」としたのは，「交互作用効果が有意である」と言うためには，検定が必要だからです（水準ごとに描いた線の上がり下がりが異なる＝互いに平行ではないときでも，同一条件内での個体差が大きければ，交互作用効果が有意にならないこともあります）。検定のためには，これまでに説明した分散分析の場合と同様に，従属変数全体の平方和を分割することからはじめます。いまの例で指導法を要因A，対人積極性を要因Bとすると，全体の平方和は次のように分割されます。

　　　全体の平方和＝要因Aの平方和＋要因Bの平方和＋交互作用の平方和＋残差の平方和

　右辺の4つの平方和のうち「要因Aの平方和」「要因Bの平方和」「交互作用の平方和」は，表13-10に示した各条件の平均およびサンプルサイズから計算することができます。指導法（要因A）の平方和は，対人積極性の違いは無視して，指導法1における平均37と指導法2における平均38のバラツキに注目して計算します。式の最初に「12×」とあるのは，各指導法とも12人が割り当てられているからです。

$$12 \times \{(37 - 37.5)^2 + (38 - 37.5)^2\} = 6$$

　対人積極性（要因B）の平方和を求めるときには，指導法の違いを無視して，対人積極性低群の平均37，中群の平均36.5，高群の平均39のバラツキに目を向けます。

$$8 \times \{(37 - 37.5)^2 + (36.5 - 37.5)^2 + (39 - 37.5)^2\} = 28$$

交互作用の平方和の計算はちょっと複雑です。2要因の間に交互作用効果が存在するということは，2要因の水準の組み合わせ1つひとつが，一方の水準の効果だけでは説明できない独自の効果をもつことだと考えられます。いま，「指導法1×対人積極性高」という組み合わせを例にとって，この組み合わせについて，①「指導法1」の効果，②「対人積極性高」の効果，③両者の組み合わせ独自の効果の大きさを数値で表わす工夫をしてみましょう。

①「指導法1」の効果：表13-10から「指導法1」の平均は37であることがわかります。全体の平均は37.5ですから，指導法という要因だけに注目すると，「指導法1」の効果は$(37-37.5)$で表わされると考えられます。

②「対人積極性高」の効果：同様に，要因として対人積極性だけに注目すると，「対人積極性高」の効果は$(39-37.5)$で表わされます。

③組み合わせ独自の効果：この組み合わせの平均42と全体平均37.5の差$(42-37.5)$から，「指導法1」の効果$(37-37.5)$と「対人積極性高」の効果$(39-37.5)$を差し引いた$\{(42-37.5)-(37-37.5)-(39-37.5)\}=42-37-39+37.5=3.50$が，「指導法1」の効果，「対人積極性」の効果だけでは説明できない，「指導法1×対人積極性高」という組み合わせ独自の効果だと考えられます。

6条件のそれぞれについて，組み合わせ独自の効果をまとめると，表13-11のようになります。これらを2乗してから合計し，さらに4倍すれば（各条件とも4つの測定値があるから），交互作用の平方和が得られます。

$$4 \times \{(33-37-37+37.5)^2 + (36-37-36.5+37.5)^2$$
$$+ (42-37-39+37.5)^2 + (41-38-37+37.5)^2$$
$$+ (37-38-36.5+37.5)^2 + (36-38-39+37.5)^2\} = 196$$

表13-11 各条件における条件独自の効果

| | 対人積極性 低 | 対人積極性 中 | 対人積極性 高 | 対人積極性込み |
|---|---|---|---|---|
| 指導法1 | 33−37−37+37.5 | 36−37−36.5+37.5 | 42−37−39+37.5 | 37 |
| 指導法2 | 41−38−37+37.5 | 37−38−36.5+37.5 | 36−38−39+37.5 | 38 |
| 指導法込み | 37 | 36.5 | 39 | 37.5 |

図13-3のように，一方の要因の水準ごとの効果の上がり下がりがどの水準でもまったく同じであるとき（水準ごとの折れ線が平行であるとき）には，すべての条件において独自の効果が0になり，交互作用の平方和も当然0になります。

指導法の平方和，対人積極性の平方和，交互作用の平方和を合計すると，6条件の平均の平方和になることを利用すると，交互作用の平方和の算出が簡単になります。表13-10の数値を使えば，条件間の平方和は，

$$4 \times \{(33-37.5)^2 + (36-37.5)^2 + (42-37.5)^2 + (41-37.5)^2 + (37-37.5)^2 +$$
$$(36-37.5)^2\} = 230$$

ですから，交互作用の平方和は$230-6-28=196$です。

検定を行うには，残差の平方和も必要です。残差の平方和は，各条件内で従属変数の平方和を計算して，それらをすべて合計すれば求まります。各条件内での平方和は表13-12のとおり

ですから，残差の平方和は，34 + 46 + 40 + 34 + 66 + 66 = 286 になります。

表 13-12 各条件内の平方和

|  | 対人積極性 | | |
|---|---|---|---|
|  | 低 | 中 | 高 |
| 指導法 1 | 34 | 46 | 40 |
| 指導法 2 | 34 | 66 | 66 |

それぞれの平方和に対応して，自由度は以下のとおりに分割されます。

全体の自由度＝指導法の自由度＋対人積極性の自由度＋交互作用の自由度
　　　　　　＋残差の自由度

参加者総数を $N$，指導法（要因A）の水準数を $a$，対人積極性（要因B）の水準数を $b$ とすると，それぞれの自由度は次のようになります。

$$N - 1 = (a - 1) + (b - 1) + (a - 1)(b - 1) + (N - ab)$$

いまの数値例を当てはめると，以下のとおりです。

$$24 - 1 = (2 - 1) + (3 - 1) + (2 - 1)(3 - 1) + (24 - 2 \times 3)$$

この分散分析では，つぎの4つの平均平方を求めます。

指導法の平均平方＝指導法の平方和÷指導法の自由度
対人積極性の平均平方＝対人積極性の平方和÷対人積極性の自由度
交互作用の平均平方＝交互作用の平方和÷交互作用の自由度
残差の平均平方＝残差の平方和÷残差の自由度

これらのうち，指導法の平均平方，対人積極性の平均平方，交互作用の平均平方をそれぞれ分子とし，残差の平均平方を共通の分母として，3つの $F$ が求まります。以上をまとめた分散分析表が表 13-13 です（$p$ 値も計算して記入してあります）。

表 13-13 分散分析表の例（対応のない2要因）

| 要因 | 平方和 | 自由度 | 平均平方 | $F$ | $p$ 値 |
|---|---|---|---|---|---|
| 指導法 | 6.00 | 1 | 6.00 | 0.38 | .547 |
| 対人積極性 | 28.00 | 2 | 14.00 | 0.88 | .431 |
| 交互作用 | 196.00 | 2 | 98.00 | 6.17 | .009 |
| 残差 | 286.00 | 18 | 15.89 | | |
| 全体 | 516.00 | 23 | | | |

これより，指導法の主効果，対人積極性の主効果は有意ではなく，指導法と対人積極性の交互作用効果が1％水準で有意という結論が得られます。

分散分析で有意な結果が得られたとき，事後検定として多重比較を行うことを155ページで説明しました。2要因の分散分析では，交互作用効果が有意であるとき，事後検定として単純効果の検定を行うことがあります。交互作用効果が有意ということは，要因A（要因B）の効

果が要因B（要因A）の水準ごとに違うということです。ならば，ある要因の効果を他方の要因の水準別に検定しようというのが，単純効果の検定です。本例では，「指導法1における対人積極性」，「指導法2における対人積極性」，「対人積極性低における指導法」，「対人積極性中における指導法」，「対人積極性高における指導法」の5つの単純効果を検定することになります。たとえば，指導法1における対人積極性の単純効果の検定では，指導法1に割り当てられたデータだけを用いて対人積極性の平方和を計算します。この平方和は，

$$4 \times \{(33-37)^2 + (36-37)^2 + (42-37)^2\} = 168$$

になります。この平方和を自由度で割った平均平方 $168/2 = 84$ を分子とし，分散分析で得られた残差の平均平方を分母として $F$ を計算します。

$$F = \frac{84}{15.89} = 5.29$$

自由度2と18の $F$ 分布において $F = 5.29$ の $p$ 値は 0.0155 になりますから，指導法1における対人積極性の単純効果は5％水準で有意ということになります。

　本書では，「対応のない1要因」「対応のある1要因」「対応のない2要因」の3通りのデザインを取り上げました。実際の心理学研究では，「対応のある2要因」，「対応のない1要因と対応のある1要因」，あるいは3要因以上などが使われることも少なくありません。もっと複雑なデザインでも，本書で説明した3つのデザインが基礎になることを覚えておいてください。

[引用文献]
大久保街亜・岡田謙介（2012）．伝えるための心理統計—効果量・信頼区間・検定力　勁草書房

# 14 そのほかの検定

## 14.1. 相関係数の検定

> **例題 8**
> 15人の女性について，体重と年齢の相関係数を求めたところ，$r = .361$ であった。相関は有意と言えるだろうか。

　相関係数の検定は母集団相関＝0 を帰無仮説として検定を行い，帰無仮説が棄却されるときに，相関が有意と結論するものです。この検定の基礎になるのは，相関が0の母集団（図14-1 のイメージ図を参照）から標本を繰り返し抽出するときの標本相関係数 $r$ の標本分布です。標本の大きさが15のときの $r$ の標本分布は，図14-2 のようになります[注1)]。

　母集団では相関が0であっても，その一部（$n = 15$）を抜き出して計算する標本相関係数は，$r = 0$ を中心としながらも，正負にばらつくことがわかるでしょう。この標本分布において $r = 0.361$ はそれほど極端に外れた値ではありません。$r = 0.361$ の $p$ 値は，この標本分布の 0.361 より右側，$-0.361$ より左側の領域の面積です（図14-3）。コンピュータで求めたところ，

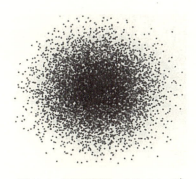

図 14-1　母集団相関＝0のイメージ

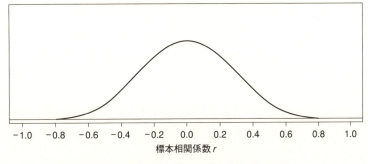

図 14-2　標本相関係数 $r$ の標本分布（$n = 15$）

---

注1) ここでの議論は，厳密にいうと，注目している2変数が2変量正規分布という分布に従うことを前提としています。

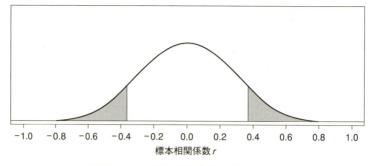

図14-3　$r = 0.361$ のときの $p$ 値 （$n = 15$）

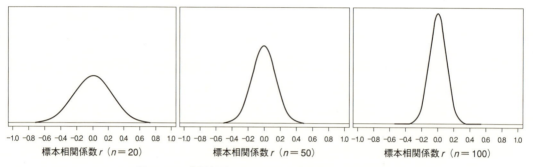

図14-4　母集団相関 ＝ 0 のときの標本相関 $r$ の標本分布

$p = .186$ であることがわかり，「相関は有意とは言えない」という結論になります。

　0.361 という相関係数の値自体は，そう小さなものではありません。それでも有意にならないのは，サンプルサイズが $n = 15$ と小さいからです。図14-4 は，サンプルサイズが 20，50，100 のときの標本分布を示したものです。

　サンプルサイズがいくつであっても，中央が 0 であることは変わりませんが，サンプルサイズが小さいほど標本相関係数 $r$ の散らばりが大きいことがわかるでしょう。そのため，標本相関係数 $r$ の値が同じならば，サンプルサイズが小さいときほど $p$ 値が大きくなるのです。$r = 0.361$ を例にとり，サンプルサイズと $p$ 値の関係をまとめたのが表14-1 です。$n = 15$ や $n = 20$ のときに $r = 0.361$ が得られても有意とは言えませんが，$n = 50$ のときに $r = 0.361$ が得られたら「相関は有意」です。

表14-1　サンプルサイズと $p$ 値（$r = 0.361$ を例として）

| サンプルサイズ | 15 | 20 | 50 | 100 |
|---|---|---|---|---|
| $p$ 値 | .186 | .118 | .010 | .0002 |

　標本相関係数とサンプルサイズから $p$ 値を求めるにはコンピュータが必要です。たとえば，SPSS を使って相関係数を求めれば，$p$ 値も一緒に出力されます。表14-2 は，15 組の母子から得られた「新生児の体重」「母親の体重」「母親の年齢」の 3 変数について，SPSS が出力した相関行列です（データは，佐和，1979 による）。各セルの上段に標本相関係数の値（$r$），下段にサンプルサイズ，そして中段に有意確率（$p$ 値）が出力されています。

表 14-2　相関係数に関する SPSS の出力

相関係数

|  |  | 新生児の体重 | 母親の体重 | 母親の年齢 |
|---|---|---|---|---|
| 新生児の体重 | Pearson の相関係数 | 1 | .806** | .032 |
|  | 有意確率（両側） |  | .000 | .909 |
|  | N | 15 | 15 | 15 |
| 母親の体重 | Pearson の相関係数 | .806** | 1 | .361 |
|  | 有意確率（両側） | .000 |  | .186 |
|  | N | 15 | 15 | 15 |
| 母親の年齢 | Pearson の相関係数 | .032 | .361 | 1 |
|  | 有意確率（両側） | .909 | .186 |  |
|  | N | 15 | 15 | 15 |

**：相関係数は 1 ％水準で有意（両側）です。

コンピュータが使えないときには，表 14-3 のような数表を利用します。行にサンプルサイズ，列に有意水準をとり，相関係数の臨界値をまとめてあります。たとえば，サンプルサイズが $n = 15$ のときには，標本相関係数の絶対値が .514 を超えなければ，「5 ％水準で有意」という結論が得られないことがわかります。一方で，$n = 400$ であれば，$r = 0.10$ でも結論は「5 ％水準で有意」です。

表 14-3　サンプルサイズの違いと相関係数の臨界値

| サンプルサイズ | 有意水準（両側） | | |
|---|---|---|---|
|  | .10 | .05 | .01 |
| 6 | .729 | .811 | .917 |
| 7 | .669 | .754 | .875 |
| 8 | .621 | .707 | .834 |
| 9 | .582 | .666 | .798 |
| 10 | .549 | .632 | .765 |
| 11 | .521 | .602 | .735 |
| 12 | .497 | .576 | .708 |
| 13 | .476 | .553 | .684 |
| 14 | .458 | .532 | .661 |
| 15 | .441 | .514 | .641 |
| 16 | .426 | .497 | .623 |
| 18 | .400 | .468 | .590 |
| 20 | .378 | .444 | .561 |
| 25 | .337 | .396 | .505 |
| 30 | .306 | .361 | .463 |
| 35 | .283 | .334 | .430 |
| 40 | .264 | .312 | .403 |
| 50 | .235 | .279 | .361 |
| 60 | .214 | .254 | .330 |
| 70 | .198 | .235 | .306 |
| 80 | .185 | .220 | .286 |
| 90 | .174 | .207 | .270 |
| 100 | .165 | .197 | .256 |
| 200 | .117 | .139 | .182 |
| 300 | .095 | .113 | .149 |
| 400 | .082 | .098 | .129 |

## 14.2. カイ2乗検定

> **例題9**
> 実験条件と統制条件とで作業成績が変わるという研究仮説を検討したい。そこで，40名の研究参加者を無作為に20名ずつの2群に分けて，実験条件と統制条件に割り当てて実験を行った。一定時間内に課題を終えた人数を数えたところ，実験群では8名，統制群では14名だった。

　この例題の状況設定は，参加者を無作為に2群に分けたうえで従属変数に現れる違いに注目する点で，独立な2群の平均値差について$t$検定を用いる場面と似ています。しかし，$t$検定を用いる場面と異なり，従属変数は量的変数（たとえばテスト得点）ではなく，質的な2値変数（課題を終えたか終えなかったか）です。このような場合に研究仮説を検討するには，比率の差に注目すればよいと考えられます。例題でいえば，課題を終えた参加者の比率（標本比率）は実験群で$8/20 = 0.40$，統制群で$14/20 = 0.70$ですが，母集団における比率の差が有意かどうかを検定するわけです。比率の差の検定を行う方法はいくつかありますが，ここではカイ2乗検定について説明します。

　「独立変数が2値，従属変数が量的なとき$t$検定」，「独立変数が質的，従属変数が量的なとき分散分析」とまとめてきましたが，「独立変数，従属変数がともに質的であるときカイ2乗検定」と一般化することができます[注2,3]。

表14-4　カイ2乗検定を用いる例

| 独立変数<br>（質的な変数） | | 従属変数<br>（質的な変数） |
|---|---|---|
| 処遇の違い<br>（実験条件・統制条件） | ⇒ | 作業成績<br>（終了・未了） |
| 性別<br>（男・女） | ⇒ | ある主張への賛否<br>（賛成・反対） |

　その名から推察されるとおり，カイ2乗検定では，$\chi^2$（カイ2乗）統計量を用います。そこで，$\chi^2$を求める手順（→ p.125）を復習しておきましょう。
　①独立変数を行，従属変数を列にとって，クロス集計表を作る（表14-5）。

表14-5　クロス集計表（例題9）

|  | 終了 | 未了 | 計 |
|---|---|---|---|
| 実験群 | 8 | 12 | 20 |
| 統制群 | 14 | 6 | 20 |
| 計 | 22 | 18 | 40 |

　②各セルの期待度数を計算する。$i$行$j$列目のセルの期待度数を求める式は，「$i$行目の周辺度数×$j$列目の周辺度数÷総度数」である。いまの例でたとえば，実験群×未了のセルの期

---

注2）ここでは独立変数，従属変数がともに2値の例だけを取り上げていますが，それぞれのカテゴリーが3つ以上のときにも，カイ2乗検定を適用することができます。

注3）対応のある2値データにもとづいて比率の差の検定を行うときには，カイ2乗検定ではなくマクネマー検定と呼ばれる検定を用います。

待度数は，「$20 \times 18 \div 40 = 9$」になる．

表 14-6　期待度数のクロス集計表

|  | 終了 | 未了 | 計 |
|---|---|---|---|
| 実験群 | 11 | 9 | 20 |
| 統制群 | 11 | 9 | 20 |
| 計 | 22 | 18 | 40 |

③セルごとに $\dfrac{(観測度数 - 期待度数)^2}{期待度数}$ を求め，すべてのセルについて合計する．

$$\chi^2 = \frac{(8-11)^2}{11} + \frac{(12-9)^2}{9} + \frac{(14-11)^2}{11} + \frac{(6-9)^2}{9} = 3.636$$

標本の大きさが大きいとき，このようにして求められる $\chi^2$ は，帰無仮説（母集団比率が等しい）のもとで自由度「（クロス集計表の行数－1）×（クロス集計表の列数－1）」のカイ2乗分布に近似するという性質を持っています[注4]．これを利用して行われるのがカイ2乗検定です．例題の場合，クロス集計表の行数＝列数＝2ですから，自由度1のカイ2乗分布に注目すればよいのです．自由度1，自由度4および自由度6の3つのカイ2乗分布を図示しておきます（図14-5）．

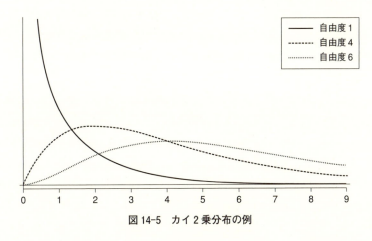

図 14-5　カイ2乗分布の例

計算式からもわかりますが，$\chi^2$ は決して負の値になりません．2変数が完全に独立なパターンのクロス集計表で $\chi^2 = 0$ になり，独立なパターンからのずれが大きくなるほど $\chi^2$ は正の大きな値をとります．比率に差がないクロス集計表のパターンは，独立なパターンと同じですから，$\chi^2$ が0に近い方向（左方）では帰無仮説を棄却することをせず，$\chi^2$ が大きい方向（右方）だけで $p$ 値を求めます．自由度1のカイ2乗分布における $\chi^2 = 3.636$ の $p$ 値をコンピュータで求めると0.0565だとわかりますから，「（5％水準で）比率の差は有意とは言えない」というのが，例題についての結論となります．コンピュータを使えないときは，数表を読みます（表14-7）．自由度1のカイ2乗検定における有意水準.05の臨界値が3.84ですから，$\chi^2$ の実現値

注4）クロス集計表から計算される $\chi^2$ が離散的であるのに対して，カイ2乗分布は連続的な分布です．近似をよくすることを目的として，カイ2乗を計算する際に修正を加えることがあります（イエーツの修正）．また，近似が悪くなるときの目安とされる5未満の期待度数を含むような場合には，カイ2乗検定のかわりにフィッシャーの直接検定と呼ばれる検定が使われることがあります．

表 14-7 カイ 2 乗検定の臨界値（自由度1から8まで）

| 自由度 | 有意水準 | | |
|---|---|---|---|
| | .10 | .05 | .01 |
| 1 | 2.71 | 3.84 | 6.63 |
| 2 | 4.61 | 5.99 | 9.21 |
| 3 | 6.25 | 7.81 | 11.34 |
| 4 | 7.78 | 9.49 | 13.28 |
| 5 | 9.24 | 11.07 | 15.09 |
| 6 | 10.64 | 12.59 | 16.81 |
| 7 | 12.02 | 14.07 | 18.48 |
| 8 | 13.36 | 15.51 | 20.09 |

（自分のデータにもとづいて計算した $\chi^2$ の値）が 3.84 を超えていなければ，5％水準で有意とは言えません。例題で求められた $\chi^2 = 3.636$ は，3.84 を超えないので有意ではありません（有意水準 $\alpha = .10$ の臨界値 2.71 は超えていますから，10％水準ならば有意です）。

## 14.3. ノンパラメトリック検定

$t$ 検定は $t$ 統計量が $t$ 分布に従うという，分散分析は $F$ 統計量が $F$ 分布に従うという統計的事実にもとづいて考案された方法です。本書ではここまであまり強調しませんでしたが，そうした統計的な性質の導出に当たっては，従属変数の母集団分布が正規分布であることが仮定されています。しかし，現実には，母集団分布の形状が正規分布であることを確認できない，あるいは，母集団分布に正規分布を仮定するのが無理だとはっきりわかることがあります。そのようなときでも，標本の大きさが大きければ影響は小さく，$t$ 検定や分散分析を用いてもよいとされています。しかし，各群の人数が 10 人程度にも満たない場合や極端な外れ値を含む場合などには，無理のない最低限の仮定だけに依拠した検定を用いる方がよいかもしれません。母集団分布の形状を仮定しない検定は，分布によらない検定（distribution-free test）あるいはノンパラメトリック検定（nonparametric test）と総称されます。母数（parameter）とは，母集団分布を特定する定数のことで，正規分布の場合であれば平均 $\mu$ と標準偏差 $\sigma$ がこれに当たります。統計的仮説の中に母数への言明を含まない検定だけをノンパラメトリック検定と呼び，分布によらない検定と区別することもありますが，一般的には2つの言葉は同義に用いられます。

$t$ 検定や分散分析の代替となるノンパラメトリック検定の名称を表 14-8 にまとめておきます。

表 14-8 パラメトリックな検定の代替としてのノンパラメトリック検定

| | パラメトリック | ノンパラメトリック |
|---|---|---|
| 独立な2群の位置 | 独立な2群の $t$ 検定 | マン・ホイットニー検定<br>ウィルコクソンの順位和検定 |
| 対応のある2群の位置 | 対応のある2群の $t$ 検定 | ウィルコクソンの符号付き順位検定 |
| 独立な多群の位置 | 分散分析（対応のない1要因） | クラスカル・ウォリス検定 |
| 対応のある多群の位置 | 分散分析（対応のある1要因） | フリードマン検定 |

なお，ノンパラメトリックの適用場面は，$t$ 検定や分散分析などの代替にとどまらず，パラメトリックな検定がもともと存在しない場面でも広く用いられています。前節で紹介したカイ2乗検定も，母集団分布に特定の分布を仮定しないという意味で，ノンパラメトリック検定の1つと言えます。

**【引用文献】**
佐和隆光（1979）．回帰分析　朝倉書店
芝祐順・南風原朝和（1990）．行動科学における統計解析法　東京大学出版会

# 因子分析　15

## 15.1. 変数間の相関の理由

　相関係数は変数間の関係の強さを示す指標です。しかし，相関係数の値を知るだけでは，変数 $x$ と $y$ の間に相関が生じる理由を判断することはできません。変数の内容についての「常識」や「理論」など，相関係数以外の情報が必要です。

　**例1：肥料の量と成長量の相関**　ある植物に施した肥料の量 $x$ とその植物の1ヶ月間の成長量 $y$ の間に強い正の相関が観測されたとしたら，$x$ が原因，$y$ が結果と考えるのが自然でしょう。変数間の関係をどう考えているかを示すのに，パス図と呼ばれる図を用いるのが便利です（パスは path で，変数と変数を結ぶ線のことです）。パス図を描くときには，変数名を四角で囲み，原因から結果に向けて矢印を引きます（図 15-1）。また，$x$ が $y$ の原因だとしても $y$ の変動が $x$ だけで決まるとは考えられないことから，$x$ で説明できない部分を誤差として書き込みます。

図 15-1　2 変数間の相関が原因 $x$，結果 $y$ で説明できることを表わすパス図

　**例2：小学生における身長と漢字力の相関**　$x$ と $y$ の背後に第 3 の変数を想定することで，相関をうまく説明できる場合もあります。たとえば，小学校全学年の子どもを含むデータで，身長（$x$）と漢字力（$y$）の間に強い正の相関が見られるとき，一見不可解なこの相関も，第 3 の変数として年齢を想定するとうまく説明できます。児童期には，年齢が上の子ほど身長が高く（年齢と身長の正の相関），漢字力も高いでしょう（年齢と漢字力の正の相関；このように第 3 の変数によって変数間に見かけの相関（疑似相関）が生じる例として，すでに 120 ページで取り上げましたね）。図 15-2 において，誤差どうしを両端に矢のついた曲線で結んでいます。この曲線は，$x$ と $y$ の両方から第 3 の変数の影響を除いた後の相関を意味するもので，偏相関係数（→ p.121）を表わします。この曲線が描かれていなければ，$x$ と $y$ のそれぞれから第 3 の変数の影響を除いた後の偏相関が 0 だということです。

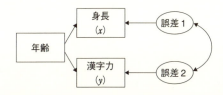

図 15-2　2 変数間の相関が第 3 の変数で説明されることを表わすパス図

　**例3：高校生における数学と英語の相関**　高校生における数学と英語の成績の間には，ある程度強い正の相関があります。この相関については，どう考えればよいでしょう。数学（原

因）→英語（結果）でしょうか，それとも英語（原因）→数学（結果）でしょうか。数学と英語の関係については，どちらかを原因，結果と考えるよりも，「学力」「学校の勉強の得意さ」といった何かを両方の変数に共通に関与する第3の変数として想定すると，うまく説明できるかもしれません。この場合の第3の変数は，実際に観測できる変数ではなく，構成概念として想定されるものです。観測されない変数は潜在変数と呼ばれ，パス図では変数名を○で囲んで表わします。図15-3では，学力と名付けた構成概念の影響を除いた後は，数学と英語が相関しないと考えて，偏相関のパスを引いてありません。

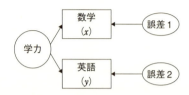

図15-3　2変数間の相関が1つの潜在変数で説明されることを表わすパス図

## 15.2. 因子分析における「因子」について

変数間の相関を潜在変数で説明するという発想，これこそが因子分析の出発点です。20世紀初めのイギリスで，スピアマン（C. E. Spearman）は，古典，フランス語，英語，数学，音程弁別，音楽才能の6教科の成績相互の相関が高いことに注目しました。そして，全教科に共通して関与する一般知能と各教科に独自な知能とで各教科の成績が説明できるという知能モデルを提唱しました。

表15-1　6教科成績の相関行列（スピアマン）

|  | 古典 | フランス語 | 英語 | 数学 | 音程弁別 | 音楽才能 |
| --- | --- | --- | --- | --- | --- | --- |
| 古典 | 1 |  |  |  |  |  |
| フランス語 | .83 | 1 |  |  |  |  |
| 英語 | .78 | .67 | 1 |  |  |  |
| 数学 | .70 | .67 | .64 | 1 |  |  |
| 音程弁別 | .66 | .65 | .54 | .45 | 1 |  |
| 音楽才能 | .63 | .57 | .51 | .51 | .40 | 1 |

ここで一般知能も独自知能も実際に観測できるものではなく，数学的に導入された潜在変数です。このうち，6変数に共通して関与する一般知能が，因子分析における因子（factor）ということになります（因子分析の創案者であるスピアマン自身は，これを$g$と呼びました。generalの$g$です）。図15-4は，スピアマンのモデルをパス図で表現したものです（各教科独自の知能は，教科の変動のうち一般知能で説明できない部分という意味では，誤差になります）。

スピアマンのモデルでは共通因子は1つですが，その後，複数の因子を含む因子分析モデルが登場します。コムリー（Comrey, 1973／邦訳, 1979）に示された例を借りて，2因子のモデルを説明しましょう（スピアマンのデータは現実のものでしたが，コムリーは例示用の架空データです）。コムリーの例も6教科間の相関行列ですが，スピアマンの相関行列と異なり，すべての変数間の相関が高いとはいえません。このようなとき，ただ1つの共通因子で全変数間

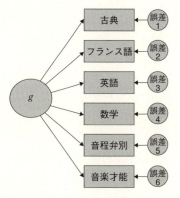

図 15-4　6教科間の相関を1つの因子で説明するパス図（スピアマン）

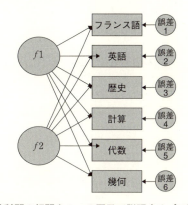

図 15-5　6教科間の相関を2つの因子で説明するパス図（コムリー）

表 15-2　6教科成績の相関行列（コムリー）

|  | フランス語 | 英語 | 歴史 | 計算 | 代数 | 幾何 |
|---|---|---|---|---|---|---|
| フランス語 | 1 | | | | | |
| 英語 | .44 | 1 | | | | |
| 歴史 | .41 | .35 | 1 | | | |
| 計算 | .29 | .35 | .16 | 1 | | |
| 代数 | .33 | .32 | .19 | .59 | 1 | |
| 幾何 | .25 | .33 | .18 | .47 | .46 | 1 |

の相関を説明することには無理が生じます。コムリーは，図15-5に示すように2つの因子で6変数間の相関を説明しています（因子数の決め方については，あとで説明します）。

　因子は，観測することのできない潜在変数です。観測できない変数の意味を解釈するにはどうすればよいのでしょう。スピアマンの例のように因子が1つであれば，すべての変数に共通して関与する何かということにもとづいて，因子を解釈します。複数の因子を含むときには，それぞれの因子をどのように解釈すればよいのでしょう。

　因子分析の数学モデルにおいては，観測対象の変数のそれぞれが，因子を重み付けして合計したものと誤差の和として表わされます。6個の変数（$x_1$, $x_2$, ……, $x_6$）を2つの因子 $f_1$ と $f_2$ で説明する場合であれば，以下のように書くことができます。式の中で，誤差を $e$ と記しています。

$$x_1 = a_{11}f_1 + a_{12}f_2 + e_1$$
$$x_2 = a_{21}f_1 + a_{22}f_2 + e_2$$
$$x_3 = a_{31}f_1 + a_{32}f_2 + e_3$$
$$x_4 = a_{41}f_1 + a_{42}f_2 + e_4$$
$$x_5 = a_{51}f_1 + a_{52}f_2 + e_5$$
$$x_6 = a_{61}f_1 + a_{62}f_2 + e_6$$

因子にかかる重みは，変数と因子の関係の強さを示す値と解釈できるもので，因子負荷量と呼ばれます（あとで触れますが，因子分析には直交モデル，斜交モデルという区別があります。因子負荷量は，直交モデルでは変数と因子の相関係数になります。因子負荷量の値を解釈するときには，このことを頭に置くとよいでしょう）。また，因子負荷量を変数×因子の形に整理した表を因子パターンと呼びます。

表 15-3 変数が 6 個，因子が 2 個の場合の因子パターンのイメージ

|       | $f_1$    | $f_2$    |
|-------|----------|----------|
| $x_1$ | $a_{11}$ | $a_{12}$ |
| $x_2$ | $a_{21}$ | $a_{22}$ |
| $x_3$ | $a_{31}$ | $a_{32}$ |
| $x_4$ | $a_1$    | $a_{42}$ |
| $x_5$ | $a_{51}$ | $a_{52}$ |
| $x_6$ | $a_{61}$ | $a_{62}$ |

因子パターンは，潜在変数である因子を解釈するための最重要の手がかりになります。因子パターンにもとづいて，それぞれの因子がどの変数と関係が強くどの変数と関係が薄いのかを読み取ることを通じて，因子がどんな意味をもつのか解釈・命名するのです。表 15-4 は，コムリーの相関行列について因子分析を行ったときの因子パターンです。この因子パターンから，計算，代数，幾何に負荷が高い $f_1$ を理系能力，フランス語，英語，歴史に負荷の高い $f_2$ を文系能力と名付けることができるでしょう。

表 15-4 6 教科，2 因子の因子パターン

|         | $f_1$ | $f_2$ |
|---------|-------|-------|
| フランス語 | .233  | .661  |
| 英語    | .319  | .551  |
| 歴史    | .081  | .591  |
| 計算    | .770  | .172  |
| 代数    | .715  | .220  |
| 幾何    | .570  | .215  |

因子分析は，多数の変数からそれらに共通する少数の因子を見つけ出す方法として，心理学研究で広く活用されてきました。たとえば，パーソナリティ研究は，多数の性格記述語を因子分析することで，理論的にも実践的にも意味のあるパーソナリティ特性を見出しながら発展してきました。有名なビッグファイブの知見も，因子分析を駆使した研究の成果です。

## 15.3. 因子分析の手順

　因子分析は，多数の項目を含む質問紙調査から尺度を作成するためにも広く活用されます。ここからは，自己意識（自分自身に対する意識）の個人差を測定することを目的として作られた11の質問項目に対する213名の大学生の回答データをもとに，因子分析の手順を確認していきます（自己意識の質問紙については，齊藤・菅原，1998などを参照）。因子分析の対象となる11変数は以下のとおりです。なお，回答は5（とても当てはまる）から1（まったく当てはまらない）の5段階評定です。

---
自分の本当の気持ちに注意が向きやすいたちである
ちょっとしたことでも，すぐにどぎまぎする
人が私のことをどう思っているか気になる
自分の気持ちの変化に敏感である
ひとまえで話すときは不安感をおぼえる
人に見られていると仕事がうまくできなくなる
自分自身についてはあれこれ考えない
人によい印象を与えようといつも気をつかう
自分がどんな人間であるのか，いつも理解しようと努めている
なにか問題にぶつかったときは自分の心の動きに気をくばる
いつも自分の容姿に気をくばっている

---

　因子分析に必要な計算を電卓だけで行うことは無理で，統計解析ソフトウェアの利用が前提となります。数学に苦手意識をもつ人も，「自分で計算する必要はない」ので，開き直って取り組んでください。また，ここでは説明の都合上，表や図としてSPSSの出力をそのまま利用していますが，みなさんがレポートや論文をまとめるときには，SPSSの出力をいったんExcelに貼り付けて，きちんと体裁を整えてから，ワープロのファイルに貼り付けるようにしましょう。

### (1) 因子数の決定
　因子分析の計算を始める前に，いくつの因子で変数間の相関を説明するのか，その数を決める必要があります。因子数の決め方はいろいろ提案されています（決定的な方法がないということでもあります）。ここでは，相関行列から求められる固有値とよばれる数値にもとづく方法を紹介します（ここでは固有値の求め方には，ふれません）。相関行列の固有値は以下の性質をもっています。
　　性質1．変数の個数と同じ個数の固有値が求まる。
　　性質2．固有値には順序があり，大きさは第1固有値≧第2固有値≧第3固有値，……の順になる。
　　性質3．すべての固有値を合計すると，変数の個数と一致する。
　横軸に固有値番号，縦軸に固有値をとった図をスクリープロットといいます。図15-6に，6変数間の4通りの相関行列について固有値を求めてスクリープロットを例示しました。上段左はすべての相関が1の相関行列，その右はスピアマンの相関行列，下段の左はコムリーの相関行列，その右はすべての相関が0（対角線はもちろん1）の相関行列のスクリープロットで

す。いずれにおいても，固有値番号は6までです（性質1）し，固有値を結ぶ線は右下がりまたは横軸に平行で，性質2を満たしています。性質3を満たすことも計算すれば確かめられます。すべての相関が1や0のときに因子分析を行うことはナンセンスですが，変数間の相関が大きいほど第1固有値の占める割合が大きい様子を感覚的につかめるでしょう。

　固有値にもとづく基準の最も代表的なものは，「相関行列の固有値のうち1を超えるものの個数」を因子数にするというものです。図15-6では，固有値1の位置に点線を引いてあります。この基準に従うと，スピアマンの相関行列は1因子，コムリーの相関行列は2因子となります。カイザー・ガットマン基準と呼ばれることもあるこの基準は，SPSSにおける因子数の決め方のデフォルト（ソフトウェアの利用者が何も指定しないときに自動的に採用される選択肢）でもあります。

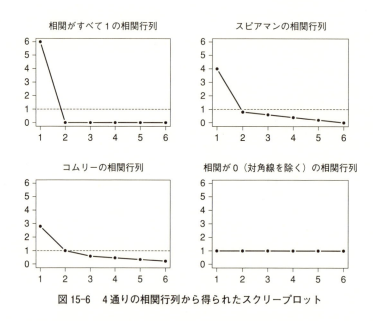

図15-6　4通りの相関行列から得られたスクリープロット

　固有値にもとづく因子数決定には，スクリー基準と呼ばれる基準もあります。スクリー基準では，固有値の減り方に着目します。因子分析の対象となる相関行列では，最初の何個かの固有値が際立って大きく，残りの固有値はだらだらと小さくなります（スクリー scree はもともと地質学用語で，崖の一部が崩れてできた小石の堆積を指します）。「固有値の減り方がなだらかになりはじめる箇所を見つけ，その手前までの固有値の個数を因子数にする」というのがスクリー基準です。固有値の減り方が緩やかになる位置は，スピアマンの相関行列では2番目，コムリーの相関行列では3番目に見えます（カイザー・ガットマン基準に比べると，スクリー基準では主観の関与する余地があります）。したがって因子数として，スピアマンでは1，コムリーでは2を選ぶことになります。2種類の基準による因子数がいつでも同じになるとは限りませんが，これらの例では，両基準による因子数は一致します。

　自己意識質問紙11項目への回答データの因子分析に戻ります。SPSSによる出力のうち，「説明された分散の合計」という表（表15-5）の「初期の固有値」「合計」という列に示されている数値（3.109, 2.180, 1.178, .932, ……）が固有値です。1を超える固有値が3個ありますから，カイザー・ガットマン基準による因子数は3になります。

表 15-5 固有値を含む SPSS の出力

説明された分散の合計

| 因子 | 初期の固有値 | | | 抽出後の負荷量平方和 | | | 回転後の負荷量平方和 | | |
|---|---|---|---|---|---|---|---|---|---|
| | 合計 | 分散の % | 累積 % | 合計 | 分散の % | 累積 % | 合計 | 分散の % | 累積 % |
| 1 | 3.109 | 28.265 | 28.265 | 2.520 | 22.912 | 22.912 | 1.878 | 17.075 | 17.075 |
| 2 | 2.180 | 19.823 | 48.088 | 1.688 | 15.350 | 38.262 | 1.665 | 15.139 | 32.214 |
| 3 | 1.178 | 10.714 | 58.801 | .655 | 5.956 | 44.218 | 1.320 | 12.003 | 44.218 |
| 4 | .932 | 8.471 | 67.273 | | | | | | |
| 5 | .675 | 6.135 | 73.408 | | | | | | |
| 6 | .646 | 5.869 | 79.277 | | | | | | |
| 7 | .544 | 4.944 | 84.221 | | | | | | |
| 8 | .496 | 4.513 | 88.734 | | | | | | |
| 9 | .482 | 4.377 | 93.112 | | | | | | |
| 10 | .409 | 3.722 | 96.833 | | | | | | |
| 11 | .348 | 3.167 | 100.000 | | | | | | |

因子抽出法:最尤法

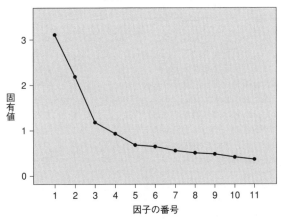

図 15-7 11 項目への回答の相関行列から得られたスクリープロット(SPSS の出力)

SPSS によるスクリープロットの出力(図 15-7)を見ると,固有値の減り方が緩やかになるのは 5 番目からのように見えますので,スクリー基準による因子数は 4 という判断になります。カイザー・ガットマン基準と因子数の判断が違いますが,ここではカイザー・ガットマン基準にもとづいて因子数を 3 と決めて,つぎのステップに進みます。

## (2) 因子の抽出

(因子数が 2 個の場合の)因子分析のモデル式を 176 ページで示しました。「因子どうしが無相関」,「因子と誤差が無相関」,「誤差どうしが無相関」,「因子が標準化されている」などを仮定したうえで,モデル式から変数 $j$ と $k$ の相関の式を導くと,

$$h_j^2 = a_{j1}^2 + a_{j2}^2 + a_{j3}^2 \quad \cdots\cdots\cdots\cdots\cdots\cdots\cdots\cdots\cdots\cdots\cdots\cdots\cdots\cdots\cdots\cdots\cdots\cdots\cdots ①$$

$$r_{jk} = a_{j1}a_{k1} + a_{j2}a_{k2} + a_{j3}a_{k3} \quad \cdots\cdots\cdots\cdots\cdots\cdots\cdots\cdots\cdots\cdots\cdots\cdots ②$$

が得られます（因子数が3の場合）。①の左辺 $h_j^2$ は，変数 $j$ の共通性と呼ばれ，変数 $j$ の分散のうち因子で説明できる割合と解釈されるものです。また，②は，観測変数どうしの相関と因子負荷量の関係を規定する式です。観測変数間の相関行列から得られる値を手がかりとして，①②の式の右辺に現われる因子負荷量の値を求める作業が，因子の抽出です。因子の抽出法として，主因子法，最小2乗法，最尤法など，いくつもの方法が提案されています。これらの方法の詳細を説明することは本書の範囲を超えますので，さらに詳しく知りたい方は，市川（2010）や繁桝・柳井・森（2008），松尾・中村（2002）などを参照してください。因子の抽出法として，かつては主因子法が用いられることが多かったのですが，近年では，最小2乗法や最尤法を用いることも増えています。表 15-6 は，SPSSで最尤法を選択して得られた因子パターンです。

表 15-6 最尤法で得られた因子パターン（SPSSの出力）

| 因子行列[注] | 因子 | | |
|---|---|---|---|
| | 1 | 2 | 3 |
| 自分の本当の気持ちに注意が向きやすいたちである | .241 | .683 | .145 |
| ちょっとしたことでも，すぐにどぎまぎする | .615 | −.113 | .203 |
| 人が私のことをどう思っているか気になる | .811 | −.123 | −.306 |
| 自分の気持ちの変化に敏感である | .308 | .536 | −.026 |
| ひとまえで話すときは不安感をおぼえる | .541 | −.209 | .438 |
| 人に見られていると仕事がうまくできなくなる | .546 | −.253 | .433 |
| 自分自身についてはあれこれ考えない | −.318 | −.373 | .010 |
| 人によい印象を与えようといつも気をつかう | .656 | −.089 | −.133 |
| 自分がどんな人間であるか，いつも理解しようと努めている | .227 | .531 | .043 |
| なにか問題にぶつかったときは自分の心の動きに気をくばる | .200 | .606 | .090 |
| いつも自分の容姿に気をくばっている | .343 | .060 | −.303 |

因子抽出法：最尤法
注：3個の因子が抽出されました。5回の反復が必要です。

　因子を解釈するうえで因子パターンが重要な手がかりであると前に述べました。しかし，表 15-6 を見ても，それぞれの因子を意味づけるのはむずかしいと感じるでしょう。因子の抽出のステップで得られた因子パターン（初期解と呼びます）を，解釈しやすい因子パターンに変換するために，因子の回転と呼ばれるつぎのステップが必要になります。

## (3) 因子の回転

　因子分析の解は，179ページで示した①②の式を解くことで得られますが，①②を満たす解は，実は一意に定まりません。このあたりの事情を，図を使いながら説明しましょう。2因子の場合が説明しやすいので，ここでまたコムリーの例を使います。表 15-7 に示した2つの因子パターンは，いずれもコムリーの相関行列をもとにして得られたものです。左に示したパターンが回転する前の初期のパターン，右に示したのが回転後の解釈しやすいパターンです。1つの因子を1つの軸にとり，因子負荷量を座標として変数をプロットした図を因子負荷プロットと呼びます。表 15-7 の因子パターンを因子負荷プロットとして描いたのが図 15-8 です。

　共通性と因子負荷量の関係を規定する式①を思い出してください。因子数が2の場合，変数 $j$ の共通性は，

表 15-7 コムリーの相関行列から得られた 2 つの因子パターン

|  | $f_1$ | $f_2$ |  | $f_1$ | $f_2$ |
|---|---|---|---|---|---|
| フランス語 | .558 | .425 | フランス語 | .233 | .661 |
| 英語 | .569 | .286 | 英語 | .319 | .551 |
| 歴史 | .392 | .450 | 歴史 | .081 | .591 |
| 計算 | .738 | −.279 | 計算 | .770 | .172 |
| 代数 | .718 | −.209 | 代数 | .715 | .220 |
| 幾何 | .595 | −.133 | 幾何 | .570 | .215 |

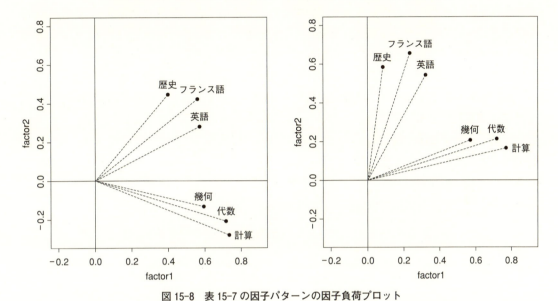

図 15-8 表 15-7 の因子パターンの因子負荷プロット

$$h_j^2 = a_{j1}^2 + a_{j2}^2 \cdots\cdots ①$$

と表わされます。①の式を見て三平方の定理（ピタゴラスの定理）を思い出しませんか。因子負荷プロットでいえば，第 1 因子負荷量を底辺，第 2 因子負荷量を高さとする直角三角形の斜辺の 2 乗が共通性です。因子負荷プロット上で変数の位置を変えても，原点と変数の距離（斜辺の長さ）さえ変えなければ，（因子負荷量の値は変わりますが）①の式は相変わらず成立します。フランス語の共通性を例にとると，左の因子パターンを使っても（$.558^2 + .425^2$），右の因子パターンを使っても（$.233^2 + .661^2$），共通性は同じ値が得られます。

179 ページであげたもう 1 つの式②は，変数間の相関と因子負荷量の関係を規定する式です。

$$r_{jk} = a_{j1}a_{k1} + a_{j2}a_{k2} \cdots\cdots ②$$

右辺は内積といわれるもので，因子負荷プロット上で 2 つの変数がなす角度に対応しています（図 15-8 の左右どちらの因子プロットでも，たとえば，歴史と原点を結ぶ点線とフランス語と原点を結ぶ点線に挟まれる角度は同じです）。因子負荷プロット上における変数の位置を変えても（因子負荷量は変わります），変数どうしの角度さえ変えなければ，②の式が成立します。①と②を合わせると，つぎのことが言えます。

①と②を満たす因子パターンが 1 つ見つかれば（初期解），因子負荷プロット上の変数の

位置をそのままにして座標軸を回転させるとき，回転後の座標軸から読み取れる因子パターンは①と②を満たす。

つまり，数学的なことだけからいうと正しい因子パターンは無数に存在するのです。それらの中から解釈しやすい因子パターンを見つける（ちょうどよいところで回転を止める）ための方法が，因子の回転です。解釈しやすい因子パターンは，つぎのような特徴をもっています。
①列（因子）ごとに見るとき，負荷が「高い」または「低い」のどちらかにはっきりと区別できる。②行（変数）ごとに見るとき，いずれか1つの因子だけに高い負荷をもつ。このような特徴を持つ因子パターンは単純構造をもつといいます。コムリーの例でいえば，右の回転後の因子パターンの方が単純構造に近くなっています。

単純構造をもつ解を求めるための基準は，直交回転と斜交回転に大別されます。2軸を直角のまま回転するのが直交回転，2軸が直角にならなくてもよいという回転が斜交回転です。直交回転は因子間の相関を認めない直交モデル，斜交回転は因子間の相関を認める斜交モデルに対応します。直交回転，斜交回転のそれぞれについて何通りもの基準が提案されていますが，心理学の研究でよく使われるのは，直交ではバリマックス（Varimax）回転，斜交ではプロマックス（Promax）回転です。最尤法で得られた解をバリマックス回転した因子パターンを表15-8に示します。

表15-8 バリマックス回転した後の因子パターン（SPSSの出力）

因子行列[注]

| | 因子 | | |
|---|---|---|---|
| | 1 | 2 | 3 |
| 自分の本当の気持ちに注意が向きやすいたちである | .737 | .044 | −.009 |
| なにか問題にぶつかったときは自分の心の動きに気をくばる | .645 | .003 | .010 |
| 自分の気持ちの変化に敏感である | .593 | .016 | .175 |
| 自分がどんな人間であるか，いつも理解しようと努めている | .574 | .011 | .070 |
| 自分自身についてはあれこれ考えない | −.445 | −.084 | −.188 |
| 人に見られていると仕事がうまくできなくなる | −.013 | .735 | .099 |
| ひとまえで話すときは不安感をおぼえる | .028 | .721 | .088 |
| ちょっとしたことでも，すぐにどぎまぎする | .106 | .578 | .295 |
| 人が私のことをどう思っているか気になる | .080 | .359 | .794 |
| 人によい印象を与えようといつも気をつかう | .091 | .366 | .560 |
| いつも自分の容姿に気をくばっている | .114 | −.002 | .447 |

因子抽出法：最尤法
回転法：Kaiserの正規化を伴うバリマックス法
注：5回の反復で回転が収束しました。

最尤法の因子パターン（初期解）と比べて，単純構造に近づいていることがわかるでしょう（SPSSのオプションを使って項目の並べ替えを行ったため，最尤法の因子パターンとは項目の順序が入れ替わっています）。第1因子に負荷が高い変数は「自分の本当の気持ちに注意が向きやすいたちである」「なにか問題にぶつかったときは自分の心の動きに気をくばる」「自分の気持ちの変化に敏感である」「自分がどんな人間であるのか，いつも理解しようと努めている」「自分自身についてはあれこれ考えない」であり，いずれも自分の内面を見つめることに関連する項目です（「自分自身についてはあれこれ考えない」は，記述の方向が他の項目とは反

対の，いわゆる逆転項目で，そのため因子負荷量が負になっています）。第1因子は，自己意識の理論において私的自己意識と呼ばれるものを表わすと考えられます。

第2因子は，「人に見られていると仕事がうまくできなくなる」「ひとまえで話すときは不安感をおぼえる」「ちょっとしたことでも，すぐにどぎまぎする」という3項目に負荷が高く，対人不安と解釈するのが妥当でしょう。

第3因子は「人が私のことをどう思っているか気になる」「人によい印象を与えようといつも気をつかう」「いつも自分の容姿に気をくばっている」という3項目に負荷が高く，これら3項目は人から見られる自分への意識という点で共通していますから，公的自己意識と解釈できるでしょう。

斜交回転の1つであるプロマックス回転を選んだ結果も見ておきましょう（表15-9）。斜交回転を選んだ場合，因子パターンとは別に因子構造が出力されます。因子パターンが「変数×因子の形に因子負荷量を整理したもの」であるのに対して，因子構造は「変数×因子の形に変数と因子の相関を整理したもの」です。因子どうしの相関を認めない直交モデルでは両者が一致しますが，因子間に相関があるときは，2つは別になります。プロマックス回転によって単純構造に近づくのは因子パターンですから，因子構造（SPSSの出力では構造行列）ではなく因子パターン（SPSSの出力ではパターン行列）の方に目を向けてください。

表15-9　プロマックス回転した後の因子パターン（SPSSの出力）

因子行列[注]

|  | 因子 | | |
|---|---|---|---|
|  | 1 | 2 | 3 |
| 自分の本当の気持ちに注意が向きやすいたちである | .754 | .055 | −.108 |
| なにか問題にぶつかったときは自分の心の動きに気をくばる | .657 | .001 | −.063 |
| 自分の気持ちの変化に敏感である | .581 | −.054 | .138 |
| 自分がどんな人間であるか，いつも理解しようと努めている | .576 | −.016 | .015 |
| 自分自身についてはあれこれ考えない | −.426 | −.018 | −.150 |
| 人に見られていると仕事がうまくできなくなる | −.037 | .791 | −.092 |
| ひとまえで話すときは不安感をおぼえる | .007 | .781 | −.106 |
| ちょっとしたことでも，すぐにどぎまぎする | .058 | .531 | .175 |
| 人が私のことをどう思っているか気になる | −.037 | .073 | .840 |
| 人によい印象を与えようといつも気をつかう | .008 | .179 | .556 |
| いつも自分の容姿に気をくばっている | .153 | −.191 | .524 |

因子抽出法：最尤法
回転法：Kaiserの正規化を伴うプロマックス法
注：5回の反復で回転が収束しました。

バリマックス回転の結果と比べて，パターンががらりと変わるわけではありませんが，因子負荷量の「大きい」「小さい」のメリハリがより明瞭になります。また，因子間の相関が0であることを仮定する直交回転の場合と違い，斜交回転を選んだ場合には，因子間の相関も重要な情報になります。この例では，第2因子（対人不安）と第3因子（公的自己意識）の間に比較的大きな相関が見出されています（表15-10）。

回転法として，かつてはバリマックス回転を用いる研究が多数を占めていましたが，1990年代以降，プロマックス回転を採用する研究が増えはじめ，近年ではプロマックス回転を使う研究が主流となっています。「単に変数をいくつかの因子に分類できればよく，因子間の相関に

表 15-10　因子間の相関行列
(SPSS の出力)

因子相関行列

| 因子 | 1 | 2 | 3 |
|---|---|---|---|
| 1 | 1.000 | .106 | .243 |
| 2 | .106 | 1.000 | .562 |
| 3 | .243 | .562 | 1.000 |

因子抽出法：最尤法
回転法：Kaiser の正規化を伴うプロマックス法

まったく関心がない」といった場合を除けば，プロマックス回転（斜交回転）を用いるのがよいでしょう。

## 15.4.　尺度作成の流れ（因子分析の前と後）

　前節では，因子分析の手順を確認するために，自己意識を測定する 11 項目がすでに存在するところから説明を始めました。しかし，尺度を新たに作成するには，測定目的を明確にして項目作りから始めなければなりません。また，質問紙に用いる項目が決まり回答データを集めた後は，「回答が極端に偏る項目がないか」，「項目得点と全体得点の間の相関は十分であるか」などを確かめるために，項目分析を行うのが普通です。

　いよいよ因子分析を始めてからも，「回転をしたのにどの因子にも負荷が高くない項目がある」，「複数の因子に負荷が高い項目がある」など，単純構造が得られないこともあります。うまく単純構造が得られないときには，「因子数を変える」，「共通性が低い項目を削除する」などして，何度か因子分析をやり直すことが必要かもしれません。

　意味のある因子を見つけた後は，各因子に負荷の高い項目を集めて尺度を作る作業が待っています。前節の例では，私的自己意識を測る 5 項目，対人不安 3 項目，公的自己意識 3 項目が得られました。各項目とも 5 段階評定ですから，調査参加者の回答をそのまま得点化すれば，私的自己意識は 5 点から 25 点，公的自己意識と対人不安は 3 点から 15 点の尺度ができます。ただし，逆転項目については，1 点を 5 点，2 点を 4 点，4 点を 2 点，5 点を 1 点のように得点を逆転しておくのを忘れないようにしましょう。尺度に含まれる項目数によって得点範囲が変わるのを避けるために，合計点を尺度の項目数で割ることもあります。そうしておけば，項目数にかかわらず尺度の得点は 1 点から 5 点になります（5 段階評定の場合）。

　尺度を作ったら，妥当性と信頼性を確かめることも大事です。妥当性（→ p.12）は，測定すべき概念を尺度が正確に測っている程度のことです。尺度の妥当性検証は非常に重要な作業であり，いろいろな角度から慎重に行う必要があります。たとえば，新しい尺度について，類似した概念を測っていると考えられるほかの変数と高い相関をもっていることを確認できた場合，収束的証拠といいます。反対に，高い相関をもたないはずの変数との相関が低かった場合には，弁別的証拠といいます（村上，2003）。

　信頼性（→ p.11）は結果の一貫性にかかわるもので，時間を超えた一貫性を問う信頼性と，項目を超えた一貫性を問う信頼性とを区別できます。時間を超えた一貫性の程度を確認するに

は，一定期間をおいて，同一の受検者集団に測定を繰り返し（再検査法），得られた回答データの相関係数を計算します（再検査信頼性）。項目を超えた一貫性を確かめるには，$\alpha$ 係数（アルファ）（クロンバックの $\alpha$）を算出します。いずれの場合も，1に近い値が得られるときに，信頼性が高いことを示せます。

## 15.5. 探索的因子分析と確認的因子分析

因子分析を探索的因子分析と確認的因子分析（検証的因子分析）に大別することがあります。因子数や因子と変数の関係などについて明確な仮説がないままで分析を始めるのが探索的因子分析で，本書で解説したのは探索的因子分析です。これに対して，因子数や因子と変数の関係について仮説を設定してから分析をスタートするのが，確認的因子分析です。確認的因子分析では，探索的因子分析と違い，因子数の決定や因子の回転のステップがありません。20世紀はじめに因子分析が誕生して以来，長い間，因子分析といえば探索的因子分析のことでしたが，近年になって確認的因子分析を行う研究も増えています。確認的因子分析については，足立（2006）が参考になります。

【引用文献】
足立浩平（2006）．多変量データ解析法　ナカニシヤ出版
Comrey, A. L. (1973). *A first course in factor analysis.* New York: Academic Press.（コムリー，A. L.（著）芝　祐順（訳）（1979）．因子分析入門　サイエンス社）
市川雅教（2010）．因子分析　朝倉書店
松尾太加志・中村知靖（2002）．誰も教えてくれなかった因子分析　北大路書房
村上　隆（2003）．測定の妥当性　日本教育心理学会（編）教育心理学ハンドブック　有斐閣　pp. 159-169.
齊藤　勇・菅原健介（編）（1998）．対人社会心理学重要研究集6　人間関係の中の自己　誠信書房
繁桝算男・柳井晴夫・森　敏昭（編）（2008）．Q＆Aで知る統計データ解析（第2版）　サイエンス社

# 事項索引

## 英数

1/0 サンプリング法　44
2 項分布　94, 134, 136
5 数要約　105
A-B-A-B デザイン　31
A-B-A デザイン　31
A-B デザイン　30
ANOVA　151
A タイプ　38
B タイプ　38
C タイプ　38
D タイプ　38
$F$　153
$F$ 分布　153
KJ 法　60
KJ 法 A 型図解　61
KJ 法 B 型文章化　61
$p$ 値　136
$t$ 検定　145
$t$ 分布　141
Web 調査法　64
$\chi^2$（カイ 2 乗）　125, 168
$z$ 得点　107
$\alpha$ 係数　12, 185
$\phi$ 係数　123
$\mu$　135
$\sigma$　135

## ア行

アンケート　63
安定性　11

イエーツの修正　169
イエス・テンデンシー　68
一人称の事例　77
一貫性　11
一致係数　12
一般化　79
逸話記録法　43
因果関係　35
因子　174
因子数　177
因子得点　12
因子の回転　182
因子の抽出　180
因子パターン　176
因子負荷量　176

因子分析　174
インターネット調査法　64
インパーソナル質問　68
インフォームド・コンセント　4

エスノグラフィー　42
枝分かれ質問　69
エピソード記述　44

横断的調査　74
オープン調査　64
オリジナルの論文　7

## カ行

階級　91
階級値　92
回顧調査　127
カイザー・ガットマン基準　178
カイ 2 乗検定　168
外的妥当性　18
科学　3
科学的知識　3
確認的因子分析　185
仮説　3
片側検定　139
カテゴリー　81
間隔尺度　10
観察者としての参加者　41
間主観性　57
完全なる観察者　41
完全なる参加者　40
幹葉表示　93

棄却域　142
擬似相関　120
基準関連妥当性　13
期待度数　124
帰無仮説　16, 136
逆方向の交互作用　28
共変関係　35
共通性　180
共分散　117

偶然的観察法　36
グラウンデッド・セオリー・アプローチ　80
クラメールの連関係数　125

繰り返し検証　80
グループ・インタビュー　56
クローズド調査　64
クロス集計　72
クロス集計表　121
群間デザイン　18
群間平方和　152
群内デザイン　18
群内平方和　152

啓示的な事例　79
系統的抽出　70
稀有な特殊事例　78
研究仮説　6
研究設問　3
研究の目的に合った方法　6
検定　136
限定回答法　67
検定力　140

効果量　149
公共客観性　3
交互作用効果　17, 27, 158
交差妥当性　13
構成概念　12
構成概念妥当性　13
構造化面接法　51
行動の原因　15
項目分析　184
コーディングルール　72
誤差　11
個別認識的研究　35
固有値　177

## サ行

サーベイ調査法　63
再検査信頼性　185
再検査法　11
再現性　4, 9
最小 2 乗法　180
採択域　142
最尤法　180
作業仮説　15
参加観察法　39
参加者としての観察者　41
参加者の権利　6
三人称の事例　77

事項索引 187

散布図　114
参与観察法　39

時間見本法　44
事後検定　156, 162
自己調整法　21
事象見本法　46
自然観察法　36
事前テスト-事後テスト法　23
実験仮説　16
実験群　17
実験計画　17
実験者効果　19
実験条件　15
実験的観察法　36
質的データ　9
質的変数　88
質問紙　63
シナリオ　53
自発的参加　4
四分位範囲　105
斜交回転　182
斜交モデル　182
主因子法　180
自由回答法　66
集合調査法　64
収束的証拠　184
縦断的調査　74
周辺度数　122
主観的等価点　20
主効果　17, 158
準実験計画　27
順序尺度　10
順方向の交互作用　28
剰余変数の統制　21
処置　30
事例研究　75
事例のユニット　76
シンプソンのパラドックス　126
信頼性　11, 184
信頼性係数　11
心理測定　12

水準　150
数量化　9
スキップ質問　69
スクリープロット　177
スクリー基準　178
ステレオタイプ　68
ストーリーライン　81
ストレンジ・シチュエーション法　37

正確さ　9
正規分布　95, 107, 135
生態学的妥当性　18
正の相関　115
積率相関係数　118
折半法　11
選択肢法　67
尖度　106

層化抽出法　70
相関　114
相関関係　35
相関行列　118
相関係数　117
相関係数の検定　165
操作　15
操作的定義　4
相対度数　92
相対累積度数　92
層別化　120
測定可能性　4
組織的観察法　36

タ行
第1種の誤り　137
第1四分位数　105
第2種の誤り　138
第3の変数　120
第3四分位数　105
対応のある群　145, 149, 151
対応のない群　145, 151
対立仮説　16, 139
多重比較　156
多重ベースラインデザイン　33
多段抽出法　70
妥当性　12, 184
妥当性検証　12, 184
ダブル・バーレル質問　68
多変量解析　73
単一回答法　67
単一事例実験　30
探索的因子分析　185
単純効果の検定　162
単純構造　182
単純集計　72
単純主効果　30
単純無作為　70

中央値　102
調査的面接法　50
調査票　63
直交回転　182
直交モデル　182
追質問　53

追体験可能性　3

ディメンション　81
データ　87
データの収集の方法　6
データの分析の方法　6
適性処遇交互作用　29
デセプション　7
転記記録　56
典型例　77
電子メール調査法　64
電話調査票　64
統計的仮説　6
同時的妥当性　13
同時度数　121
統制群　17
等分散の仮定　146
トークン　31
特異性　79
匿名性の保障　7
独立　122
度数分布表　91
留置き調査法　64
トリム平均　101

ナ行
内的整合性　12
内的妥当性　18
内容的妥当性　13

二重盲検　33
日誌法　42
二人称の事例　77
ニュルンベルグ綱領　4

ノンパラメトリック検定　171

ハ行
パーセンタイル順位　110
パーソナル質問　68
背理法　16
箱ひげ図　105
パス図　173
外れ値　100
パラダイム　81
バラツキ　11
バリマックス　182
範囲　103
半構造化面接法　51
反証となる事例　78
反復性　80
反復測定　149
判別的妥当性　13

ピアソンの相関係数　118
比較性　9
非構造化面接法　51
ヒストグラム　92
評価法　67
標準化　108
標準化された平均値差　149
標準正規分布　108
標準偏差　104
標本統計量　133
標本分布　133
表面的妥当性　13
比率尺度　10
比率の差の検定　168

フィールドノーツ　42
フィッシャーの直接検定　169
フェイスシート　69
フォローアップ質問　56
複数回答法　67
負の相関　115
不偏分散　104
プライバシーの保護　4
プラシボ効果　33
プロパティ　81
プロマックス　182
分散　104
分散分析　27, 150
分散分析表　155

平均　99
平均値の検定　140
平均値差の検定　145
平均平方　153
平方和　151

平方和の分割　153
ベースライン　30
ヘルシンキ宣言　4
偏差値　110
変数　86
偏相関係数　121, 173
弁別的証拠　184

ポイントサンプリング法　44
棒グラフ　91
法測定立的研究　35
母数　135

## マ行

マクネマー検定　168
マッチング　23, 149, 156

ミュラー・リヤーの錯視　20

名義尺度　10
面接者　49
面接承諾書　52
面接対象者　49
面接法　50

モデル構成　77
問題の範疇　76
問題の明確化　3

## ヤ行

有意水準　137
郵送調査法　64

要因　150
要因計画法　17

要因の統制　15
要求的特性　19
要約性　9
予見調査　127
予測的妥当性　13

## ラ・ワ行

ラベル名　81
ラポール　41
ランダム・サンプリング　71

リアリティ構成　77
離散変数　11, 89
両側検定　139
両側性転移　24
量的データ　9
量的変数　88
理論的サンプリング　81
理論的説明　4
理論的飽和　81
理論への一般化　79
臨界値　142
臨床的面接法　50

累積度数　92
連関　121
連関係数　123
連続変数　11, 88

ローデータ　72

ワーディング　68
歪度　106

# 人名索引

**英数**

Agras, W. S. 31
Alford, G. S. 31
Barlow, D. H. 30
Cunningham, E. M. 44
Dunlap, G. 32
Dyer, K. 32
Eisler, R. M. 31
Holland, B. K. 95
Lofland, J. 53
Lofland, L. 53
Ray, W. J. 4, 5, 32
Schuengel, C. 38
Seibert, W. F. 29
Shepard, L. A. 14
Snow, R. E. 29
Stake, R. E. 80
Tiffun, J. 29
Winterling, V. 32

**ア行**

足立浩平 185
新 睦人 69
荒井淑恵 29
荒川 歩 43
アンスコーム (Anscombe, F. J.) 119
アンダーウッド (Underwood, B. J.) 24

イェン (Yin, R. K.) 79, 80
池田 央 9, 10, 13
市川雅教 180
井下 理 56, 57, 60
今栄国晴 29
岩田紀子 123
岩淵千明 9–11, 13, 17, 19, 23, 66, 67, 69–71, 74
岩脇三良 6

ヴント (Wundt, W. M.) 30, 63
エインズワース (Ainsworth, M. D. S.) 37
エビングハウス (Ebbinghaus, H.) 30

大久保街亜 149
大野木裕明 17
大山 正 6
小川俊樹 15, 18
岡田謙介 149
オルソン (Olson, W. C.) 44

**カ行**

海保博之 16
ガウス (Gauss, C. F.) 95
川喜多二郎 60

鯨岡 俊 43

久保田まり 38
グレイザー (Glaser, B.) 80
クロンバック (Cronbach, I. J.) 12, 28, 29, 185
ケトレー (Quételet, L. A. J.) 96

コーエン (Cohen, J.) 45
ゴールド (Gold, R.) 40
ゴールトン (Galton, F.) 114
後藤宗理 17
コムリー (Comrey, A. L.) 174–178, 180–182
古谷野亘 73

**サ行**

サール (Searle, A.) 6, 15, 18, 36, 40,
戈木クレイグヒル滋子 80
齊藤 勇 123, 177
桜井茂夫 64
佐々木章江 44
佐々木恵美子 44
佐藤郁哉 40–42
サトウタツヤ 43

繁田 進 39
繁桝算男 180
清水やす子 44
下山晴彦 77
シャクター (Schachter, S.) 122, 123, 125

シャンク (Schunk, D. H.) 85, –88, 133, 155
シュテルン (Stern, W.) 43
ジョンカー (Junker, B.) 40

末永俊郎 19
菅原健介 177
スキナー (Skinne, B. F.) 30
鈴木君栄 44
鈴木淳子 51, 53, 63–65
鈴木朋子 43
ストラウス (Strauss, A.) 80
スピアマン (Spearman, C. E.) 174, 175, 177, 178

ソロモン (Solomon, J.) 38

**タ行**

ダーウィン (Darwin, C.) 42, 43
竹原卓真 22
田中潜次郎 30
田中 敏 27–30
田中正之 47
ダンラップ 30

鶴田和美 75–80

テイラー (Taylor, H. C.) 14
デーゲン (Degen, R.) 33, 34
土居健郎 76
友定啓子 47
友永雅己 47

**ナ行**

中澤 潤 17, 35, 43–45, 47
中瀬 惇 4
永田 靖 127
中坪史典 44, 61
中村知靖 180
中村雄二郎 78

西口利文 21, 45, 46, 52
西田春彦 69
西村純一 29, 35

## ハ行

ハーセン（Hersen, M.） *30, 31*
長谷川芳典 *30*
パヴロフ（Pavlov, I. P.） *30*
原 純輔 *68*
原野彰子 *46, 47*
バンデューラ（Bandura, A.） *85–88, 133, 155*
ピアソン（Pearson） *10, 72, 118, 167*
ビューラー夫妻（Bühler, Ch. and K.） *43*
広津千尋 *126*
フィッシャー（Fisher, R. A.） *30, 153*
福崎淳子 *44*
プライヤー（Preyer, W. T.） *43*
フレス（Fraisse, P.） *16*
ポアンカレ（Poincaré, J.-H.） *95*
ホール（Hall, G. S.） *43, 63*
保坂 亨 *49, 50*
ボウルビィ（Bowlby, J.） *37*
本多正久 *64*

## マ行

松浦 均 *21, 45, 46, 52*
松尾太加志 *180*
松沢哲郎 *47*
南風原朝和 *30, 113, 117*
箕浦康子 *41, 42*
宮埜壽夫 *6*
ミュラー・リヤー（Müller-Lyer, M. C.） *20, 21, 23*
村井潤一郎 *28*
村上 隆 *184*
村上千恵子 *12, 13*
村上宣寛 *12, 13*
メイン（Main, M.） *38*
モステラー（Mosteller, F.） *95, 96*
森 敏昭 *10, 11, 180*
森正義彦 *3, 4*

## ヤ行

安田三郎 *68*
保田時男 *123*
柳井晴夫 *115, 118, 180*
山内宏太朗 *52*
山際勇一郎 *27–30*
山田剛史 *28*
山本 力 *75–80*
吉田寿夫 *10, 11, 24*

## ラ行

ラッセル（Russell, J. T.） *14*
レブラン（Leblanc, D.） *52*
ローゼンハン（Rosenhan, D. L.） *40*

## ワ行

渡辺文夫 *52*

**著者紹介**（執筆順）

**西村純一**（にしむら　じゅんいち）
第 1 部　研究法を執筆
東京家政大学人文学部教授
東京大学大学院教育学研究科修士課程修了（1973年）
医学博士（群馬大学，2001年）

**井上俊哉**（いのうえ　しゅんや）
第 2 部　統計法を執筆
東京家政大学人文学部教授
東京大学大学院教育学研究科博士課程単位取得退学（1991年）

---

これから心理学を学ぶ人のための研究法と統計法
────────────────────────────
2016 年 1 月 10 日　　初版第 1 刷発行　　定価はカヴァーに
　　　　　　　　　　　　　　　　　　　　表示してあります

　　　　　　　著　者　西村純一
　　　　　　　　　　　井上俊哉
　　　　　　　発行者　中西健夫
　　　　　　　発行所　株式会社ナカニシヤ出版
　　　　〒606-8161　京都市左京区一乗寺木ノ本町 15 番地
　　　　　　　　　　　　　Telephone　075-723-0111
　　　　　　　　　　　　　Facsimile　075-723-0095
　　　　　　　　Website　http://www.nakanishiya.co.jp/
　　　　　　　　Email　iihon-ippai@nakanishiya.co.jp
　　　　　　　　郵便振替　01030-0-13128

装幀＝白沢　正／印刷＝創栄図書印刷／製本＝兼文堂
Copyright © 2016 by J. Nishimura and S. Inoue
Printed in Japan.
ISBN978-4-7795-0998-8 C3011

SPSS は米国 IBM 社の登録商標です。Excel は米国 Microsoft 社の登録商標です。記載されているその他の名称は，各所有者の商標または登録商標である可能性があり，そのような可能性を考慮して扱う必要があります。また，仕様及び技術的な変更により本書掲載図との差異が生じる可能性があります。なお，本文中では，TM，(R) マークは表記しておりません。

本書のコピー，スキャン，デジタル化等の無断複製は著作権法上の例外を除き禁じられています。本書を代行業者等の第三者に依頼してスキャンやデジタル化することはたとえ個人や家庭内での利用であっても著作権法上認められていません。